Deutschbuch 6

Sprach- und Lesebuch

Neue Grundausgabe

Herausgegeben von
Bernd Schurf
und Andrea Wagener

Erarbeitet von
Christoph Berghaus, Günther Biermann,
Friedrich Dick, Ute Fenske,
Josi Ferrante-Heidl, Marlene Koppers,
Anna Löwen, Sabine Matthäus,
Katja Reinhardt, Marco Schlegel,
Bernd Schurf, Andrea Wagener
und Carolin Wemhoff

INHALTSVERZEICHNIS

Dein *Deutschbuch* auf einen Blick 8

1 Freundschaft schließen – Erzählen und gestalten 9

1.1 Freundschaft im Alltag – Erfahrungen austauschen 9
  Von Freundschaften erzählen 11
  Über Freundschaften schreiben 12

1.2 Freundschaftsgeschichten – Erzählungen untersuchen 13
  A. Jacobsson/S. Olsson: Berts intime Katastrophen 13
  Manfred Mai: Eine neue Freundin 16
  Jutta Richter: Im Gruselhaus 18
  Freundschaftsbücher empfehlen – Ein Projekt 21

1.3 Freundschaftliche Mitteilungen – Vom Brief zur SMS 23

2 Klassengespräche – Argumentieren und überzeugen 27

2.1 Strittige Fragen – Diskutieren und argumentieren 27
  Auf Themensuche mit Placemat 29
  Gut diskutieren heißt (auch) gut zuhören 29
  Schriftlich argumentieren 31

2.2 Störungen – Geschichten zum Diskutieren 33
  Annika Thor: Wie feiert man ein Klassenfest? 33
  Anne Maar: Der Sprung ins Wasser 35

2.3 Diskutieren und argumentieren üben 37
  Prepaid-Karte oder Vertragshandy? 37
  Antrag zum Fußballspielen auf dem Schulhof 37
  Mehr Taschengeld? 38

3 Wir sind mobil – Berichten und appellieren 39

3.1 Glück gehabt – Von Unfällen berichten 39
  Ein Fahrradunfall 40
  Eigentlich ist Fahrradfahren auf dem Schulhof 42
  Berichten nach Plan 43
  Unfallbericht für die Versicherung 44
  Verunglückt in der Schule 45

3.2 Klassenfahrten – Lesenswerte Berichte 46
  Auf nach Lauscha! 46
  Die schnellste Schnecke im Watt 47
  Erfahrungsbericht „Jugendherberge" 49

3.3 Projekt: Unfälle vermeiden, appellieren
  Ein Projektfahrplan 51
  Ein Plakat gestalten 52

INHALTSVERZEICHNIS

Ein Blick in die Steinzeit – Beschreiben und erklären 53

4.1 Der Mann aus dem Eis – Basteln und beschreiben 53
- Ötzis Ausssehen 54
- Aus Ötzis „Garderobe" 55
- Ötzis „Jacke" 57
- Ötzis „Mütze" 58
- Ötzis „Portmonee" 59

4.2 Mirtani, Moora und die Sommerzelte – Erzählungen und Sachtexte erschließen 60
- *G. Beyerlein/H. Lorenz:* Die Sonne bleibt nicht sehen 60
- Moora – das Mädchen aus dem Moor 62
- Eine Hausordnung für das Indianerzelt 64

4.3 Beschreibungen unter der Lupe 66
- Ein Traumfänger in der Schreibkonferenz 66
- Ein Steinzeitkuchen unter der Textlupe 67
- Eine Wegbeschreibung im Lesestuhl 68

Das Blaue vom Himmel – Lügen- und Schelmengeschichten 69

5.1 Käpt'n Blaubär & Co. – Geschichten vorlesen und verstehen 69
- Lügengeschichten 69
- *Brigitte Hoffmann/Walter Moers:* Mondflecken 69
- *Münchhausen:* Das Pferd auf dem Kirchturm 71
- *Sid Fleischman:* McBroom und die Stechmücken 73
- Schelmengeschichten 75
- Gohas Besuch beim König 75
- Wie Eulenspiegel einem Esel das Lesen beibrachte 76
- Käpt'n Blaubär, Münchhausen und Goha im Vorlesewettbewerb – Projektvorschlag 78
- Eine unerfahrene Nachtigall 78

5.2 ... und wenn er auch die Wahrheit spricht – Lügen-Sprache 80
- Sprichwörtliche Lügen 82
- Lügen, ohne rot zu werden – Ein Spiel 82

5.3 Flunkern, lügen, Streiche spielen – Schreibversuche 83
- Neues vom Lügenbaron 83
- Geschichten vom Lande – Zu Besuch bei den McBrooms 85
- Eulenspiegeleien 85
- Goha und Nasreddin Hodscha 86

INHALTSVERZEICHNIS

Helden, Zwerge, Zauberinnen – Sagen von Griechenland bis Hameln 87

6.1 Antike Heldensagen – Verstehen und zusammenfassen 87
Homer: Odyssee – Auf Kirkes Insel 88
Homer: Die Sirenen 91

6.2 Drachensagen – Nacherzählen und verändern 95
Wie Siegfried das Schmiedehandwerk erlernte 95
Wie Siegfried den Drachen tötete 97
J. R. R. Tolkien: Der kleine Hobbit und der Drache 99

6.3 Heimatsagen – Projektideen 102
Der Rattenfänger von Hameln 102
Hörszenen aus Hameln 103
Eine SAGEnhafte Wandzeitung 104

Tiere wie Menschen – Fabeln verstehen und verändern 105

7.1 Fabeln aus alter und neuer Zeit – Lehrreiche Geschichten 105
Äsop: Vom Fuchs und Hahn 106
Martin Luther: Rabe und Fuchs 107
James Thurber: Der Fuchs und der Rabe 108
Die Schildkröte und der Leopard 110
Das Chamäleon und der Elefant 111

7.2 Mit Fabeln erfinderisch umgehen 112
Der Löwe und die Katze 112
Äsop: Der Löwe und das Mäuschen 113
Wilhelm Busch: Das Rabennest 114
Jean de La Fontaine: Der Frosch und der Ochse 115
Wir schreiben Fabeln 116

7.3 Projekt: Der Löwe ist (k)ein Fabeltier 117
Ernst Jünger: Der Farmer und der Löwe 117

Lyrische Landschaften – Gedichte untersuchen und gestalten 119

8.1 Naturbilder – Gedichte verstehen und vortragen 119
Traumlandschaften 120
Mascha Kaléko: Der Mann im Mond 120
Max Kruse: Mond 120
Die Stimmung einfangen – Den Rhythmus finden 121
Matthias Claudius: Abendlied 121
Theodor Storm: Mondlicht 123
Johann Wolfgang Goethe: Über allen Gipfeln 123
Gedichte vergleichen – Gedichte vortragen 124
Vera Ferra-Mikura: Der Papierdrachen 124
Bertolt Brecht: Drachenlied 124
Ein Gedicht dichten 125

INHALTSVERZEICHNIS

8

■ **8.2 Jahreszeiten – Gedichte sind verdichtete Sprache** 127
   Vergleiche 127
   Christine Busta: Die Frühlingssonne 127
   Sprachliche Bilder 129
   Georg Britting: Feuerwoge jeder Hügel 129
   Personifikationen 130
   Hermann Hesse: September 130
   Ein Bildgedicht schreiben 131

8.3 Projekt: Monatsgedichte und Jahreszeiten-Poster 132
   Erich Kästner: Der Januar 132
   Detlev von Liliencron: Märztag 132
   Christine Nöstlinger: Frühling 132
   Eduard Mörike: Er ist's 132
   Bruno Horst Bull: Sommerbild 133
   Ilse Kleberger: Sommer 133
   Paula Dehmel: Ich bin der Juli 133
   James Krüss: Wann ist das Jahr erwachsen? 133
   Mascha Kaléko: Der Herbst 134
   Ursula Wölfel: Oktober 134
   Friedrich Hebbel: Herbstbild 134
   Georg Britting: Goldene Welt 134
   Eduard Mörike: Septembermorgen 134
   Heinrich Seidel: November 135
   Joseph von Eichendorff: Weihnachten 135
   Josef Guggenmos: Der Winter macht Musik 135
   Annette von Droste-Hülshoff: Winter 135
   Margot Litten: Wintergedicht 135
   Lyrischer Monatskalender und Jahreszeiten-Poster 136

9

„Im Viertelland" – Wir spielen Theater 137

9.1 Eine Erzählung für die Bühne – Figuren und Handlung 137
   Gina Ruck-Pauquèt: Im Viertelland 138

■ **9.2 „Unruhe im Viertelland" – Szenen schreiben** 141
   In der Disco 141
   Figuren und Schauplätze 142
   Die Handlung – Monologe und Dialoge schreiben 143
   Improvisieren 145

9.3 Das Stück inszenieren – Tipps, Tricks, Übungen 146
   Reden ist Silber – Atmen ist Gold 146
   Wortlos sprechen 147
   Das Textbuch zum „Viertelland" 147
   Bühne – Kostüme – Technik 148
   Probieren und soufflieren 150
   „Unruhe im Viertelland" – Ein Mehr-Fach-Projekt 150

INHALTSVERZEICHNIS

„Das fliegende Klassenzimmer" – Roman und Film im Vergleich 151

10.1 Figuren und Handlung im Roman untersuchen 151
- Das erste Kapitel 152
- Das zweite Kapitel – Ulis Angst vor der Angst 154
- Das achte Kapitel – Warum Uli einen Schirm mitbrachte 155
- Erich Kästner und seine Romane vorstellen 157

10.2 Die Verfilmung des Romans – Mit der Kamera erzählen 158
- Der Film und sein Inhalt 158
- Der Film in der Kritik 160
- Die Kamera – Einstellungsgrößen und Perspektiven 162

10.3 Projekt: Ideen rund um „Das fliegende Klassenzimmer" 164

Grammatiktraining 169

11.1 Alte Bekannte – Die wichtigsten Wortarten 169
- Nomen – Große Worte im Poesiealbum 170
- Pronomen – Kleine Wörter, vielseitig verwendbar 174
- Adjektive – Wörter für Rekorde 175
- Verben – Wörter für alle Zeiten 179
- Präpositionen – Wörtchen für alle Lagen 187

11.2 Sagenhafte Satzglieder 189
- Subjekte und Objekte 189
- Adverbiale Bestimmungen – Wer nicht fragt, bleibt dumm 192
- Attribute – Schreib treffend! 194
- Alle Satzglieder in einer Sage 196

11.3 Krokodile und Götter – Satzreihen und -gefüge 197
- Satzreihen 197
- Satzgefüge 198

Rechtschreibtraining 201

12.1 Kinder in aller Welt – Tipps zum Rechtschreiben 201
- Tipp 1 – Tipp 5 202
- Die eigenen Rechtschreibkenntnisse testen 205
- Mit einem Fehlerbogen arbeiten 206
- Rechtschreibung am Computer 207
- Mit Wörterlisten üben 208

12.2 Feste feiern – Rechtschreibregeln beherrschen 210
- Karneval – Kurze Vokale, doppelte Konsonanten 210
- Huhn und Hase – Lange Vokale mit **h** 211
- Viel Fantasie – Langes *i* 212
- Am Lucia-Tag – Gleich klingende Konsonanten 214
- Süße Delikatessen genießen – *s*-Laute 215
- Die Hochzeit der Eltern (1) und (2) – Nomen großschreiben 217

INHALTSVERZEICHNIS

Die Hochzeit der Eltern (3) – Verben nominalisieren und großschreiben 218
Die Hochzeit der Eltern (4) – Adjektive nominalisieren und großschreiben ... 220
Ramadan und Zuckerfest – Kommas bei Aufzählungen 221
Aqualand oder Kletterwand? – Wörtliche Rede 222

12.3 Unterwegs in fremden Ländern – Übungen 224
Chirriadas und Zitronen – Kurze Vokale, doppelte Konsonanten 224
Zehn mühsame Kilometer – Lange Vokale mit *h* 225
Der Uhuru Peak – Mit langem *i* 226
Windi☺, ziemlich windi☺! – Gleich klingende Konsonanten 226
Süße, gelbe Babys – *s*-Laute 227
Kleine Chinesin, große Leistung – Großschreibung 228
Träume großgeschrieben – Verben und Adjektive nominalisieren 229
Kinder in Not – Aufzählungen 230
Das Jugendorchester aus dem Regenwald – Wörtliche Rede 230

Das Lernen lernen 231

13.1 Richtig planen – Klassenarbeiten vorbereiten 231
Brainstorming um die Klassenarbeit 231
Den Lernstand testen 232
Lerntypen 233
Sicher in die Klassenarbeit 234
„Spickzettel" zur Klassenarbeit 235
Die Klassenarbeit auf dem Karussell 235
Sicher in der Klassenarbeit 235
Aus Fehlern lernen 236

13.2 Richtig lesen – Lernstrategien anwenden 237
Lesespaß mit Lesepass 237
Manfred Mai: Der Müll muss weg 237
Aus Umwelt und Technik 239
Ich war eine PET-Flasche 240
Die Fünf-Schritt-Lesemethode 241
Nachschlagen – Gewusst wo! 241

13.3 Richtig präsentieren – Gut vortragen 243
Mind-Map zur Klassenarbeit 243
Kurzvortrag zur Klassenarbeit 244
Aktiv zuhören 245

Orientierungswissen 246

Lösungen 271
Textartenverzeichnis 274
Autoren- und Quellenverzeichnis 275
Bildquellenverzeichnis 277
Sachregister 278

Dein *Deutschbuch* auf einen Blick

Vier Lernbereiche ... sind miteinander verbunden:

- SPRECHEN · ZUHÖREN · SCHREIBEN
- NACHDENKEN ÜBER SPRACHE
- LESEN · UMGANG MIT TEXTEN UND MEDIEN
- ARBEITSTECHNIKEN UND METHODEN

Dreischritt Jedes Kapitel besteht aus drei Teilen, z. B.:

1 Freundschaft schließen – Erzählen und ...

Hauptlernbereich:
1.1 Freundschaft im Alltag – Erfahrungen ...

Ein zweiter Lernbereich kommt hinzu:
1.2 Freundschaftsgeschichten – Erzählungen ...

Üben und Vertiefen des bisher Gelernten:
1.3 Freundschaftliche Mitteilungen – Vom Brief ...

Besonders Wissenswertes ... fällt sofort ins Auge:

> Viele Äußerungen in Gesprächen und Diskussionen enthalten nur eine
> ☐ **Meinung** (Behauptung): *„Der Regen ist doof!"*
> Besser ist es,
> ☐ **Begründungen:** *„... weil wir nass werden."*
> und

ARBEITSTECHNIK PLACEMAT-METHODE
☐ Bildet Vierergruppen.
☐ Legt ein großes Blatt Papier in die Mitte des Gruppentischs.
☐ Sammeln: Jede/r schreibt Themenvorschläge in seine Placemat-Ecke.
☐ Sichten: Sprecht über eure Vorschläge.
☐ Auswählen: Einigt euch auf 3 Themen und schreibt sie in die Mitte.

TIPP
Sammlungen nicht nur mit griechischen Sagen findet ihr in jeder Bücherei.
Natürlich auch im Internet; z. B.:
http://gutenberg-spiegel.de oder http://www.sagen.at

Wörterlisten ... beschließen die Kapitel:

WÖRTERLISTE				▷ S. 208
diskutieren	überzeugen	äußern	formulieren	Antrag
argumentieren	begründen	widersprechen	Gespräch	

Aufgaben Piktogramme

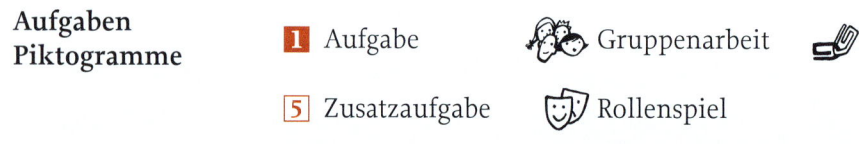

SPRECHEN · ZUHÖREN · SCHREIBEN

1 Freundschaft schließen – Erzählen und gestalten

1.1 Freundschaft im Alltag – Erfahrungen austauschen

1 Mit „Freundschaft" verbindet jede/r bestimmte Erinnerungen und Vorstellungen. Tauscht euch darüber aus.

2 a) Geben die abgebildeten Fotos typische Freundschaftssituationen wieder?
b) Erzählt, welche Bilder, welche Situationen oder Erlebnisse euch in den Sinn kommen, wenn ihr an das Thema „Freundschaft" denkt.

1 Freundschaft schließen – Erzählen und gestalten

Gegensätze ziehen sich an **Gleich und gleich gesellt sich gern**

1 Welches der beiden Sprichwörter passt besser zum Thema „Freundschaft"?
Nennt Beispiele, Wünsche.
Fragt in der Familie, im Freundes- und Bekanntenkreis und berichtet darüber.

2 *Wie ich mir meinen besten Freund/meine beste Freundin vorstelle.*
   a) Stellt eine Collage her:
      ☐ Zeichnet auf einen großen Papierbogen den Umriss einer Person.
      ☐ Schreibt, klebt und zeichnet hinein, wie sie sein soll, was sie Besonderes hat, was ihr an ihr schätzt …
   b) Macht einen Rundgang durch die Klasse und betrachtet kommentarlos die Ergebnisse eurer Mitschüler/innen.
   c) Sprecht dann über eure unterschiedlichen Vorstellungen und Wünsche.

Freunde	Freundinnen
… erzählen einander wichtige Dinge aus ihrem Leben.	… helfen einander.
… treffen sich ab und zu draußen.	… wissen voneinander, wo sie wohnen.
… kennen ihre Geburtstage.	… wissen, wie sie in bestimmten Situationen reagieren.

3 a) Ergänzt diese Freundschaftsaussagen um eigene Beispiele.
   b) Ordnet sie so, dass die Entwicklung einer enger und vertrauter werdenden Freundschaft erkennbar wird.

4 Erzählt ein persönliches Freundschaftserlebnis. Erklärt, was euch dabei besonders gefallen hat.

1.1 Freundschaft im Alltag – Erfahrungen austauschen

Von Freundschaften erzählen

1 *Beschreibt, was dieser Comic „erzählt".*

2 *Wie könnte es weitergehen? Notiert Ideen für*
  ☐ *eine positive*
  ☐ *eine negative*
  Entwicklung der Freundschaft zwischen den beiden Jungen.

3 *Erzählt eure Comic-Geschichte möglichst lebendig vor der Klasse. So könnt ihr vorgehen:*
  ☐ *Legt zu jedem Comic-Bild eine Karteikarte an, auf der ihr in Stichworten die Handlung festhaltet.*
  ☐ *Notiert genauso eure Comic-Fortsetzung auf mehreren Karteikarten.*

> **TIPP**
>
> Eine gute ▷ Erzählung hat ▷ S. 248
>   ☐ eine Einleitung mit Informationen über *wer? – was? – wann? – wo?*
>   ☐ einen Hauptteil mit einem Höhepunkt und
>   ☐ einen beeindruckenden Schluss.

  ☐ *Berücksichtigt diesen Tipp bei der Anlage eurer Karteikarten.*
  ☐ *Tragt eure Geschichte lebendig vor.*
Beachtet dabei die folgende Arbeitstechnik:

1 Freundschaft schließen – Erzählen und gestalten

> **ARBEITSTECHNIK**
> **Vortragen**
> ☐ Gut sicht- und hörbar Position beziehen.
> ☐ Ruhe im Raum abwarten.
> ☐ Die verteilten Karteikarten nutzen.
> ☐ Mit lebhafter Stimme vortragen:
>   laut und leise, schnell und langsam, Pausen einlegen.
> ☐ Mit Blicken, Händen, dem ganzen Körper „vortragen".
> **Zuhören**
> ☐ Mit Blicken und Körperhaltung dem/der Vortragenden Interesse zeigen.
> ☐ Ablenkende Tätigkeiten, Flüstern und Reden unterlassen.
> ☐ Gutes und weniger Gutes zum Vortrag notieren und hinterher mitteilen.

Über Freundschaften schreiben

Glücklicherweise ist der Eisunfall der beiden Freunde ohne schlimme Folgen zu Ende gegangen. Nachdem sie ihren Schrecken überwunden haben, möchten sie natürlich davon erzählen.

 1 Versetzt euch in die Lage eines der beiden Jungen und ▷ erzählt in einem Brief an einen Freund/eine Freundin das Erlebnis auf dem Eis.   ▷ S. 247 f.

 2 a) Besprecht und überarbeitet eure Briefentwürfe in einer ▷ Schreibkonferenz   ▷ S. 268
b) Schreibt euren Brief ins Reine.
c) Lest euch eure Briefe vor.
Hier folgen einige weitere Erzählanlässe:

Sommer – trockenes Gras – Streichhölzer – Feuer

Geburtstag – neues Fahrrad – Probefahrt – Unfall

Konzertbesuch – Schlange stehen – Autogramm – Tränen

Sportfest – Fußballturnier – Eigentor – Niederlage

3 Macht aus einer der vier Wortketten eine spannende Erzählung.

> *Ende gut – alles gut!*
> *Bettina sitzt im Klassenraum und weint. Ihre Freundin Maja steht am Fenster und blickt nach draußen. „Das hätte ich nicht von dir erwartet", schluchzt Bettina, „dass ausgerechnet du mir die Hauptrolle wegnimmst. Dabei habe ich mich so darauf gefreut!" [...]*
> *Bettina und Maja stehen gemeinsam mit den anderen Schauspielern auf der Bühne und verbeugen sich vor dem jubelnden Publikum. „Das haben wir gut hinbekommen", flüstert Bettina.*

4 Dieser Erzählung fehlt nach dem Absatz der große Hauptteil. Schreibt ihn auf.

12

1.2 Freundschaftsgeschichten – Erzählungen untersuchen

Berts intime Katastrophen

4. Januar
Halli hallo, Tagebuch!
Ich hab einen Kumpel, der heißt Arne Nordin. Arne hat mal behauptet, er stammt von einer vornehmen Familie ab. „Das sieht man dir aber nicht an", sagte ich. Da holte Arne ein Foto aus der Brieftasche, da war eine echt flotte Mieze drauf. Das war aber keine Mieze, mit der er mal rumgeknutscht hatte. Das war Arnes Mutter.
„Sie ist tot und beerdigt", sagte Arne.
„Nein, sie ist tot und oben in der Luft", sagte ich.
„Bevor sie gestorben ist, hat sie aber nicht fliegen können.
Warum sollte sie das dann jetzt können?"
„Sie ist doch im Himmel, du Döskopp", sagte ich und zeigte nach oben. Ich fühlte mich wie ein richtiger Prophet. Dann spielten wir Poker.
Gestern ist eine irre Sache passiert. Arne rief mich von den Kanarischen Inseln an. Dort macht er mit seinem Vater und seiner kleinen Schwester Urlaub, Arne rief heimlich aus dem Hotelzimmer an. Wir unterhielten uns darüber, welche Fernsehsendungen er verpasst hat und welche Typen aus unserer Klasse ich seit Weihnachten schon gesehen habe. Dann erzählte Arne, dass er zwei neue Stollen für seine Fußballschuhe kaufen muss, wenn er nach Hause kommt. Nach 48 Minuten hörte ich im Hintergrund ein fürchterliches Gebrüll. Das war Arnes Vater. Der hatte das geheime Telefongespräch entdeckt.
Arne ist Wurmspezialist. Das ist er unfreiwillig geworden. Weil Arnes Wasserfrösche Lasse und Hasse ungefähr 14 Würmer täglich brauchen, um zu wachsen und dick und fett zu werden. Arne hat vor, ein Wurmlabor zu eröffnen.
Er will beweisen, dass Würmer und Menschen eigentlich ein und dasselbe sind. Wenn man einen Wurm in zwei Teile teilt, leben beide Teile weiter. Arne ist davon überzeugt, dass dasselbe für Menschen gilt. Arne ist ein Scherzkeks, aber ehrlich.
Wüsste zu gern, ob man Blumen mit Haushaltspiritus gießen kann. Werd's mal ausprobieren.
      Alles okeh – Kartoffelpüreh

7. Januar
Halli hallo, Tagebuch!
Heut Abend geht eine echt makrofetzige Schau ab! Wir werden Arne besuchen. Arne ist von den Kanarischen Inseln zurückgekommen, und da wollen wir eine Luxusfete feiern.

Wir – das ist unsere Rockband. Unsere Rockband heißt HEMAN HUNTERS. Letztes Jahr hießen wir TOTAL BEHÄMMERT. Da haben wir keine Engagements gekriegt. Aber dieses Jahr erwartet uns eine internationale Karriere. Ich bin der Textdichter. Dieser Text ist der beste:
„I is the best, viel better als the Rest. Hello, hello, I must go. Take the nait, take the nait, baby, I is the rait."
Dieser Song kommt garantiert an die erste Stelle sämtlicher Hitlisten.
HEMAN HUNTERS besteht aus fünf Musikern; ich, Arne, Torleif, Erik und Nicke. Aber unsere Künstlernamen sind natürlich ganz anders. Ich heiße Buck Walkar, Arne heißt The Perfect Eagle, Torleif nennt sich Terry, Nicke nennt sich Jerry, und Erik heißt Fritz Klyka.
Auf der Luxusfete bei Arne ist alles luxuriös. Wir werden Luxus-Limo trinken, Luxus-Kuchen essen, Luxus-Popcorn poppen und Luxus-Diskussionen führen, unter anderem über HEMAN HUNTERS. Arne wird uns alle spanischen Wörter aufzählen, die er kann. Erik hat gefragt, ob er ein paar Briefmarken mitbringen darf. Die will er uns zeigen. Da wollte Arne seine Luxusfete lieber absagen. Erik nahm die Frage zurück.
Die Fete hat nur einen Haken – Arnes kleine Schwester Doris. Doris glaubt, sie ist auch eingeladen. Das ist sie aber nicht. Arne hat gefragt, ob jemand von uns ein paar Mausefallen mitbringen kann. Die würde er dann vor seinem Zimmer aufstellen und mit Gummibärchen und Sahnebonbons laden – um eine gewisse Person auf Abstand zu halten. Aber keiner von uns hat eine Mausefalle. Nicke sagte, er könnte das Luftgewehr von seinem Bruder mitbringen, wenn Arne das will. Arne hat eine Weile überlegt. Dann hat er dankend abgelehnt.
Jetzt kann ich nicht mehr weiterschreiben. Ich muss nämlich meine Luxusstrümpfe und mein Ausgehemd anziehen. Ein Glück, dass es nicht „Draufgehemd" heißt. Dann wäre es inzwischen nämlich ganz schön schmutzig.
Alles okeh – Kartoffelpüreh

11. Februar
Halli hallo, Tagebuch!
Ein Moped! Ich will ein Moped haben. Natürlich weiß ich, dass man erst mit fünfzehn Moped fahren darf, und ich werd bald dreizehn. Ich hab meine Eltern verhört, ob sie möglicherweise irgendwo zwei Jahre übersehen haben. Dann könnte ich nämlich schon dieses Jahr ein Moped kriegen. Welch ein Traum! Ein Moped ist das Wichtigste, was es gibt, dann kommt Nadja, dann Bratwurst. Man stelle sich dieses unbeschreibliche Gefühl vor, auf einer funkelnagelneuen Puck Dakota die Straßen entlangzusausen. Und hinter mir sitzt Nadja und futtert Bratwurst.
Arne und ich werden heute Mopedläden besichtigen. Das Mopedfieber hat uns gepackt. Arne hat erzählt, dass er heute Nacht aufgewacht ist und nach einem Moped geschrien hat. Wir haben eine Unmenge Prospekte studiert, um uns zu informieren, welche Zylinder und Lenker die besten sind. Dann haben wir darüber diskutiert, ob wir eine Stiftung für das

1.2 Freundschaftsgeschichten – Erzählungen untersuchen

Recht aller Menschen auf ein Moped ins Leben rufen sollen. Wir haben vor, einen Brief an die Vereinten Nationen zu schreiben und sie zu bitten, dafür zu sorgen, dass alle bald dreizehnjährigen Jungs in Schweden Moped fahren dürfen – wegen der Menschenrechte. Altersgrenzen sind total ungerecht. Ich weiß, dass ich besser Moped fahren kann als unser verkalkter Rektor. Ich hab schon oft auf Mopeds gesessen. Die Mopeds standen bei Arne im Hof und fuhren sehr schnell. Das haben wir gemerkt, als die Besitzer der Mopeds uns verfolgt haben.

Alles okeh – Kartoffelpüreh

1 Wenn ihr aufmerksam gelesen habt, könnt ihr diese Fragen leicht beantworten (bitte Seite und Zeile angeben):
- ☐ Wo lebt Bert?
- ☐ Wie alt ist er?
- ☐ Wo macht Arne Urlaub?
- ☐ Wie heißt Berts Freundin?

2 a) Formuliert selbst Fragen zu diesem Jugendbuch-Auszug.
b) Ihr könnt auch zutreffende oder bewusst falsche Feststellungen über den Text machen und eure Mitschüler/innen entscheiden lassen; z. B.:
Arne besitzt zwei Meerschweinchen. – Richtig oder falsch?

3 Arne ist Berts bester Freund.
a) Schreibt heraus, was ihr alles über Arne erfahrt.
b) Warum ist Bert die Freundschaft mit Arne wohl wichtig?
c) Möchtet ihr auch gerne mit Arne befreundet sein? Begründet eure Meinung.

4 Bert führt ein Tagebuch.
Was sagt ihr dazu?

5 „Ich hab einen Kumpel …" (Z. 3), schreibt Bert. Und nicht: „… einen Freund."
a) Worin besteht der Unterschied?
b) Wie heißt das bei Mädchen?
c) Erklärt, worin sich Jungen- und Mädchenfreundschaften unterscheiden und ähneln.

6 Bert ist 12 Jahre alt und er schreibt ein privates Tagebuch – keinen Roman oder einen Schulaufsatz. Das merkt man an seinem Stil: *Halli hallo …* (Z. 2)
Ich hab einen Kumpel … (Z. 3)

a) Schreibt alle jugend- und umgangssprachlichen Wörter und Wendungen untereinander in euer Heft.
b) Versucht sie in die „Hochsprache" zu übertragen: *Ich habe einen guten Freund.*

7 a) Bert schließt jeden Tagebucheintrag mit einer „Formel" in „privater" Rechtschreibung. Wie schreibt man offiziell?
b) Seinen selbst gedichteten englischen Song könnt ihr auch verbessern!

8 Was habt ihr zuletzt Besonderes mit eurem Freund/eurer Freundin erlebt? Schreibt einen Tagebucheintrag dazu.

Manfred Mai

Eine neue Freundin

Katrin und Martina winken sich zu. Dann läuft Martina zur Haustür und klingelt. Bevor sie hineingeht, winkt sie noch einmal. Katrin winkt zurück und hüpft dann im Wechselschritt weiter. Heute kommt ihr der Schulweg viel kürzer vor als sonst. Zu Hause streicht sie wie eine Katze um ihren Vater herum. Als der die Soße abschmecken will, stolpert er beinahe über Katrin. „Pass doch auf", sagt er.
Katrin geht zur Seite.
„Ist denn was?", fragt der Vater. „Du tust so komisch." Er schüttet dampfende Nudeln in ein Sieb.
„Ich habe eine neue Freundin", sagt Katrin
„Das ist aber schön." Er schreckt die Nudeln mit kaltem Wasser ab. „Wer ist es denn?"
„Martina."
Er schaut Katrin an. „Martina Schweitzer?"
Katrin nickt. „Und in der Schule sitzt sie jetzt neben mir."
„Soso, neben dir", murmelt der Vater. Er drückt Katrin drei Teller in die Hand. „Hilf mir mal. Mutti kommt gleich."
Katrin deckt den Tisch.
„Tanja war doch immer deine Freundin", sagt der Vater.
„Die ist doof, die will ich nicht mehr."
„So? Aber ist Martina nicht ein bisschen schmuddelig?"
„Nein!", sagt Katrin sofort.
Dann fragt sie vorsichtig: „Was ist schmuddelig?"
„Na, unordentlich, ungepflegt, schmutzig ..."
„Das ist sie nicht!", ruft Katrin dazwischen.
„Dann muss sie sich aber sehr geändert haben."
„Hat sie auch."
„Das würde mich allerdings wundern, denn ..."
In diesem Augenblick kommt die Mutter herein. „Hallo, ihr zwei!" Sie gibt beiden einen Kuss. „Ich habe einen Bärenhunger."
„Wir können gleich essen."
„Na, gibt's was Neues?", fragt die Mutter. „Wie war's in der Schule?"
„Katrin hat eine neue Freundin", antwortet der Vater.
„So, wen denn?"
Katrin gibt keine Antwort.
„Warum sagst du es der Mutti nicht?"
„Sag du's doch", ruft Katrin und läuft hinaus.

Ein paar Tage später gehen sie spazieren. Dabei spielen sie „Engelchen flieg", balancieren über einen Balken, hüpfen auf einem Bein um die Wette, werfen nach Kastanien und so weiter.

„Da vorne wohnt Martina!", ruft Katrin plötzlich.

„Deswegen brauchst du nicht so zu schreien", sagt der Vater.

Katrin guckt, ob sie Martina irgendwo entdeckt.

„Sieh dir mal den verlotterten Garten an", sagt der Vater zur Mutter. „Wenn das unserer wäre, würde ich mich schämen."

„Und die Fenster wurden auch schon ewig nicht mehr geputzt. Überhaupt ist ..."

Katrin hält sich die Ohren zu.

„Hör mal, Katrin", sagt der Vater, als sie wieder zu Hause sind. „Wir meinen es doch nur gut."

„Ich will aber nicht."

„Die Schweitzers sind nicht der richtige Umgang für dich. Martinas Vater arbeitet nicht und sitzt oft in Kneipen herum ..."

„Ist mir doch egal."

„Aber uns nicht", sagt der Vater einen Ton lauter. „Es ist nicht gut, wenn du in so einem Haus bist."

„Gestern hat Martinas Vater ganz toll mit uns gespielt", wehrt sich Katrin. „Und ganz lang. So viel Zeit hast du nie."

„Ich muss auch arbeiten ..."

„Es wäre viel schöner, wenn du nicht arbeiten müsstest."

„Katrin!"

„Darum geht es doch gar nicht", sagt jetzt die Mutter. „Wir möchten nicht, dass du bei Schweitzers aus und ein gehst. Und dafür haben wir unsere Gründe."

„Martina ist meine beste Freundin", sagt Katrin trotzig.

„Es gibt doch so viele nette Mädchen in deiner Klasse und in der Nachbarschaft", versucht es die Mutter noch einmal. „Sandra, Melanie und Rachel zum Beispiel."

„Die will ich nicht."

„Aber Sandra wäre ..."

„Ich soll ja nur Sandras Freundin sein, weil ihr ihre Eltern gut leiden könnt."

„Das stimmt doch gar nicht", widerspricht die Mutter.

„Stimmt wohl", sagt Katrin. „Aber meine Freundin ist und bleibt Martina, damit ihr es nur wisst."

---

1 *Beschreibt die Situation beim Mittagessen. Warum steht Katrin plötzlich vom Tisch auf? (Z. 50)*

2 *Die Eltern von Katrin sind mit der Freundschaft zu Martina nicht einverstanden.*
   a) Könnt ihr Gründe nennen?
   b) Wie stellen sich Katrins Eltern eine gute Freundin vor?

3 *Könnt ihr Katrins Verhalten verstehen? Was ist ihr wohl so wichtig an der Freundschaft mit Martina?*

4 *Katrin schreibt ihre Gedanken über das Gespräch mit den Eltern in ihr Tagebuch. Schreibt diesen Eintrag.*

 5 *Das Gespräch zwischen Katrin und ihren Eltern nach dem Spaziergang ist nicht sehr zufriedenstellend. Spielt dieses Gespräch und überlegt, wie es anders verlaufen könnte.*

6 *Wie könnte die Geschichte weitergehen? Schreibt eine Fortsetzung.*

7 *Sicher kennt ihr ähnliche Situationen, in denen ihr euch mit euren Eltern gestritten habt. Wie seid ihr zu einer Lösung gekommen?*

Im Gruselhaus

Einen Freund wie Rainer zu haben ist gut und schlecht. Denn einerseits hört er zu und lacht nicht, wenn man von seinen Ängsten erzählt. Auf der anderen Seite mag ihn aber keiner leiden, die Erwachsenen nicht und auch nicht die anderen Kinder.

„... ich weiß, wo's Ratten gibt."
Mir lief ein Schauer den Rücken hinunter. Rainer hatte plötzlich so ein gefährliches Glitzern in den Augen. Ich hätte wetten können, dass ich wusste, was er vorhatte. Bevor er weitersprechen konnte, war ich aufgesprungen.
„Nein!", rief ich. „Nie! Da geh ich nie im Leben mit!"
„Feigling!", zischte Rainer. „Du bist eben auch nicht besser als die doofen Weiber. Hätte ich mir ja denken können! Mädchen bleibt Mädchen!"
Ich trat von einem Bein aufs andere, ich biss mir auf die Unterlippe. Am liebsten hätte ich mich in Luft aufgelöst.
„Hab ich die Kellerkatze verjagt?", fragte Rainer. „Hab ich die Monsterspinne erledigt? Vergiss nicht, wen du vor dir hast: den Spezialisten für Lebendfallen! Den schärfsten Scharfschützen im Wilden Westen! Und du willst kneifen! Na, dann hau doch ab! Aber glaub nicht, dass ich noch ein Wort mit dir rede! Und in meiner Mannschaft bist du auch nicht mehr! Kannst ja bei den doofen Weibern mitmachen!"
Ich zögerte. Wenn Ratten so klug waren wie Menschen, waren sie bestimmt auch klüger als Rainer.
Aber wenn ich nicht mitging, würde ich meinen Freund verlieren. Vielleicht für immer.
Und das war sicher schlimmer, als einem Rattenkönig zu begegnen.
„Na gut", sagte ich leise. „Dann komm ich eben mit."
In der Altstadt fingen die Glocken an, für die Samstagvorabendmesse zu läuten. Die Mauersegler sirrten um Thiemanns Garage. Aus

Fräulein Fantinis Fenster fiel die „Kleine Nachtmusik". Alles war wie immer.
Rainer ging um die Ecke, dahin, wo unten am Bahndamm das Gruselhaus stand.
Solange ich denken konnte, hatte nie jemand dort gewohnt. Die Fensterscheiben waren alle eingeworfen und an der Haustür hing ein gelbes Schild mit schwarzem Rand: Betreten verboten! Eltern haften für ihre Kinder. Der Eigentümer.
Es war uns strengstens verboten, das Gruselhaus zu betreten.
Mein Vater hatte gesagt: „Wenn ich dich nur einmal dort erwische, gibt's Dresche."
Und das war die schlimmste aller Strafen. Zehnmal schlimmer als Hausarrest.
Aber freiwillig hätte ich das Gruselhaus sowieso nicht betreten, weil Opa Thiemann doch die Geschichte vom erstickten Kind erzählt hatte: „Vor langer Zeit ... von der eigenen

Mutter ... in diesem Haus ... mit einem Kopfkissen ... so lange auf den Kopf des Kindes gedrückt ... bis es sich nicht mehr bewegte."

„Bleib hier stehen", sagte Rainer, sah sich nach allen Seiten um und schlich bis zur Hausecke. Die Straße war menschenleer. Einen Augenblick lang hoffte ich, er würde ohne mich ins Gruselhaus gehen, aber dann nickte er mir zu und rief: „Komm schnell!"

Er zog mich hinter das Haus und zeigte auf ein offenes Fenster. „Da rein! Los!"

Wir kletterten über die Fensterbank und standen in einem düsteren Zimmer. Überall waren Löcher: im Holzfußboden, in der Zimmerdecke. Und von den Wänden hingen Tapetenfetzen mit einem verblichenen Blumenmuster. Es roch modrig und es war kühl. Mir war ganz schlecht vor Angst.

Aber das durfte ich ja nicht zeigen.

Rainer klatschte in die Hände und machte: „Ksch, ksch!" Dann noch mal: „Ksch, ksch!"

Irgendwo im Haus raschelte es.

„Hörst du die Ratten?", fragte Rainer.

Ich stand mit angehaltenem Atem und lauschte. Direkt über unseren Köpfen hörte ich ein Trippeln.

Kurz darauf ein leises Pfeifen.

„Komm", flüsterte Rainer. „Wir gehen nach oben. Aber sei leise!"

Er nahm meine Hand und wir schlichen vorsichtig durch das Zimmer, bis wir in einem kleinen Flur standen. Eine Treppe ohne Geländer führte ins obere Stockwerk. Die Stufen knarrten und immer, wenn das geschah, blieben wir stehen und warteten. Meine Hand in Rainers Hand war ganz schwitzig und mein Herz klopfte bis in die Fingerspitzen.

Endlich, nach einer Ewigkeit, standen wir auf dem oberen Treppenabsatz.

Meine Augen hatten sich an das Dämmerlicht gewöhnt. So kam es, dass ich sie zuerst sah.

Ich drückte Rainers Hand und nickte mit dem Kopf in ihre Richtung.

Es war eine große graue Ratte mit einem dicken unbehaarten Schwanz. Sie saß völlig reglos auf einer zerschlissenen Matratze und schaute uns mit ihren glänzenden Knopfaugen aufmerksam an.

Ihre Schnauze und die Schnurrbarthaare zitterten leicht, sie schnupperte, sie roch, dass wir da waren.

Ich hatte noch nie so nah vor einer Ratte gestanden und begriff plötzlich, was Hansi Pfeifer gemeint hatte. Die Ratte sah sehr klug aus. Sie war bestimmt klüger als ich. Und sie war bestimmt klüger als Rainer.

Wir bewegten uns nicht. Die Ratte bewegte sich nicht.

Und dann spürte ich plötzlich, dass mit Rainer etwas nicht stimmte. Er zitterte, sein Atem ging schneller. Er zog die Luft ein und machte ganz seltsame Geräusche dabei. Eine Art Pfeifen und Rasseln. Es hörte sich an, als würde er ersticken, sein Gesicht war verzerrt, er sah aus, als würde er Fratzen schneiden. Das war unheimlich.

Am liebsten hätte ich mich umgedreht und wäre weggelaufen. Und gleichzeitig wusste ich: Jetzt kam es auf mich an. Ich musste Rainer helfen.

Und während ich das begriff, wuchs in meinem Hasenherz ein Riesenmut.

Ich drückte seine Hand und zog ihn dann auf die oberste Treppenstufe zurück. Ich bewegte

1 Freundschaft schließen – Erzählen und gestalten

mich ganz ruhig, ganz vorsichtig, ganz langsam. So wie ich es im Zirkus bei den Löwenbändigern gesehen hatte.
Ich führte Rainer rückwärts die Treppe hinunter. Ich wusste, wenn man sich umdreht, hat man verloren. Dann würde die Ratte in unseren Nacken springen und sich dort festbeißen.
Es dauerte ewig, bis wir endlich unten waren und uns umdrehen konnten. Ich wollte zum Fenster rennen und hinausklettern.
Aber Rainer konnte nicht. Er rang nach Luft und hatte ganz blaue Lippen. Dann stützte er die Hände aufs Fensterbrett und ließ den Kopf hängen. Er keuchte immer noch. Sein schmaler Rücken hob und senkte sich.
Da sah ich, dass Rainer weinte, ganz leise weinte. Seine Tränen tropften einfach in den Staub.
Irgendwann fing er an, wieder ruhiger zu atmen, und dann kletterten wir vorsichtig aus dem Fenster.
Rainer sagte keinen Ton. Er nahm nur meine Hand und hielt sie fest. Wir gingen um das Gruselhaus herum und erst unter Fräulein Fantinis Fenster ließ er meine Hand wieder los.
Und dann sagte er: „Scheißasthma", und versuchte zu grinsen.
Er puffte mich in die Seite und meinte: „Aber trotzdem, mutig bist du ja, Meechen! Eigentlich wie 'n Junge ..."
Und da erst bin ich weggelaufen ...

1 „... freiwillig hätte ich das Gruselhaus sowieso nicht betreten ..." (Z. 54 f.) schreibt die Ich-Erzählerin.
Warum folgt sie Rainer trotzdem?
Die Antwort findet ihr ganz am Anfang des Romanauszugs.

2 Wie jede gute, spannende Geschichte hat auch das Erlebnis im Gruselhaus
☐ eine Einleitung, *Z. 1–XXX: Gespräch über Ratten – Gang zum Gruselhaus*
☐ einen Hauptteil, *Z. XXX–XXX: ...*
 ◼ mit Höhepunkt, *Z. XXX–XXX*
☐ einen Schluss, *Z. XXX–XXX: ...*

a) Bestimmt die vier Teile, indem ihr Zeilenangaben macht.
b) Vergleicht eure Ergebnisse.

3 „So kam es, dass ich **sie** zuerst sah." (Z. 98)
a) Wer ist mit dem ▷ Pronomen **sie** gemeint? ▷ S. 174
b) Wie wirkt es, dass hier das Pronomen **sie** und nicht das Nomen **die Ratte** steht?

4 „Und dann sagte er: ‚Scheißasthma' ..." (Z. 159)
Was ist der wahre Grund für Rainers unerwartetes Verhalten im Gruselhaus?

5 Könnt ihr von einem ähnlich spannenden Erlebnis mit einem Freund/einer Freundin erzählen?

1.2 Freundschaftsgeschichten – Erzählungen untersuchen

Freundschaftsbücher empfehlen – Ein Projekt

Hillary McKay *Vier verrückte Schwestern und ein Freund in Afrika*
Oetinger Verlag, Hamburg 2001, ab 10 Jahren
Mit Windpocken fallen einem die verrücktesten Sachen ein: Weil Weihnachten so schön war, übernimmt Ruth, die älteste der vier fröhlichen Schwestern, die Patenschaft für einen afrikanischen Jungen. Das kostet natürlich eine Menge Geld. Aber die Mädchen wissen sich mit überraschenden Ideen zu helfen …
Ein neues Abenteuer aus der „Vier verrückte Schwestern"-Reihe, die immer beliebter wird.

Stephanie Köhler & Susanne Ortler, 6c

Funke, Cornelia: **Die wilden Hühner.** Dressler Verlag 1993, Euro 10,90
Die Geschichte handelt von einer Mädchenbande, „den wilden Hühnern". Sprotte ist das „Oberhuhn" (auch wenn sie immer behauptet, dass es so etwas bei den wilden Hühnern nicht gibt). Außerdem gehören dazu Melanie, Trude, Frieda und Wilma. Mitglied der Bande kann man nur werden, wenn man ein richtiges Abenteuer besteht. Das ist nicht immer leicht zu organisieren.
Erkennungszeichen der Hühner ist eine Hühnerfeder an einem Lederband um den Hals. Nur Melanie trägt sie an einem Silberkettchen. Es macht Spaß, die Geschichten über die wilden Hühner zu lesen. Besonders lustig sind die Streiche, die sich die Mädchen und die Jungenbande „die Pygmäen" gegenseitig spielen.
Inzwischen sind bereits mehrere Bände über die Abenteuer der wilden Hühner erschienen.
*Paulina Schmidt,
Aische Sahin*

1 Machen euch die beiden Buchempfehlungen neugierig?
Woran liegt das: am Thema; an den Figuren; am Stil der Empfehlung?

2 Gestaltet einen **Prospekt**, in dem ihr ältere, berühmte und neue Freundschaftsbücher euren Mitschüler/inne/n empfehlt.

1 Freundschaft schließen – Erzählen und gestalten

> **TIPP**
> ☐ Nehmt Kontakt mit einer Buchhandlung oder einer Bücherei auf.
> ☐ Die helfen auch bei der Suche nach Freundschaftsbüchern.
> ☐ Vielleicht unterstützen sie euch auch bei eurem Prospekt!

Klasse 6c   22.01.2+++
Astrid-Lindgren-Schule
Erich-Kästner-Straße 13
50000 Köln

5   An die
    Buchhandlung Stöber und Sohn
    Frankfurter Straße 66
    40227 Düsseldorf

Projektwoche Jugendliteratur

10 Sehr geehrte Damen und Herren,

    im Mai findet an unserer Schule im Fach Deutsch eine Projektwoche zum Thema „Jugendliteratur" statt. Unsere Klasse möchte sich in dieser Zeit vor allem mit Büchern zum Thema „Freundschaft" beschäftigen.

    Wie 🌀 unserer Schulleitung vor einiger Zeit mitgeteilt haben, sind 🌀 an einer Zusammenarbeit
15 bei Büchern interessiert. 🌀 wollen jetzt im Rahmen unseres Projekts auf 🌀 Angebot zurückkommen und würden 🌀 freuen, wenn 🌀 Klassensprecher Aische Bashi und Paul Westfal 🌀 besuchen und 🌀 Klassenprojekt mit 🌀 besprechen dürften.
    🌀 haben 🌀 überlegt, eine Broschüre zum Thema „Freundschaftsbücher" herzustellen. Darin sollten sowohl „alte Klassiker" als auch neue, ganz druckfrische Geschichten enthalten sein. Es
20 wäre schön, wenn 🌀 🌀 dabei beraten und unterstützen könnten.

    🌀 bedanken 🌀 schon jetzt für 🌀 Mühe und freuen 🌀 über eine positive Antwort von 🌀.

    Mit freundlichen Grüßen

    Ayşe Bahşi
    Paul Westfal

25 Klassensprecher/in
    Klasse 6c

3 *Hier sind 18 kleine, aber wichtige ▷ Pronomen zu ergänzen.*   ▷ S. 247
    Achtet auf Groß- und Kleinschreibung.

1.3 Freundschaftliche Mitteilungen – Vom Brief zur SMS

Jena, den 2. Januar

Liebe Friederike!

Heute möchte ich Dir ein wenig aus meinem Leben erzählen. Ich lebe mit acht Geschwistern und meinen Eltern in Jena. Unser Haus hat große helle Räume. Wir Kinder schlafen zu zweit oder dritt in einem Raum, die jeweils jüngsten im großen Kinderzimmer. Mein Vater hat Mathematik und Physik studiert und arbeitet als wissenschaftlicher Assistent im Zeisswerk. Mutter ist in Paris groß geworden und hat schon sehr früh am Konservatorium das Klavierspiel erlernt. Eine Person ist immer für uns da, Aenne, die Kinderfrau. Sie ist bei meiner Geburt zu uns gekommen und lebt seitdem bei uns im Haus. Sie sorgt für meine kleineren Geschwister, zieht sie an und bringt sie zu Bett, geht mit uns spazieren und erzählt uns unermüdlich Geschichten. Leider gibt es kein Mädchengymnasium, an dem ich Abitur machen kann, deshalb erhalte ich Privatstunden. So erfahre ich mehr über das Leben in unserem großen Haushalt. Täglich kommen der Milchmann mit seinen scheppernden Kannen, der Bäckerjunge im weißen Kittel mit Broten (die Semmeln hat er schon in aller Frühe an die Gartentür gehängt) und der kräftige Metzgerbursche mit einem großen hölzernen Trog auf der Schulter, auf dem er das von jedem Haushalt bestellte Fleisch balanciert. Jede Woche erscheint die Hühnerfrau. Häufig werden wir zum Kolonialwarenhändler geschickt. Es sieht dort genauso aus

wie in einer riesigen Puppenstube. Die Wand hinter der Theke besteht aus großen
Schubkästen mit Aufschriften wie „Reis", „Kaffee", „Mehl". In Fässern sieht
man Gurken und Heringe, in Säcken Kartoffeln, in Töpfen Honig, Schmalz und
Pflaumenmus. Die Waren werden auf der Waage abgewogen.
Meine Mutter hat mir zu meinem Geburtstag ein Kleid genäht, das ich schon bei
einem Tanzfest im Freien getragen habe. Hin und wieder kommt eine Näherin, um
die Leibwäsche auszubessern. An jedem Montag kommt die Waschfrau.
Abends haben wir oft Gäste. Man muss artig sein und knicksen. Wenn die Erwachsenen „tafeln", werden wir von Aenne ins Bett gebracht. Ich höre, wenn meine
Mutter musiziert und singt. Sie sitzt da in Seide und Schmuck. Ich freue mich
darauf, wenn ich alt genug bin, um daran teilnehmen zu können.
Geht es Dir auch so? Und wie sieht Dein tägliches Leben aus?
Ich freue mich in Bälde von Dir zu hören
Deine Elisabeth

1 Was vermutet ihr: Wann ist dieser Brief geschrieben worden?
Begründet eure Auffassung.

2 Vergleicht Elisabeths Leben mit eurem. Was ist anders, was ähnlich?

3 Gliedert den Brief in Abschnitte und gebt den Inhalt jedes Abschnitts wieder.

4 Welche Wörter und Formulierungen von Elisabeth sind euch fremd?
Schreibt sie heraus, klärt ihre ▷ Bedeutung und findet moderne Formulierungen.   ▷ S. 64

Dienstagabend

Hallo, Lotta!

Hängst du eigentlich den ganzen Tag am Telefon? Gestern und heute habe ich
öfter bei dir angerufen, aber jedes Mal war besetzt. Ich muss aber unbedingt
zwei Sachen loswerden, davon eine, die ich niemandem außer dir erzähle.
Erstens: Ich hab jetzt eine Woche lang keinen Unterricht mehr!!! Und weißt du
auch warum? In unsrer Schule hat's gebrannt. Der ganze Chemietrakt ist kaputt.
Als ich gestern Morgen zur Schule kam, standen dort überall Feuerwehrfahrzeuge rum. Keiner durfte das Haus betreten. Also wurden wir wieder nach Hause
geschickt. Das war, wie du dir sicher denken kannst, spitze, denn so konnte ich
endlich mal ausschlafen, ohne dass mich jemand gestört hat. Jakob war im Kindergarten und Mama und Papa waren im Büro. Nachmittags rief dann unser

Lehrer an und sagte, dass wir erst nächste Woche wieder in die Schule gehen dürfen, weil das ganze Gebäude gründlich gereinigt werden muss. Dafür kann ich jetzt morgens den Frühstückstisch allein abräumen und einkaufen gehen.

Außerdem verschicken unsre Lehrer per Mail Aufgaben und Mama und Papa kontrollieren natürlich, ob ich die tagsüber auch mache. Aber trotzdem nicht schlecht, was?!

Zweitens: Das hängt irgendwie mit erstens zusammen, denn im letzten Mathetest hab ich eine 5 geschrieben. Noch hab ich ihn Mama und Papa nicht gezeigt. Wahrscheinlich werden sie gar nicht groß motzen, aber ich hab einfach keinen Bock auf ernste Gesichter. Hast du nen Tipp, wie ich die 5 möglichst easy unterschrieben bekomme? Du hast doch Übung in so was.

Also, liebe Grüße und
100 Küsse (mindestens!)
von deiner
Line

1 Line lebt in einer anderen Zeit als Elisabeth (S. 23/24). Woran erkennt ihr das?

2 Line schreibt ihrer Freundin aus besonderem Anlass. Nennt ihre Gründe.

3 a) Wer von euch hat eine Brieffreundin oder einen Brieffreund? Berichtet darüber.
b) Wie kann eine Brieffreundschaft beginnen? Wo bekommt man Adressen her?

> **TIPP**
> Internet-Brieffreundschaften – z. B. mit der Suchmaschine www.blindekuh.de oder www.geo.de/GEOlino/brieffreundschaften

4 „Hängst du ... am Telefon?" (Z. 3) – „... nen Tipp" (Z. 28)
An verschiedenen Stellen merkt man, dass Line einen privaten Brief an ihre Freundin schreibt – und nicht an eine fremde, erwachsene Person.
a) Nennt alle umgangs- und jugendsprachlichen Wörter und Wendungen.
b) Wie schreibt man in der „Hochsprache" (Standardsprache)?

5 Vergleicht die Schreibung der ▷ Anredepronomen (*du, dich ...*) ▷ S. 247
in Elisabeths und Lines Brief.

1 Freundschaft schließen – Erzählen und gestalten

Hallo, Saskia, nun sind es nur noch zwei Wochen. Ich freu mich schon riesig auf die Osterferien, wenn wir uns endlich wiedersehn. Ich finde, dass Leipzig und Düsseldorf ganz schön weit auseinander sind. Meine Eltern haben zwar schon ein großes Programm angekündigt, trotzdem bleibt uns bestimmt noch genug Zeit für eigene Sachen. Toni, Oskar und Fräulein Meier geht's gut. Sind sie nicht klasse? (Schau im Anhang!) Jetzt haben wir mit einem Schlag fünf Katzen im Haus!!!!!!!!! Willst du nicht eine? Muss noch für eine Englischarbeit lernen :-C
Liebe Grüße, Melissa

hi, elif, sitze in der reithalle und guck zu, wie nicole reitet. was machst du gerade? annika

HI, TIM; TREFFEN WIR UNS GLEICH UM 4 AM NEUMARKT; POMMES ESSEN? VERGISS DIE CD NICHT! FELIX

Hi, Kevin, was macht dein Beinbruch? Hab einen ganzen Stapel Arbeitsblätter für dich (falls es dir langweilig werden sollte). Der Lüders hat sie mir für dich mitgegeben. Das ist wohl so mit deinen Eltern besprochen? Ich bring sie morgen vorbei, wenn's recht ist. Hoffentlich bist du nächste Woche beim Pokalspiel wieder fit. Im Rollstuhl is da nix!
Besser dich!
Leon

1 *Vergleicht die vier Mitteilungen. Welche*
☐ *inhaltlichen*
☐ *sprachlichen*
Unterschiede zwischen E-Mail und SMS könnt ihr erkennen?

2 *Schreiben Jungen und Mädchen unterschiedliche E-Mails und SMS? Tauscht eure Meinungen aus.*

3 *Brief – E-Mail – SMS – Telefon. Tragt die Vor- und Nachteile der einzelnen Mitteilungsformen zusammen. Auf welche könntet ihr am wenigsten, auf welche am leichtesten verzichten? Begründet eure Meinung.*

4 *Ersetzt alle umgangs- und jugendsprachlichen Wörter und Formulierungen in den E-Mails und SMS durch solche aus der Hochsprache (Standardsprache).*

WÖRTERLISTE ▷ S. 208

Gegensatz	Freundin	Spannungskurve	vergleichen
Ähnlichkeit	Kumpel	Brieffreundschaft	Äußerung
Versöhnung	interessiert	Buchempfehlung	interessant
sympathisch	Vertrauen	schildern	zuhören
informieren	erzählen		

■ SPRECHEN · ZUHÖREN · SCHREIBEN

2 Klassengespräche – Argumentieren und überzeugen

2.1 Strittige Fragen – Diskutieren und argumentieren

Die 6a möchte einen Ausflug machen.

1 Welche Probleme können bei der Einigung auf ein Fahrtziel auftreten? Wie lassen sie sich vermeiden? Denkt an ähnliche Diskussionen in eurer Klasse.

Lisa, die Klassensprecherin, geht nach vorne und schreibt die Vorschläge an die Tafel. Sie leitet auch das Gespräch.

DENIZ: Schwimmen find ich gut.
FLORIAN: Genau, dann kann man auf die Wasserrutsche und rausschwimmen, das dampft immer ordentlich bei dem Wetter.
5 VANESSA: Ach nö, dann hat man nachher immer so nasse Haare.
MIRIAM: Da gibts auch nen Föhn. Aber ich find das auch nicht so klasse.
LISA: Dann macht doch einen Gegenvor-
10 schlag.
MIRIAM: Im Schokoladenmuseum –
KEVIN *(ruft laut rein):* Nee, da war ich schon in der Grundschule, kein' Bock!
LISA: Aber vielleicht waren ja nicht alle da. Wer von euch war schon im Schokomuseum? 15
(17 Schüler melden sich)
LISA: OK, die meisten, dann sollten wir das jetzt nicht mehr aufschreiben.
FLORIAN: In den Ferien war ich mit meinen Eltern in der Skihalle, einen ganzen Tag lang 20
und da is immer Musik.
VANESSA: Brrr; und kalt isses auch!
MIRIAM *(lächelt):* Klingt ganz gut.
SEMIH: Ich find die Idee gut, mein Nachbar war 25
auch schon mal da, aber das is total teuer. Das möchte nicht jeder für einen Klassenausflug bezahlen. Und in der Klassenkasse sind auch nur noch 32,50 € nach der letzten Fahrt. 30
DENIZ: Ich kann sowieso nicht mit – Fuß verstaucht.

2 Klassengespräche – Argumentieren und überzeugen

KEVIN: Pech für dich!
LISA: Wir wollen doch alle zusammen fahren, oder? Habt ihr weitere Vorschläge?
KATHRIN: Es gibt hier in der Nähe einen Aquazoo mit vielen interessanten Tieren.
SEMIH: Und man kann mit Bahn oder Bus ganz einfach hinfahren.
KATHRIN: Eben, ich kann einen Fahrplan mitbringen. Die meisten fahren ja umsonst mit dem Schokoticket.
VANESSA *(stöhnt)*: Booh – ne! Nich stundenlang Tiere angucken, das is echt uncool.
FLORIAN: Dort kann man Haifische sehen, von unten, und Deniz kann auch mitkommen. Ich glaub, Schulklassen zahlen weniger.
LISA: Wer bringt morgen Infos mit?
KATHRIN: Ich kann mal im Internet nachsehen, vielleicht gefallen Vanessa ja auch die Bilder. Und nachher gehn wir noch zu …

2 *Untersucht, wie die Diskussion in der 6a verläuft:*
☐ *Wer trägt zu einem Fortschritt der Diskussion bei?*
☐ *Wessen (Rede-)Verhalten ist für eine Einigung eher hinderlich?*
Nennt Beispiele.

3 *Erstellt eine Tabelle „diskussionsförderndes – diskussionshemmendes Verhalten/Reden".*

4 *Spielt eine Fortsetzung des Klassengesprächs und einigt euch*
☐ *auf den Aquazoo;*
☐ *auf ein anderes Ziel.*
Formuliert eure Ideen auf Stichwortzetteln, die ihr bei der Diskussion einsetzen könnt.

Aquazoo
+ Alle können mit
+ günstig
+ gut zu erreichen

5 *Wählt 4 „Beobachter/innen":*
a) *Sie notieren diskussionsförderndes und diskussionshemmendes ▷ Gesprächsverhalten.*
b) *Ergänzt eure Tabelle (Aufgabe 3).*

▷ S. 246

Schwimmen
+ Wasserrutsche
- nasse Haare
…

6 *„… und kalt isses auch!" (Z. 23)*
„Da gibts auch nen Föhn." (Z. 7)
a) *Worin weichen diese Formulierungen von der offiziellen Rechtschreibung ab?*
b) *Schreibt weitere Beispiele heraus. Stellt ihnen die richtige Schreibweise gegenüber.*
c) *Für welche besonderen sprachlichen Situationen benutzen wir diese andere Schreibweise?*

> **!**
> Miteinander zu sprechen ist für uns alle sehr wichtig.
> In einem **Gespräch,** einer Unterhaltung geht es oft darum, mit anderen Fragen, Sorgen oder Freuden zu teilen.
>
> Zu einer **Diskussion** gehört eine Frage, bei der man unterschiedliche Ansichten vertreten kann. Das Ziel einer Diskussion ist es, möglichst eine gemeinsame Lösung zu finden. In einer guten Diskussion hört man einander zu und nimmt die Ansichten anderer ernst, man ist wirklich an einem Ergebnis interessiert.

2.1 Strittige Fragen – Diskutieren und argumentieren

Auf Themensuche mit Placemat

ARBEITSTECHNIK PLACEMAT-METHODE
- Bildet Vierergruppen.
- Legt ein großes Blatt Papier in die Mitte des Gruppentischs.
- Sammeln: Jede/r schreibt Themenvorschläge in seine Placemat-Ecke.
- Sichten: Sprecht über eure Vorschläge.
- Auswählen: Einigt euch auf drei Themen und schreibt sie in die Mitte.

Mit dieser Arbeitstechnik könnt ihr herausfinden, welche Themen euch in der Klasse besonders interessieren.

1 a) Stellt eure drei Gruppen-Themen in der Klasse vor.
b) Wählt aus allen Gruppenthemen die interessantesten aus.
c) Gestaltet ein Plakat „Themenspeicher" für den Klassenraum.

2 Erklärt den Namen der Arbeitstechnik: „Placemat".
- Was bedeutet das englische Wort?
- Findet ihr die Bezeichnung passend?
- Habt ihr einen anderen Vorschlag?

Gut diskutieren heißt (auch) gut zuhören

Häufig besteht in Diskussionen die Gefahr, dass mehrere Teilnehmer/innen gleichzeitig sprechen. Dann redet man schnell „aneinander vorbei" und kommt zu keiner Entscheidung.
Gut diskutieren heißt also auch gut zuhören. Das könnt ihr mit den folgenden drei Diskussionsformen üben.
Tipp: Jede Diskussion wird von Beobachter/-inne/n „überwacht", die ▷ „diskussionsförderndes und -hemmendes Verhalten/Reden" notieren.
▷ S. 28

Rede-Chips

Ihr diskutiert in einer kleinen Gruppe über ein bestimmtes Thema. Jede/r Teilnehmer/-in bekommt zwei „Rede-Chips". Legt einen Chip vor euch hin, wenn ihr etwas zur Diskussion beitragen möchtet. Werden mehrere Rede-Chips gleichzeitig vorgelegt, entscheidet der/die Vorredner/in, wer an der Reihe ist.
Haben alle ihre zwei Chips „verbraucht", nehmt ihr sie zurück. Eine neue Diskussionsrunde kann beginnen.

Echo-Spiel

Diskutiert in einer kleinen Runde ein Thema eurer Wahl. Wer an der Reihe ist, wiederholt zunächst, was sein/e Vorredner/in gesagt hat und äußert erst dann die eigene Meinung.

Fishbowl-Diskussion

Eine kleine Gruppe diskutiert im Innenkreis (in der „Fishbowl").

Die anderen Schüler/innen im Außenkreis beobachten die Diskussion.

Denkt daran, in der Kreismitte einen Platz freizuhalten. Wer mitdiskutieren möchte, nimmt diesen Platz ein.

Wer nicht mehr mitdiskutieren möchte, darf sich in den Außenkreis setzen.

Nach der Diskussion berichten die Beobachter/innen:

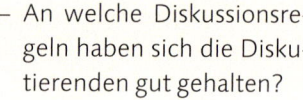

- An welche Diskussionsregeln haben sich die Diskutierenden gut gehalten?
- An welche nicht?

 1 *Berichtet nach jeder Diskussion über gute und schlechte Erfahrungen.*

Mit dem folgenden „Test" könnt ihr euer eigenes Diskussionsverhalten beobachten und verbessern:

Persönlicher Diskussionstest

	Trifft zu	Trifft nicht zu
Bevor ich mich melde, überlege ich, ob mein Beitrag zum Thema passt.	X	
Es stört mich, wenn mir andere ins Wort fallen.		
Es verunsichert mich, wenn andere während der Diskussion flüstern oder kichern.		X
Meine Meinung äußere ich in der Ich-Form.		
Manchmal dauert es mir zu lange, bis ich drankomme.	X	
Ich finde nicht gut, wenn man mir widerspricht.		X
In Diskussionen komme ich selten zu Wort.		
Es stört mich, wenn die anderen nicht zuhören.		
Es gefällt mir, wenn andere an meinen Beitrag anknüpfen.		X
Ich habe zu wenig Zeit, meinen Beitrag zu äußern.		

 2 *Prüft die verschiedenen Punkte:*
 ☐ *Was bedeuten sie?*
 ☐ *Was lässt sich in welcher Weise ändern?*
 ☐ *Ergänzt Wichtiges.*

3 *Lest den Test vor und nach einer neuen Diskussion und macht euch Notizen.*

 4 *Gestaltet ein Plakat „Diskussionsregeln".*
 Wählt möglichst positive Formulierungen, z. B.: Wir lassen/Ich lasse andere ausreden.

2.1 Strittige Fragen – Diskutieren und argumentieren

Schriftlich argumentieren

Es regnet. Ich find's doof, hier draußen zu sein. Ich will in die Klasse.

Der Regen ist Mist, weil wir nass werden. Drinnen ist es trocken. Da erkälten wir uns nicht. Deshalb will ich ins Schulgebäude.

1 a) Was haben diese Äußerungen gemeinsam? Worin unterscheiden sie sich?
b) Welche Äußerung ist überzeugender? Begründet.

> Viele Äußerungen in Gesprächen und Diskussionen enthalten nur eine
> ☐ **Meinung** (Behauptung): *„Der Regen ist doof!"*
> Besser ist es,
> ☐ **Begründungen:** *„… weil wir nass werden."*
> und
> ☐ **Beispiele** (Belege): *„Da erkältet man sich und wird krank."*
> zu nennen.
> Eine begründete Meinung – ein **Argument** – ist überzeugender als nur eine Meinung!

ARGUMENT

Baustein 1	Baustein 2	Baustein 3
Meinung	**Begründung**	**Beispiel**
Wandern ist langweilig …	… weil wir es zu oft machen.	Alle 14 Tage ins Siebengebirge!
Bahn fahren ist teuer …	Denn ich muss jeden Tag mit dem Zug fahren.	…
Freunde haben ist wichtig …	…	Mein bester Freund ist Jochen.
Musik hören ist toll …	…	…
Meine Sommerferien sind zu kurz …	…	…

2 a) Übertragt diesen „Argumente-Baukasten" an die Tafel oder in euer Heft – macht die Kästen groß genug! – und versucht, für alle Meinungen Begründungen und Beispiele zu finden.
b) Benotet die Argumente mit ☺ 😐 ☹. Begründet eure Entscheidung.

3 Ergänzt die Tabelle um Argumente zu den Themen:
☐ Sollen wir bei Regenpausen im Schulgebäude bleiben?
☐ Wohin soll die nächste Klassenfahrt gehen?

2 Klassengespräche – Argumentieren und überzeugen

Klassenkasse – ja oder nein?

Die 6a hat lange darüber diskutiert, ob eine Klassenkasse für sie sinnvoll ist oder nicht. Dabei hat sie verschiedene Ansichten an einer Flipchart zusammengetragen.

1 Lest die Aussagen.
Welche überzeugen euch, welche nicht?

2 Was ist eure Meinung zu einer Klassenkasse?

3 a) Entscheidet euch für eine der beiden Meinungen.
☐ Eine Klassenkasse ist sinnvoll.
☐ Eine Klassenkasse ist nicht sinnvoll.
b) Schreibt einen zusammenhängenden Text für oder gegen eine Klassenkasse.
☐ Ihr könnt mit dem wichtigsten Argument beginnen oder es ganz an den Schluss setzen.
☐ Achtet auf gute Begründungen und überzeugende Beispiele.

4 Lest eure Stellungnahmen für oder gegen eine Klassenkasse vor. Besprecht und überarbeitet sie.

ARBEITSTECHNIK ARGUMENT-KARTEN

☐ Schreibt eure Argumente für oder gegen eine Klassenkasse auf einzelne Zettel/DIN-A5-Karteikarten.
☐ Hängt sie auf, geordnet nach „Pro" und „Kontra".
☐ Kontrolliert, ob eure Argumente neben Meinungen (Behauptungen) auch Gründe und Beispiele nennen.

TIPP GELENKWÖRTER ▷ S. 200

*Eine Klassenkasse ist sinnvoll. – Damit kann man sich Ausflüge leisten. –
Zum Beispiel in den Aquazoo.*
Versucht eure Meinungen, Gründe und Beispiele durch passende „Gelenkwörter" miteinander zu verbinden:
*Eine Klassenkasse ist sinnvoll, **weil** man sich damit Ausflüge leisten kann, **also** z. B. in den Aquazoo.*
Achtet dabei auf ▷ Kommas und richtige Wortstellung. ▷ S. 256
da – weil – obwohl – während – sodass – wenn – ohne dass – denn – sondern – also – daher – trotzdem – darum

2.2 Störungen – Geschichten zum Diskutieren

Annika Thor

Wie feiert man ein Klassenfest?

Donnerstag redeten wir in der letzten Stunde wie üblich über Sachen, die mit der Klasse zu tun hatten. Gunilla erzählte vom Elternabend. Die Eltern seien der Meinung, es müsse etwas zur Verbesserung der Klassengemeinschaft getan werden, sagte Gunilla. Darum wollte sie ein Klassenfest ausrichten.

„Wie findet ihr das?", fragte sie. „Gut", sagte jemand, aber ich hörte Fanny flüstern: „Ätzend." Und Tobbe fragte: „Gibt's Alkohol?" Gunilla tat, als hätte sie es nicht gehört. „Aber eine Disko gibt's doch?", fragte Maja. „Wer gute Musik hat, kann ja seine CDs mitbringen."

Da hob Klein-Kalle die Hand. Klein-Kalle ist kleiner als ich und sieht aus, als ob er in die Dritte ginge. Höchstens. „Müssen wir tanzen?", fragte er, und seine Stimme klang, als ob das eine Art Strafarbeit wäre. „Müssen solche Blödmänner, die nicht tanzen können, überhaupt kommen?", zischte Fanny. Weil es Fanny war, die das gesagt hatte, wurde Gunilla nicht wütend. „Natürlich sollen alle kommen", sagte sie freundlich. „Darum machen wir doch ein Klassenfest. Alle haben mitzureden. Was möchtest du tun, Kalle?" Klein-Kalle sah verwirrt aus und gab keine Antwort.

Emma meldete sich. Sie gehört zu denen, die sich gern um andere kümmern. „Wir könnten ja was spielen", sagte sie. „Was, wobei alle mitmachen können." „Spielen", schnaubte Fanny. „Glaubst du, wir sind hier im Kindergarten, oder was?" Tobbe und Emil fingen an „Alle meine Entchen fliegen hoch" zu grölen und machten die Bewegungen dazu, aber sehr übertrieben.

„Wahrheit oder Pflicht", sagte Sabina. Gunilla schaute Sabina an und sah, dass sie einen Hörer vom Walkman im Ohr hatte. Nur den einen, weil sie auch noch hören wollte, was die anderen sagten. „Was hab ich dir gesagt?", fragte Gunilla. „Nimm sofort das Ding raus!" Offenbar hatte sie heute keine Kraft, sie Sabina wegzunehmen. Vielleicht fand sie es nicht so wichtig, da wir nur Gemeinschaftskunde hatten. Sabina steckte die Hörer unter die Tischplatte.

Tobbe und Emil waren schon beim dritten Gegenstand, der hochflog. Gunilla sagte, sie sollten endlich still sein. Da hörten sie auf zu brüllen, machten aber weiter Bewegungen, immer ausholender und ausholender.

Ich dachte, dass ich etwas sagen müsse. Zeigen, dass ich nicht zu diesen ätzenden Typen gehörte. Ich meldete mich. „Ja, Nora?" „Natürlich müssen wir eine Disko haben", sagte ich. „Wir gehen doch schon in die Sechste."

Aber obwohl ich Fanny nach dem Mund redete, war es offenbar wieder nicht richtig. „Nee, alle sollen doch mitreden dürfen", sagte Fanny mit gezierter Stimme. „Zum Beispiel Karin, was findest du?" Karin guckte auf die Tischplatte und sagte nichts.

Jonas redet nicht viel, weil er manchmal stottert, und dann lachen die anderen Jungen. Aber jetzt sagte er. „I-i-ich bin Noras Meinung. Klar müssen wir eine D-Disko haben, wir g-g-gehen doch schon in die Sechste." Natürlich lachten alle und ich hörte jemanden etwas von Jonas-und-Nora flüstern.

Gunilla fand offenbar, dass genügend Vorschläge für das Klassenfest beisammen waren, denn jetzt sagte sie, wir sollten mit unseren Eltern reden und fragen, wer von ihnen bereit wäre mitzumachen. Mindestens drei Eltern müssten den ganzen Abend anwesend sein, sagte sie. Dann klingelte es und der Schultag war zu Ende.

1 Beschreibt, welchen Eindruck diese Klasse auf euch macht.

2 Wer ist Gunilla? Wer erzählt die Geschichte? Belegt eure Meinung am Text. ▷ S. 262

3 Wie diskutiert die Klasse miteinander?

	diskussionsfördernd	diskussionshemmend
Fanny	...	...
Tobbe, Emil	...	...
...	...	...

a) Besprecht und beurteilt das Verhalten der verschiedenen Schüler/innen.
b) Wie verhält sich die Lehrerin?

4 a) Welche Meinungen haben die einzelnen Schüler/innen?
   Tobbe: Er möchte Alkohol.
   Maja: ...
b) Wer begründet seine Meinung? Nennt Textstellen.

5 „Wir wollen ein Klassenfest feiern!"
Bestimmt eine/n Diskussionsleiter/in und diskutiert über das Thema:
- ☐ Überlegt, ob ihr eure Diskussion als ▷ Fishbowl-Diskussion durchführen wollt. ▷ S. 30
- ☐ Notiert eure Vorschläge auf Zettel/Karteikarten.
- ☐ Begründet eure Vorschläge. Führt Beispiele an.
- ☐ Haltet euch an die ▷ Gesprächs- und Diskussionsregeln. ▷ S. 246

6 Erzählt die Geschichte nicht aus der Sicht von Nora, sondern aus der von
- ☐ Tobbe oder Emil   ☐ Fanny
- ☐ Kalle   ☐ Gunilla, der Lehrerin

Anne Maar

Der Sprung ins Wasser

[...] Seit diesem Sommer ist alles anders. Und nur wegen der Schule! Da haben sie nämlich plötzlich Schwimmen und keinen Sport mehr. Und seitdem geht Eva nicht mehr so gern zur Schule. Vor allem am Mittwochmorgen kommt sie kaum aus dem Bett, denn da haben sie Schwimmen. Sobald Eva nur das kleinste Kratzen im Hals fühlt, fragt sie ihre Mutter, ob sie ihr nicht eine Entschuldigung schreiben kann. Aber meistens lässt sie sich nicht dazu überreden und Eva muss doch gehen.

Einmal ging Eva so langsam zur Haltestelle, dass sie nicht nur Jessica an der Ecke, sondern auch den Bus verpasst hat. Aber als sie dann zu spät ins Schwimmbad kam, war Jessie sauer auf sie und die Mädchen guckten sie voller Verachtung an, als ob sie denken würden: Die will sich ja nur drücken! Da traute sich Eva auch nicht mehr, zu spät zu kommen.

„Spring schon, Eva!", ruft Jessica von unten. Die Mädchen sitzen inzwischen auf den warmen Bänken und reden, nur manche schauen zu ihr hinauf. Eva ist es kalt. Wassertropfen rinnen langsam an ihr hinunter, sie hat eine Gänsehaut und ihre Zähne schlagen vor Zittern aufeinander.

„Gleich", ruft Eva zurück und bewegt sich doch kein bisschen vorwärts.

Am Anfang des Schuljahres hatten die anderen Mädchen noch nicht gemerkt, dass Eva Angst vor dem Wasser hat. Es fiel erst gar nicht so auf, wenn Eva sich plötzlich ans Ende der Reihe stellte, wenn eine Übung im Wasser gemacht werden sollte, oder ganz dringend aufs Klo musste, wenn sie dran war.

Aber als Jessica sie im Spaß einmal tunkte und Eva völlig panisch wurde, wie wild um sich schlug und sogar vor Schreck weinen musste, da merkten es alle. Seitdem ließen sie sie nicht mehr in Ruhe. Jana hatte sie schon wie aus Versehen ins Becken geschubst. Und wenn etwas vorzumachen war, dann schlug Stefanie vor: „Frau Vogt, das kann uns doch Eva zeigen!"

Frau Vogt hatte natürlich auch schon längst gemerkt, dass Eva wasserscheu war. Und es war ihr deutlich anzumerken, dass sie fand, Eva sollte sich nicht so anstellen.

„Mach schon, du Angsthase", ruft Stefanie. Die anderen Mädchen kichern.

„Eva!", ruft Frau Vogt. „Du musst ja keinen Köpper machen. Mach einfach die Augen zu und lass dich mit den Füßen voran fallen."

Eva antwortet nicht. Sie traut sich ja nicht einmal, die Haltebügel loszulassen, wie soll sie es da bis nach vorne zum Brettende schaffen?

„Mann, das ist doch ganz einfach", ruft nun auch Jessica. Eva schaut hinunter zum Beckenrand. Jessica sitzt neben Stefanie. Die beiden tuscheln miteinander. Jessica lacht. In letzter Zeit verstehen sich die beiden immer besser.

Damals, als Jessica Eva getunkt hatte, tat es ihr noch schrecklich leid und sie verteidigte Eva vor den anderen. Aber nach einer Weile wurde es ihr lästig. Sie begann, sich für ihre ängstliche Freundin zu schämen [...]

„Schaffst du's heute noch?!", ruft Stefanie. „Oder willst du da oben übernachten?!"

„Wir können doch nicht ewig warten", ruft Frau Vogt ungeduldig. „Die Stunde ist gleich aus! Dann lass es eben und komm wieder runter!"

Eva dreht den Kopf zur Seite und schaut hinter sich auf die Sprossen. Jetzt wieder zurück? Sie bewegt sich nicht.

„Mein Gott, die schafft es auch nicht, einfach

wieder runterzukommen", stöhnt Jana genervt.

„Pass auf, am Ende müssen wir sie da oben noch zwangsernähren", sagt Stefanie.

Die anderen lachen.

„Oder mit einem Kran runterholen", sagt Jessica.

Wieder Gelächter.

Eva starrt gebannt auf das Brettende vor sich und lässt mit einer Hand den Haltebügel los. Das Brett ist glitschig und wippt ganz leicht auf und nieder. Eva geht ein winziges Schrittchen nach vorne. Unten scheint es keiner zu bemerken. Die Mädchen haben schon wieder das Interesse an ihrem Scheitern verloren und besprechen wahrscheinlich, was sie am Nachmittag unternehmen werden.

Eva nimmt all ihren Mut zusammen und geht noch einen Schritt weiter vor.

„Na endlich", hört sie unten Frau Vogt seufzen.

„Mann, sie kann sich ja noch bewegen!", ruft Stefanie laut. „Ich dachte schon, sie wäre zur Salzsäule erstarrt."

„Ein Wunder!", sagt Jessica.

„Echt lächerlich", sagt Jana.

„Total uncool", sagt Stefanie. „Ich wette um ein Eis, dass sie es nicht schafft zu springen. Wer wettet dagegen?"

Niemand reagiert. Auch nicht Jessica.

„Solche Wetten machen keinen Spaß", sagt Stefanie und freut sich doch.

Eva lässt den zweiten Haltebügel los und geht mit klopfendem Herzen langsam bis nach vorne. Das Brett schwankt. Eva zittert vor Kälte und Angst. Ihre Hände sind zu Fäusten geballt. Sie schaut nach unten. Das kleine Becken unter sich.

„Trau dich", ruft Frau Vogt. – „Ich wette, sie macht's nicht", sagt Stefanie laut. [...]

1 Die Geschichte ist noch nicht zu Ende. Denkt euch einen passenden Schluss aus. ▷ S. 271

2 a) Obwohl Eva sonst eine gute Sportlerin ist – sie hat Angst vor Wasser. Beschreibt ihre Ängste, nennt Beispiele.
b) Wie versucht Eva, das Schwimmen zu vermeiden?

3 „Echt lächerlich" (Z. 103), sagt Jana über Evas Angst vor dem Sprung ins Wasser. Was wirft die Klasse Eva noch vor? Schreibt die Beispiele in euer Heft.

4 In der ganzen Schwimmbadszene sagt Eva nur ein einziges Wort. Dennoch kann man von einem „Streitgespräch" zwischen Eva und der Klasse sprechen. Nennt Gründe.

5 Führt eine Diskussion über das Verhalten von Eva und ihrer Klasse im Schwimmbad.
☐ Bestimmt eine/n Diskussionsleiter/in.
☐ Wollt ihr die Diskussion „unter Beobachtung" (▷ Fischbowl-Diskussion) durchführen? ▷ S. 30
☐ Notiert eure Meinung zu den einzelnen Personen auf Zetteln. Nennt Gründe und Beispiele.

6 Am Nachmittag berichtet Eva ihrer Freundin in einer E-Mail von ihrem Schwimmbaderlebnis. Sie schreibt von ihren Ängsten, Gedanken über sich und die Klassenkameradinnen und nennt Gründe für ihr Verhalten. Versetzt euch an Evas Stelle: Ist sie schließlich gesprungen oder nicht? Schreibt Evas E-Mail an ihre Freundin.

7 a) In welcher ▷ Zeitform ist die Geschichte geschrieben? ▷ S. 253
b) Lest Z. 12–19: Welche Zeitform wird hier verwendet? Begründet.
c) Ein solcher Wechsel der Zeitform findet noch einmal statt. Sucht und begründet ihn.

2.3 Diskutieren und argumentieren üben

Prepaid-Karte oder Vertragshandy?

Stellt euch vor, ihr dürft euch ein Handy wünschen. Einzige Frage: Prepaid-Karte oder Vertragshandy?
Diskutiert darüber in einem Rollenspiel als
☐ Vater und Mutter,
☐ Bruder und Schwester.

1 a) Verteilt die vier Rollen in mehreren Gruppen.
b) Überlegt euch in Einzel- und Partnerarbeit Gründe, die für und gegen die Karte oder den Vertrag sprechen. Verwendet ▷ Argument-Karten.   ▷ S. 32

2 a) Führt mehrere Vierer-Diskussionen durch.
b) Beobachtet und besprecht die verschiedenen Diskussionen.

3 Erklärt die Bezeichnung „Prepaid-Karte".
☐ Wo kommt sie her? Was bedeutet sie?
☐ Findet ihr sie passend?
☐ Wer hat einen anderen Vorschlag?

Antrag zum Fußballspielen auf dem Schulhof

Das Fußballspielen ist auf dem Schulhof verboten. Die 6b hat einen Antrag an die SV formuliert, in dem sie sich gegen dieses Verbot wendet:

> **Antrag zum Fußballspielen auf dem Schulhof**
> Wir finden es blöd, dass wir auf dem Schulhof nicht Fußball spielen dürfen. In der Sporthalle dürfen wir das ja auch, deshalb ist es ungerecht. Wir wollen in der Pause herumrennen und toben können, weil wir das als Abwechslung zum Unterricht brauchen. Im Unterricht müssen wir immer still sitzen, aber beim Fußballspielen können wir uns trotzdem einmal austoben. Stillsitzen ist öde, weil Fußballspielen viel mehr Spaß macht. Und warum dürfen wir auf dem Schulhof nicht Fußball spielen, wenn die Älteren da Tischtennis spielen dürfen? Entweder alle dürfen etwas, was Spaß macht, oder keiner. Wir versprechen auch vorsichtig zu sein, ohne dass etwas kaputtgeht oder einer sich wehtut.
> *Ehrlich!*   *Eure 6b*

1 Überzeugt euch dieser Antrag? Begründet eure Meinung.

2 *Formuliert einen eigenen Antrag zum Fußballspielen.*
   ☐ *Nennt überzeugende Gründe und Beispiele.*
   ☐ *Achtet auf eine sinnvolle Reihenfolge.*
   ☐ *Vermeidet Wiederholungen.*
   ☐ *Prüft, ob ihr eure Sätze mit ▷ Gelenkwörtern wie* ▷ S. 32
   weil, sodass, also verbinden und verständlicher machen könnt.

3 *Überarbeitet eure Entwürfe (▷ Schreibkonferenz).* ▷ S. 268

Mehr Taschengeld?

Ihr kommt mit eurem Taschengeld nicht aus?
Ganz einfach: Die Eltern um eine Erhöhung bitten!
Ihr wisst, wie schwierig das oft ist. Deshalb der Vorschlag: Teilt euren Wunsch nach Taschengeld-Erhöhung euren Eltern schriftlich mit. Vorteile:
☐ Ihr könnt euch gute Gründe für euren Wunsch überlegen.
☐ Ihr könnt überlegen, welche Einwände eure Eltern wohl haben.
☐ Wie könnt ihr die entkräften?
☐ Ihr könnt überlegen, was ihr euren Eltern „anbietet" für die Erhöhung.

> *Alles ist teurer geworden.*
> *Ich brauche mehr Taschengeld!*

> *Ich spare auch einen Teil des Geldes.*

> *Dann würde ich mein Schulmaterial vom Taschengeld bezahlen.*

> *Ich könnte mir das Taschengeld auch verdienen.*

4 *Bittet eure Eltern schriftlich um eine Taschengeld-Erhöhung.*
   ☐ *Achtet auf eine wirkungsvolle Reihenfolge eurer Argumente und Vorschläge.*
   ☐ *Verbindet eure Sätze geschickt mit passenden ▷ Gelenkwörtern.* ▷ S. 32
   ☐ *Vermeidet Wiederholungen.*

 5 *Überarbeitet eure Entwürfe.*

WÖRTERLISTE				▷ S. 208
diskutieren	überzeugen	äußern	formulieren	Antrag
argumentieren	begründen	widersprechen	Gespräch	Diskussion

SPRECHEN · ZUHÖREN · SCHREIBEN

3 Wir sind mobil – Berichten und appellieren

3.1 Glück gehabt – Von Unfällen berichten

1 Woran denkt ihr, wenn ihr diese Fotos seht?

2 Welche Fortbewegungsmittel benutzt ihr? Berichtet davon.

 3 Erstellt eine Tabelle über die verschiedenen Fortbewegungsmittel in eurer Klasse: *Welches? – Zweck? – Wie oft? – …*

Ein Fahrradunfall

1 *Was passiert hier?*
Versucht das Geschehen möglichst vollständig, kurz und klar zu beschreiben.
Denkt an die W-Fragen (Wer? – Was? – Wo? – Wann? – Wie?).

3.1 Glück gehabt – Von Unfällen berichten

Die Polizei kommt und befragt den am Unfall beteiligten Jungen:

Wie heißt du? — Sascha Kern
Und wie alt bist du? — Zwölf Jahre
Kennst du denn das verletzte Mädchen? — Na logo, die geht doch in meine Klasse!
Und wie heißt sie? — Ela.
Und mit Nachnamen? — Ören.
Na, dann berichte mir bitte mal, was eigentlich passiert ist.

Also, ich war froh, dass endlich die letzte Stunde vorbei war und dass ich nach Hause konnte. Ich hab mein Pausenbrot vergessen und hatte einen Riesenhunger. – Wegen des Unfalls hab ich immer noch nichts gegessen! Sie haben nicht zufällig was in Ihrem Polizeiauto? – Jedenfalls bin ich ziemlich schnell gefahren. Kurz vor der Kreuzung Manderscheider klingelt's plötzlich hinter mir. Wer will mich denn überholen?, denk ich und dreh mich um. Ela mit ihrem neuen Rad und zwölf Gängen und so! Mehr als ich. Also –

2 Setzt in einem Rollenspiel das Gespräch zwischen Polizist und Sascha Kern fort; sodass der Polizist am Ende über den Unfallhergang informiert ist.
  a) Bildet Zweiergruppen und bereitet euer Gespräch vor.
     Macht euch Stichpunkte, was ihr fragen und antworten wollt.
  b) Führt das Gespräch vor.
  c) Wiederholt und vergleicht die einzelnen Rollenspiele.

3 Am nächsten Morgen muss Sascha den Unfall natürlich vor der Klasse berichten. Tragt diesen Unfallbericht vor.

Ein Bericht
- stellt den Ablauf eines Geschehens möglichst vollständig dar.
- Nur Wichtiges wird aufgenommen. Nebensächliches lässt man weg.
- Dabei beantwortet der Bericht folgende W-Fragen:
  - **Wer** war beteiligt?   **Wann** geschah es?
  - **Was** geschah?   **Wie** geschah es?   **Welche** Folgen hat es?
  - **Wo** geschah es?   **Warum** geschah es?
- Der Bericht steht gewöhnlich im ▷ Präteritum.   ▷ S. 180
- Seine Sprache ist sachlich. Gefühle bleiben unberücksichtigt.
- Die ▷ wörtliche Rede gehört nicht in einen Bericht.   ▷ S. 261
- Im Allgemeinen enthält ein Bericht keine persönliche Meinung.

4 Die Eltern von Ela Ören bitten Sascha darum, ihnen den Unfallhergang kurz aufzuschreiben. Das brauchen sie für ihre Versicherung.
  a) Schreibt diesen Bericht für Elas Eltern.
  b) Vergleicht eure Berichte.
     Überarbeitet sie.

Dies ist der Bericht, den die Polizei von Elas und Saschas Fahrradunfall veröffentlicht:

POL-MG: 12-jähriges Mädchen bei Fahrradunfall verletzt
17.06.2007 – 12.08 Uhr
Mönchengladbach: – Ein 12-jähriges Mädchen fuhr gestern Mittag, gegen 13 Uhr 45, mit dem Fahrrad von der Schule nach Hause. In Höhe der Kreuzung Manderscheider Straße wollte die Schülerin an einem mit seinem Fahrrad vorausfahrenden Klassenkameraden vorbeifahren. Bei diesem Überholmanöver verhakten sich die Lenker der beiden Fahrräder. Die 12-Jährige kam dadurch zu Fall, rutschte auf die Gegenfahrbahn und berührte einen entgegenkommenden Pkw. Die Verletzte wurde in ein Krankenhaus eingeliefert, wo sie zur Beobachtung verblieb.

5 *Überprüft, ob der Bericht alle nötigen Informationen enthält: Stellt die W-Fragen.*

Eigentlich ist Fahrradfahren auf dem Schulhof ...

Am Dienstagmorgen ist bei uns in der Schule was total Blödes passiert. Svenja kam wie immer kurz vor knapp mit dem Fahrrad in die Schule gedüst. Als sie gerade in ihrem Wahnsinnstempo in den Schulhof einbiegen wollte, ist ihr Philipp entgegengekommen und zack, die beiden sind zusammengestoßen! Philipp knallte auf den Boden und Svenja flog in hohem Bogen von ihrem Fahrrad. Eigentlich ist ja Fahrradfahren auf dem Schulhof sowieso verboten. Beide haben nun auf jeden Fall *auf dem Boden gelegen. Philipp hatte sich den rechten Arm geprellt und Svenja hatte eine riesige Platzwunde auf der Stirn. Es war kurz vor 8.00 Uhr. Alle waren froh, dass nichts Schlimmeres passiert war, aber Herr John, unser Lehrer, schickte beide erst mal zum Arzt. Trotzdem bekam Svenja hinterher richtig Ärger und musste sich bei Philipp entschuldigen. Ich hoffe, Svenja wird in Zukunft etwas langsamer fahren.*

1 Lest diesen „Unfallbericht" den Kai S. als Zeuge für eine Unfallversicherung aufgeschrieben hat. Gebt mit euren Worten wieder, wie der Unfall abgelaufen ist.

2 a) Schreibt einen eigenen Bericht zu diesem Fahrradunfall.
Haltet euch dabei an den „Merkkasten" auf ▷ Seite 41.
b) Vergleicht eure Berichte.
Überarbeitet sie.

Berichten nach Plan

Eine gute Hilfe für das Berichten ist ein so genannter „Bericht-Plan". Hier ein Beispiel, das Ines als Unfallzeugin an ihrem PC angelegt hat:

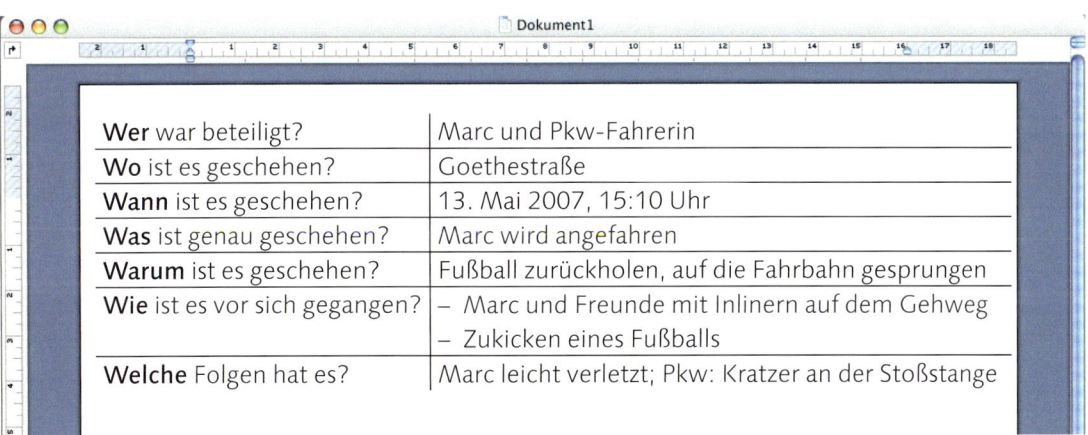

1 Notiert in Stichpunkten, wie dieser Unfall in der Goethestraße abgelaufen ist.

> **TIPP**
> Für das Verständnis des Unfallhergangs ist oft eine Skizze sinnvoll!

2 a) Schreibt an der Stelle von Ines einen kurzen Bericht über Marcs Unfall in der Goethestraße.
b) Vergleicht eure Berichte.
Überarbeitet sie.

Unfallbericht für die Versicherung

Die Klasse 6c trainiert schon seit mehreren Wochen für die Stadtmeisterschaften im Bodenturnen. Nach Handstand und Kopfstand üben die Schüler und Schülerinnen heute die Rolle vor- und rückwärts. Dabei kommt es zu einem Unfall, weil Florian bei einer Rolle rückwärts den Kopf nicht gerade hält.

Die Klassenlehrerin, Frau Jung, war bei dem Unfall nicht dabei. Sie befragt nun Kathrin nach dem Unfallhergang:

Kathrin, wie kam es denn zu Florians Unfall?

*Herr Krupp hat mit uns noch einmal die Rolle rückwärts geübt, für die Stadtmeisterschaften. Eigentlich lief alles glatt und es war schon fast Viertel vor zehn.
Es hat auch Hilfestellungen an allen Stationen gegeben.*

Hast du genau beobachten können, was mit Florian geschehen ist?

Ja, ich war ja nach ihm an der Reihe! Hinter mir stand noch Benedikt, der muss es eigentlich auch gesehen haben. Florian ging in Position vor der Matte und nahm Schwung. Das sah total lustig aus, weil er seinen Kopf schräg hielt und Grimassen geschnitten hat. Dabei heißt es immer, dass wir den Kopf gerade halten sollen!

Und wie hat er sich verletzt?

Es hat einen hässlichen Knacks gegeben. Wir dachten, dass er sich etwas gebrochen hat. Florian hat den Kopf nicht mehr drehen können. Er hat ganz steif dagelegen und geweint. Niemand hat ihn anfassen dürfen und er hat mir sehr leid getan. Jemand ist es sogar schlecht geworden, den mussten sie an die frische Luft bringen. Kann ich gut verstehn, nicht?

Und Herr Krupp?

Der hat mit dem Handy sofort den Arzt angerufen. Ich glaub, Florian hat den Halswirbel verbogen. Sie haben ihn ganz vorsichtig auf eine Trage gelegt und ins Krankenhaus gefahren.

3.1 Glück gehabt – Von Unfällen berichten

Frau Jung muss als Klassenlehrerin für die Versicherung ein Formular über Florians Unfall ausfüllen:

1 Besorgt euch ein solches Formular (www.guvv-wl.de/unfallanzeigen/_inhalt/schuelerunfallanzeige.doc), kopiert es und versucht es auszufüllen. Am wichtigsten ist Punkt 14 „Ausführliche Schilderung des Unfallhergangs":
- ☐ Macht euch Notizen mit einem ▷ Bericht-Plan.   ▷ S. 43
- ☐ Schreibt einen kurzen Bericht über Florians Unfall.
- ☐ Achtet dabei auf das ▷ Präteritum.   ▷ S. 180

2 Vergleicht eure Unfallberichte. Überarbeitet sie.

Verunglückt in der Schule

Wenn ihr diese Grafik studiert, merkt ihr, dass Florians Sportunfall gar nicht so selten ist.

1 Bestätigt oder korrigiert folgende Aussagen:
- ☐ Die Grafik enthält ein Torten- und ein Balkendiagramm.
- ☐ Mit Mofa und Motorrad passieren weniger Unfälle als zu Fuß.
- ☐ Auf dem Schulweg passieren mehr Unfälle als in der Pause.

2 a) Wobei passieren mehr Unfälle: auf dem Fahrrad oder auf dem Mofa/Motorrad?
b) Heißt das, dass Mofa/Motorrad sicherer sind als das Fahrrad?

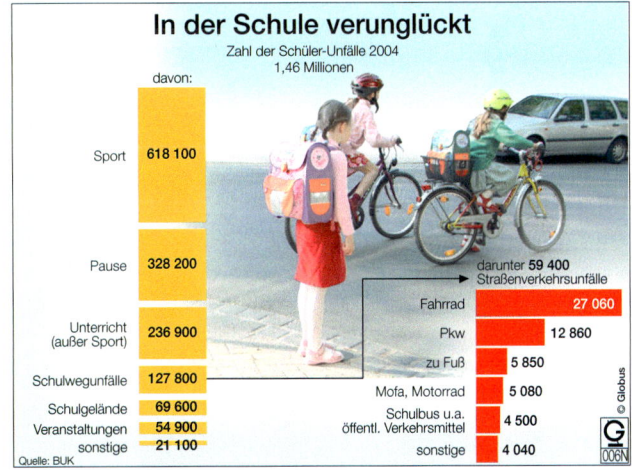

3 Schaut euch noch einmal die verschiedenen Anlässe für Unfälle rund um die Schule an: Könnt ihr euch an ein oder mehrere Beispiele erinnern? Wart ihr gar beteiligt?
a) Schreibt einen kurzen Bericht darüber.
b) Vergleicht und überarbeitet eure Berichte.

3.2 Klassenfahrten – Lesenswerte Berichte

Auf nach Lauscha!

STADTMUSEUM NAUMBURG

Reinhold Kunze, Naumburg

Naumburg Erinnern

Klassenfahrt

Stadtmuseum Naumburg/S
Aktuell
Hohe Lilie
Nietzsche-Haus
Klinger-Haus
Wenzelsturm
Marientor
Interessantes
Shop
Anfahrt
Links
Presse / Neues
Suchen
Kontakt
Impressum
[Erinnerungen]
[Museumsverein]
[Online-Galerie]

Grochlitzer Str. 49
06618 Naumburg
T: 03445-703503
F: 03445-6990235

76.904

Mit dem Ende des Schuljahres verließ eine Anzahl unserer Mitschüler nach Erfüllung der gesetzlichen Schulpflicht die Schule, um einen Beruf zu erlernen. [...] In vier Jahren gemeinsamer Schulzeit und beim gemeinsamen Lernen hatte sich eine stabile Schulklasse gebildet. Unter den Schülern hatten sich Freundschaften entwickelt, hatten wir Partner mit gleichen Interessen, mit denen wir unsere Freizeit verbrachten, gefunden.
Nun aber stand diese Gemeinschaft vor ihrer Auflösung. Ehe es dazu kam, wollte unser Klassenlehrer Herr Dr. Reble uns noch einmal zusammenführen, uns noch einmal das Miteinander, das Kameradschaftliche erleben lassen. Sein Vorschlag war es, eine mehrtägige Klassenfahrt zu unternehmen. Dem stimmten wir natürlich sofort zu. Unser Klassenlehrer hatte alles sorgfältig geplant und organisiert und ein anspruchsvolles Programm vorbereitet. Ohne ihn hätte es das Erlebnis „Gräfenthal" nicht gegeben und wir wären um unvergessliche Erinnerungen ärmer gewesen. [...]
Wir waren frei von allen Zwängen, achteten aber auf Disziplin. Wir marschierten nicht in Reih und Glied, sondern wanderten in loser Ordnung, mal gemeinsam mit dem Freund oder in einer Gruppe der Mitschüler. Es blieb uns Zeit, die Schönheiten der Natur und Landschaft links und rechts des Wanderweges zu sehen, zu entdecken und in uns zu bewahren.

*„Auf nach Lauscha!"
Zeichnung aus dem
Reisetagebuch*

Wir besuchten Betriebe mit unterschiedlichen Produktionen, wie dergleichen nicht in unserer Naumburger Heimat angesiedelt waren, z. B. die Drahtweberei und die Porzellanfabrik in Gräfenthal, die Glashütte und die Glasbläser in Lauscha oder den größten Schieferbruch Thüringens in Lehesten. Das Programm, von unserem Lehrer „Momo" sorgfältig erarbeitet, sah für jeden von uns und für die Gruppe etwas vor. Und: Bei allen Unternehmungen brachte sich unser Klassenlehrer selbst mit ein. Das gefiel uns besonders.
Diese Klassenfahrt hatte bei uns große Resonanz, sodass wir bald nach unserer Heimkehr an eine Wiederholung dachten. ...

3.2 Klassenfahrten – Lesenswerte Berichte

 Diesen Text über eine Klassenfahrt findet man im Internet unter www.museumnaumburg.de.

1 *In welchem Teil Deutschlands liegt Naumburg?*
Schlagt in einem Atlas und einem ▷ Lexikon nach.   ▷ S. 242

2 *Was ist das für eine Art Text, die Reinhold Kunze hier für die Internetseite des Stadtmuseums in Naumburg geschrieben hat: eine Erzählung … oder …?*
Begründet eure Meinung, nennt Beispiele dafür im Text.

3 *Reinhold Kunze spricht gleich zu Anfang vom Schuljahr, in dem ihre Klassenfahrt stattfindet. Wann hat diese Fahrt eurer Meinung nach ungefähr stattgefunden: heute – vor zehn Jahren …? Worauf stützt ihr eure Meinung?*

4 *Sicher erinnert ihr euch wie Reinhold Kunze an eine schöne Klassenfahrt!*
Stellt euch vor, auch euer Stadtmuseum bietet die Möglichkeit, auf seiner Homepage
kurze *Berichte abzudrucken.*
Schreibt einen Bericht über eure schönste Klassenfahrt.

> **TIPP ZUM BERICHTEN**
> ☐ Die **Einleitung** sagt, worum es geht: *Wer? – Was? – Wann? – Wo?*
> ☐ Der **Hauptteil** nennt in zeitlicher Reihenfolge die wichtigsten Ereignisse:
>   *Wie? – Warum?*
> ☐ Der **Schluss** nennt Ergebnisse, Auswirkungen: *Welche Folgen?*
> ☐ Die Zeitform ist das ▷ Präteritum.   ▷ S. 180

Die schnellste Schnecke im Watt

Die 6a der Gesamtschule Bonn Bad-Godesberg verbrachte eine Woche auf Sylt.
Was sie am Mittwoch, dem 23. August, unternahmen, könnt ihr hier lesen:

Mittwoch, 23. August 2006
Um sieben Uhr mussten wir aufstehen. Doch manche waren schon früher aufgestanden und joggten am Strand. Frühstück gab es wie immer um 7:30 Uhr. Frische Brötchen, Kakao und Müsli standen auf dem Frühstückstisch bereit. Jannis, Benjamin, Lukas und
5 *Felix hatten Tischdienst. Nadine und Deniz hätten beinahe verschlafen und das Frühstück verpasst. Sie waren von der Fackelwanderung vom Vorabend und Späßen in der Nacht noch sehr müde. Um 9:00 Uhr gingen wir zu einer Wattwanderung. Unser Wattführer Michael holte uns an der Jugendherberge ab. Während wir durch das Watt wanderten, zeigte er uns verschiedene Muscheln und Würmer. Wir sahen auch eine*
10 *Wattschnecke. Sie ist die kleinste, aber auch die schnellste Schnecke im Watt. Zum*

Abschluss unserer Führung machte Michael noch Spiele mit uns. Beim Bockspringen fielen zwei Schüler auf den nassen Wattboden. Das fanden sie gar nicht lustig. Wir verabschiedeten uns um 11:30 Uhr von unserem Wattführer und gingen zurück zur Jugendherberge. Während der Tischdienst Bestecke und Teller verteilte, säuberten wir uns von der Wattwanderung.

(Julia)

Pünktlich um 12.00 Uhr konnten wir mit dem Mittagessen beginnen. Es gab Spaghetti mit Tomatensoße und Salat. Zum Nachtisch gab es Quarkspeise. Mit Anna, Paul und Osman musste ich die Tische abräumen und das Geschirr in die Spülmaschine einräumen. Kurz vor eins waren wir damit fertig. Es blieb uns nur noch wenig Zeit für die Mittagspause. Frau Baum und Herr Schröder mussten uns antreiben, denn um 13:30 Uhr starteten wir zum Informationszentrum Wattenmeer. Der Fußmarsch am Strand entlang war durch den starken Wind mühsam. Wir erreichten unser Ziel kurz nach zwei. Im Informationszentrum gab es einen interessanten Diavortrag über das Leben im Watt.
Danach sahen wir uns in der Ausstellung noch Seeigel, Seesterne, eine Rochenhaut und andere Tiere an. Kurz nach 15:00 Uhr verließen wir das Informationszentrum. Jetzt war es schönes Wetter. Die Sonne schien und wir entschieden, zurück zur Jugendherberge zu gehen, um die Badesachen zu holen. Alle waren begeistert.

(Maike)

Nachdem ich meine Badehose endlich gefunden hatte, wurde ich mit einem lauten Pfeifen von der Klasse vor der Jugendherberge empfangen. Schnell liefen wir zum Strand. Während einige sich sofort ins Wasser stürzten, spielten andere Beach-Volleyball. Die Mädchen sammelten Muscheln und schrieben damit Namen in den Sand. Herr Schröder zählte die Punkte beim Beach-Volleyball. Gegen 17:00 Uhr packten wir unsere Sachen zusammen und eilten zurück. Um 18.00 Uhr saßen wir wieder im Speiseraum und aßen belegte Brote. Danach hatten wir Freizeit, bis der Spieleabend um 19:30 Uhr begann. „Wer wird Millionär?" war das Lieblingsspiel an diesem Abend. Bettruhe sollte um 22:00 Uhr sein.

(Stephan)

1 Worum geht es in diesen drei Berichten? Formuliert jeweils einen Satz.

2 Versucht in einer Tabelle den Tagesablauf des 23. August festzuhalten: *7.00 Uhr – Auf...*

3 a) Untersucht die drei Berichte genau:
- ☐ Enthalten sie alle nötigen Informationen?
- ☐ Fehlen wichtige Angaben?
- ☐ Stimmt die Reihenfolge?
- ☐ Gibt es Überflüssiges?
- ☐ Wo könnte man Absätze einfügen, um den Text besser lesbar zu machen?

b) Stellt eure Ergebnisse der Klasse vor. Nennt Beispiele.

4 Was bedeutet wohl der allerletzte Satz in Stephans Bericht?

5 In Aufgabe 4 auf Seite 47 habt ihr einen kurzen Bericht über eure schönste Klassenfahrt vom ersten bis zum letzten Tag geschrieben.

a) Erinnert euch an einen bestimmten Tag; oder nur den Vormittag; oder den Nachmittag; oder den Abend.
Schreibt darüber einen Bericht:
- ☐ Beantwortet die ▷ W-Fragen ▷ S. 41
- ☐ Beachtet die richtige Reihenfolge.
- ☐ Streicht Überflüssiges weg.
- ☐ Verwendet das ▷ Präteritum ▷ S. 180

b) Tauscht eure Entwürfe aus.
c) Überarbeitet sie und stellt eine Reinschrift her.

Erfahrungsbericht „Jugendherberge"

Die Schülerzeitung, das elektronische Intranet eurer Schule, das Internet überhaupt bieten die Möglichkeit, die guten oder schlechten Erfahrungen, die ihr während eines Jugendherbergsaufenthalts gemacht habt, anderen Interessierten mitzuteilen: zur Warnung oder zur Empfehlung.

Um sich die Arbeit zu erleichtern, kann man ein Formular verwenden wie dieses:

Quali-Profil: Die Jugendherbergen

Name: Essen & Trinken:
Adresse: Sauberkeit:
Bettenzahl:
…   Pro:
Gesamtbewertung: Kontra:

Anbindung: Empfehlenswert:
Service: ☐ ja   ☐ nein

Erfahrungsberichte

Als ich vor kurzem mit einem Projektkurs meiner Schule in 🌀 war, habe ich das erste Mal in einer Jugendherberge „gehaust". Zuerst hatte ich ja meine Bedenken, wegen der strengen Nachtruhe ab 22 Uhr und wegen der Verpflegung (Frühstück).

Aber es kam alles anders. Wenn man sich still verhält, kann man sogar die ganze Nacht „durchmachen". So gab es bei uns auch eine Abschlussklasse einer Realschule, die bis morgens durchmachte.

Das Frühstück war sehr üppig und auch die Auswahl war sehr groß. So gab es auch Biolandprodukte und Obstsalat. Mit diesem Buffett kann so manches Hotel nicht mithalten!

Auch Platz war genug. Wir (die Jungs) haben zu dritt in einem 6-Bett-Zimmer geschlafen und mussten uns nicht mit anderen zusammenquetschen. Aber selbst wenn –!

Und da der ganze Spaß nicht einmal 🌀 Euro gekostet hat, war das auch noch ein preiswerter Spaß.

Im August war ich mit zwei meiner Freundinnen aus den USA und noch einer Freundin von hier in 🌀.
🌀 Euro für eine Übernachtung mit Frühstück und Bettwäsche war in Ordnung.
Frühstück gab es zwar nur von 7 bis 9 Uhr, aber es gab viele verschiedene Sachen; sogar Säfte und Müsli.
Die Leute an der Rezeption waren ungeheuer lieb und haben uns immer gern weitergeholfen, wenn wir abends um 10 Uhr Hunger bekamen oder mal nicht wussten, was wir uns noch anschauen konnten.
Ein bisschen nervig war, dass die Zimmer vormittags geputzt wurden und man deshalb bis 12 Uhr woanders sein musste. Aber saubere Zimmer haben ja auch was. :)
Die U-Bahn-Station ist nicht ganz weit weg, man geht ca. 7 Minuten. Eine Bushaltestelle ist aber ganz nah dran, sodass das Gepäckschleppen nicht so schlimm wird.

1 *Schaut euch dieses Formular insgesamt an:*
  a) *Wie ist es aufgebaut? Welche Punkte enthält es?*
  b) *Vermisst ihr etwas?*
  c) *Worauf könnte man verzichten?*

2 *Lest die beiden Erfahrungsberichte:*
  ☐ *Auf welche Punkte gehen sie ein?*
  ☐ *Welche ▷ W-Fragen werden beantwortet?*   ▷ S. 41
  ☐ *Worüber hättet ihr gern etwas erfahren?*
  ☐ *Wie sind die Erfahrungsberichte gegliedert (Reihenfolge; Einleitung – …)?*
  ☐ *Was meint ihr zur sprachlichen Ausdrucksweise?*

3 *Sicher habt ihr auch schon ein Gästehaus, ein Schullandheim oder eine Jugendherberge besucht.*
  a) *Füllt dazu das (abgeänderte) Formular „Quali-Profil" aus.*
     Bildet zwei Gruppen:
       ☐ *Gruppe 1 füllt das Formular für interessierte **Schulklassen** aus.*
       ☐ *Gruppe 2 füllt das Formular für **einzelne** Jugendherberge-Besucher aus.*
  b) *Vergleicht und überarbeitet eure Berichte.*

  c) *Veröffentlicht eure Empfehlungen in der Schülerzeitung, im Intranet eurer Schule oder im Internet.*

3.3 Projekt: Unfälle vermeiden, appellieren

Auf den Seiten 39 – 45 habt ihr vieles über Unfälle in und außerhalb der Schule und über Unfallberichte erfahren.

Besser als jeder Unfallbericht ist es aber, Unfälle zu vermeiden! Zum Beispiel Unfälle mit dem Fahrrad.

Ein Projektfahrplan

 Für den folgenden „Projektfahrplan" bildet ihr am besten mehrere Gruppen.

Ermitteln

- ☐ Ermittelt, wer in eurer Klasse/im Jahrgang ... mit dem Rad zur Schule kommt (Jungen – Mädchen – Alter ...).
- ☐ Welche Straßen und Wege werden mit dem Fahrrad am häufigsten benutzt?
- ☐ Fertigt so genannte „Wegeprotokolle" auf diesen Strecken an (mit erwachsenen Begleitpersonen, der Polizei): Notiert unübersichtliche/gefährliche Stellen oder Kreuzungen, fehlende Ampeln oder Radwege ...
- ☐ Beobachtet besonders gefährliche Stellen über einen bestimmten Zeitraum hinweg:

Beobachtungsbogen „Sicherer Radweg"

Gruppe:	Datum:	Standort/Straße:	Uhrzeit:
Radfahrer/in		Anzahl	
fährt mit Hörstöpseln		|||	
ohne Helm		↳↳↳↳		
ohne Handzeichen		↳↳↳↳ ||	

- ☐ Macht Foto oder Videoaufnahmen, fertigt Skizzen an.

 1 a) Überlegt, in welcher Form ihr eure verschiedenen Untersuchungsergebnisse (Zahlen, Straßenangaben, Wegeprotokolle, Fotos ...) am wirkungsvollsten darstellen („präsentieren") könnt: als Plakat, als Wandzeitung, als Beitrag in der Schülerzeitung, als Flyer ...
b) Wen wollt ihr mit euren Informationen erreichen: die Parallelklassen, die ganze Schule, Eltern, den Stadtteil, die Polizei ...?

3 Wir sind mobil – Berichten und appellieren

Auswerten
☐ Übertragt eure Ergebnisse und Zahlen in Tabellen, Grafiken und Diagramme.
☐ Verwendet oder zeichnet eine Straßenkarte. Macht farbige Eintragungen.
☐ Sucht geeignete Fotos aus. Schreibt Erklärungen dazu.
☐ Schreibt kurze Berichte zu besonderen Vorfällen, die ihr beobachtet habt.
☐ Erstellt eine „Hitliste Fahrradunfälle" mit den häufigsten Unfallarten und -ursachen.
☐ Formuliert Ratschläge *Für fehlerloses Fahrradfahren*.

Darstellen
☐ Gebt euren verschiedenen Materialien und Ergebnissen die am besten geeignete Form: als Plakat, als Wandzeitung, als Flyer …
☐ Informiert alle Betroffenen: die Schule, Eltern, den Lotsendienst, die Polizei, Gemeinde …

Ein Plakat gestalten

1 Wie wirkt dieses Plakat auf euch?
Sagt eure Meinung dazu.

2 Was wirkt am meisten auf euch: Bild, Text …?

3 Nehmt das Plakat genauer „unter die Lupe":
Abbildung
☐ Was ist auffällig an dem Foto?
☐ Was stört oder fehlt euch?
Text
☐ Der Text enthält mehrere Aussagen: Welche?
☐ Schreibt den ▷ Appell (die Aufforderung) ▷ S. 246
des Plakats heraus.
☐ Welche ▷ Satzarten kommen vor? ▷ S. 256
Gestaltung
☐ Passen Bild und Text gut zusammen?
☐ Bildgröße und Textmenge: richtig – zu viel – zu klein …
☐ Gefällt euch die Schrift, ihre Größe?

4 Habt ihr Kritik an dem Plakat geübt? Dann gestaltet einen Gegenentwurf.

5 Gestaltet ein Plakat zum Thema „Fahrradfahren nur mit Helm".

WÖRTERLISTE				▷ S. 208
Formular	Protokoll	Grafik	Fahrradunfall	Pkw
Polizist	Diagramm	Appell	Unfall	Arzt
Vorfall	Verkehr	Verletzung	Skizze	

SPRECHEN · ZUHÖREN · SCHREIBEN

4 Ein Blick in die Steinzeit – Beschreiben und erklären

4.1 Der Mann aus dem Eis – Basteln und beschreiben

Im Jahre 1991 wurde in den Alpen die Mumie eines Mannes entdeckt, der vor über 5000 Jahren gelebt hat – „Ötzi",

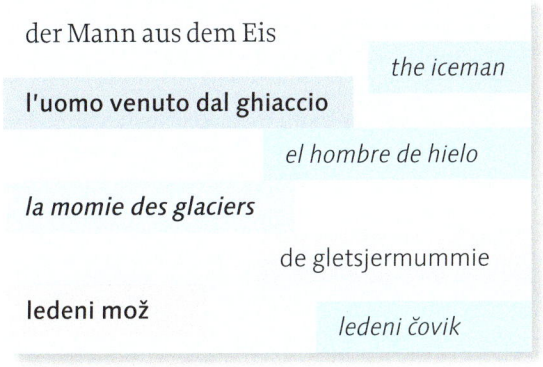

der Mann aus dem Eis

the iceman

l'uomo venuto dal ghiaccio

el hombre de hielo

la momie des glaciers

de gletsjermummie

ledeni mož

ledeni čovik

1 Aus welchen Sprachen stammen diese Namen? Kennt ihr andere Namen für ihn?

2 Berichtet, was ihr bereits über „Ötzi" wisst.

3 Kennt ihr andere berühmte Mumien? Berichtet darüber.

> **ARBEITSTECHNIK KLASSENGESPRÄCH**
> □ Ändert für eure Gespräche die gewöhnliche Sitzordnung. Führt zum Beispiel ein **Kreisgespräch.**
> □ Bestimmt eine/n **Gesprächsleiter/in.**
> □ Beachtet eure **Regeln** für gute ▷ Klassengespräche.   ▷ S. 246

In diesem Kapitel wollen wir uns ausführlich mit dem Gletschermann Ötzi beschäftigen. Dabei könnt ihr selbst aktiv werden:

□ Beschafft euch Bücher, Zeitschriftenartikel, Abbildungen und Internet-Informationen über Ötzi (www.iceman.it; http://de.wikipedia.org/wiki/ötzi).
□ Stellt die Materialien vor.

□ Sammelt die Informationen über Ötzi z. B. an einer Pinnwand. Ergänzt sie im Lauf eurer Arbeit.

4 Ein Blick in die Steinzeit – Beschreiben und erklären

Ötzis Aussehen

Für eine Beschreibung des Gletschermanns macht sich Joscha Notizen:

Aussehen	...
Kleidung	Mütze, Mantel ...
Werkzeuge	...
Waffen	...

Und so sehen Svenjas Notizen aus:

Gegenstand	Material	Verwendung
Mantel	Gras	Schutz gegen Regen, Wind
Mütze	...	...

1 Welcher Notizzettel ist hilfreicher?

2 a) Schaut euch Ötzi auf S. 53 und auf den von euch gefundenen Abbildungen möglichst genau an.
b) Legt einen Notizzettel zum Aussehen, zur Kleidung und Ausrüstung von Ötzi an.

Joscha hat mit seinen Notizen eine Beschreibung von Ötzi verfasst:

> Ötzi hat auf seinem Kopf eine Mütze. An den Füßen hat er Schuhe mit einer Ledersohle. Im Gürtel hat er einen Dolch und in der Hand ein Beil. Über den Schultern hat Ötzi einen Umhang, an den Beinen lange Strümpfe ohne Fußteil. Um den Bauch hat er einen Gürtel, der eine Tasche für kleine Gegenstände hat. Auf dem Rücken hat er einen Köcher, in dem er einen Bogen und Pfeile hat.

Wie jeder Entwurf muss auch dieser ▷ überarbeitet werden.   ▷ S. 268

3 a) Schreibt Joschas Versuch auf die linke Hälfte einer Heftseite und rechts daneben in einer anderen Farbe eure Anmerkungen dazu.
b) Vergleicht eure Kommentare und notiert Tipps für eine gelungene Personenbeschreibung.

4 Beschreibt jemandem Ötzi, den Mann aus dem Eis, der noch keine Abbildung von ihm kennt.

! Wer eine **Person beschreiben** will, achtet auf
- Größe, Körperbau *(schlank, dick, klein ...)* und Haltung *(steif, gebückt, kerzengerade ...)*;
- Besonderheiten einzelner Körperteile (Kopf, Gesicht, Hände, Beine, Füße);
- die Kleidung (Farbe, Material ...);
- Gegenstände am Körper (Schmuck, Tasche, Stock ...) und ihren Zweck, ihre Aufgabe.
- treffende Adjektive *(**kurze** Beine; **lange, spitze** Nase)*, Vergleiche *(das Haar ist struppig **wie bei** ...)* und Verben *(Im Gürtel **steckt** ein Dolch ...)*.

Aus Ötzis „Garderobe"

Nadine ist von Ötzi so beeindruckt, dass sie ein bestimmtes Teil seiner „Garderobe" nachgestalten, basteln will. Dazu erläutert sie ihrer Freundin Lena:

*Ich schneid jetzt dieses Dreieck so aus. – Fertig! –
Es muss natürlich kein Dreieck sein, ein Oval wär auch gut. –
Die Ecken schneid ich doch lieber rund. Das sieht besser aus, als wenn sie spitz sind.
Siehst du, so. Das Muster drück ich jetzt hiermit ein …
Nee, das geht nicht gut! Vielleicht leg ich ein Tuch unter …
Gib mal das da. Na also, jetzt geht's besser! –
Mist, so eine Spirale ist gar nicht so einfach! Das nächste Mal zeichne ich sie lieber vor.
Na, wie findest du's?" – Irgendwas fehlt noch …
Ich glaub, ich zieh noch eine Linie ganz um den Rand. – Na, grade ist was anderes!!
So, jetzt noch hier das Loch zum Aufhängen durchstechen. –
Soll ich diese Schnur nehmen, Lena, oder lieber das Lederband? –
Klar, Leder passt besser zu Ötzi! Noch 'nen Knoten. –
Sieht doch prima aus, nich? Hier, häng dir's mal um!*

1 Was bastelt Nadine hier?
a) Versucht den Gegenstand zu zeichnen. Vergleicht eure Lösungen.
b) Lena erfährt beim Zuschauen manches, was euch entgeht: zum Beispiel?
c) Prüft, ob Nadines Beschreibung auch Unwichtiges enthält.

2 Man merkt, dass Nadine mündlich erklärt.
Nennt Beispiele. Wie würde man stattdessen schreiben?

3 a) *Ich schneid jetzt dieses Dreieck so aus.*
Schreibt den Satz so um: *Gestern im Museum schn⊙ jemand …*
Was geschieht bei dieser Umformung mit dem Verb „schneiden"?
b) Sind die Zeitangaben „jetzt" und „gestern" unbedingt nötig?

! **Verben** machen deutlich, **wann** etwas geschieht.
Sie lassen sich in verschiedene **Tempora** (Zeitformen; Einzahl: das Tempus) setzen:
☐ Das **Präsens** drückt aus, dass gerade (in der Gegenwart) etwas geschieht:
Ich drücke hier das Muster in das Blech.
Das Präsens wird z. B. in Personen- und Vorgangsbeschreibungen (etwa Bastelanleitungen, Gebrauchsanweisungen) benutzt.
☐ Das **Perfekt** verwendet man beim mündlichen Erzählen für Vergangenes:
Gestern haben wir ein Museum besucht.
☐ Das **Präteritum** verwendet man beim schriftlichen Erzählen für Vergangenes:
Im Museum bastelten wir einen Anhänger.

4 Ein Blick in die Steinzeit – Beschreiben und erklären

4 Erklärt euch gegenseitig, wie dieser Anhänger hergestellt wird.

5 Welche in der Zeichnung fehlenden Informationen müsst ihr ergänzen, damit eure Anleitung verständlich wird? Hier ein paar Vorschläge:

Material: Anzahl, Farbe, Form, Länge, Gewicht, Stärke, Preis ...
Werkzeug: Maßband, Lineal, Stift, Schere, Feile, Hammer, Zange, Unterlage ...
Gliederung: alle notwendigen Arbeitsschritte
– Ergebnis der Arbeit
– Wie nutzt man den Gegenstand?

6 Bastelanleitungen gelingen nur mit dem richtigen Werkzeug!
Prüft in der Zeichnung zum Anhänger, ob eine andere Zange geeigneter wäre.

7 Zange ist nicht gleich Zange!
Eine **spitze** Zange heißt **Spitz**zange.
Eine Zange, mit der man **biegen** kann, heißt **Biege**zange.
Eine Zange, mit der man **Blech** bearbeitet, heißt **Blech**zange.

Nomen + Nomen	Verb + Nomen	Adjektiv + Nomen
Blechzange	Biegezange	Spitzzange

a) Ergänzt die Tabelle um folgende zusammengesetzte Nomen:
Flachzange, Kneifzange, Abisolierzange, Telefonzange, Wasserpumpenzange, Rundzange, Greifzange, Presszange, Hufzange, Armaturenzange, Brechzange, Radiozange, Gasrohrzange

 b) Sammelt ähnliche Zusammensetzungen für **Hammer, Schere** und **Messer**.

! Bei **Wortzusammensetzungen** wie

| Nagelschere | aus | Nagel | + Schere |
| | | Nomen | Nomen |

| Spitzzange | aus | spitz | + Zange |
| | | Adjektiv | Nomen |

| Radiergummi | aus | radier(en) | + Gummi |
| | | Verb | Nomen |

| Zusammensetzung | Bestimmungswort | Grundwort |

wird einem Wort zur genaueren Bestimmung ein weiteres vorn angefügt.

Ötzis „Jacke"

Ötzi trug ein knielanges Oberteil aus rechteckigen Ziegenfell-Stücken. Die einzelnen Teile waren mit Tiersehnen zusammengenäht. Die „Jacke" war vorn offen, Knöpfe kannte Ötzi nicht.

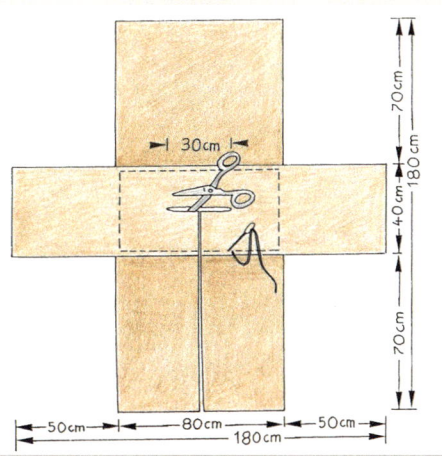

Ihr braucht:

- 2 große Stücke dünnes Leder oder Kunstleder: 180 x 40 cm, 180 x 80 cm
- eine Schere
- Stecknadeln
- festen Zwirn, Ledernadel

1 Legt die (Kunst-)Lederstücke so übereinander wie auf der Zeichnung und steckt sie mit den Nadeln zusammen (siehe gestrichelte Linie).

2 Schneidet einen T-förmigen Schlitz in die Lederstücke. Der Halsausschnitt sollte ca. 30 cm breit sein.

3 Hängt eure Ötzi-Jacke über eine Stuhllehne.
- Steckt die Arm- und Seitenschlitze mit Nadeln zusammen. Näht überall, wo Stecknadeln sind, die Lederteile mit groben Stichen zusammen.
- Der Kragen besteht aus zwei Lagen Leder. Vernäht sie am besten ebenfalls rund um die Ränder.

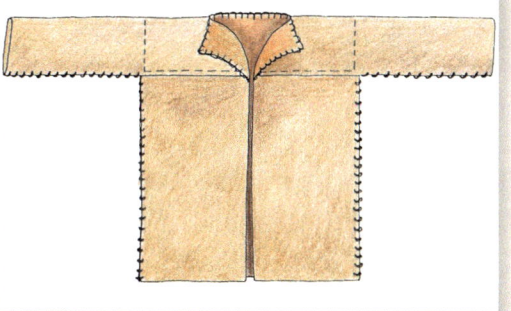

1 *Prüft, ob ihr die Jacke nach dieser Anleitung nähen könnt.*

 2 *a) Versucht, die Anleitung – teilweise oder vollständig – jemandem am Telefon zu erklären.*
b) Warum enthalten Bastelanleitungen neben einem Text meist auch Abbildungen und Zeichnungen?
c) Sind die Zeichnungen oben alle nützlich?

3 *Schreibt einen passenden Schluss zu der Anleitung.*

Ötzis „Mütze"

Der Steinzeitmann trug eine halbrunde Mütze aus dem Fell eines Braunbären.

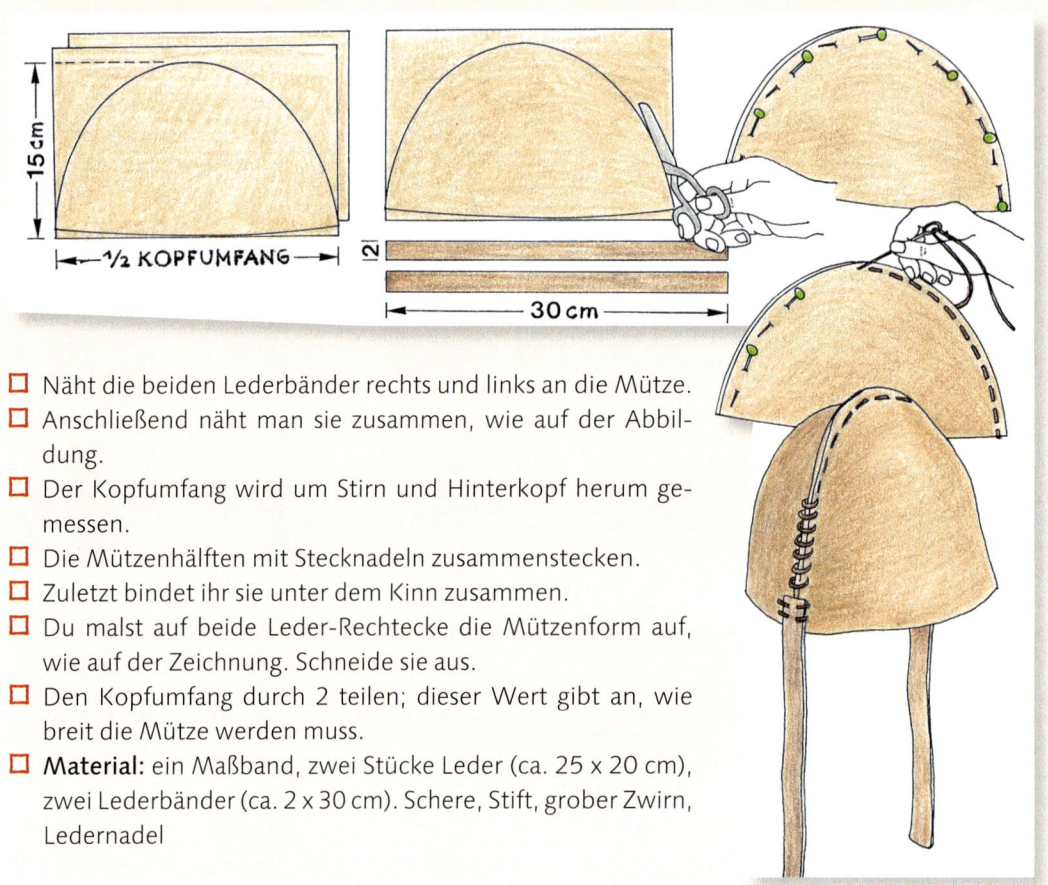

- ☐ Näht die beiden Lederbänder rechts und links an die Mütze.
- ☐ Anschließend näht man sie zusammen, wie auf der Abbildung.
- ☐ Der Kopfumfang wird um Stirn und Hinterkopf herum gemessen.
- ☐ Die Mützenhälften mit Stecknadeln zusammenstecken.
- ☐ Zuletzt bindet ihr sie unter dem Kinn zusammen.
- ☐ Du malst auf beide Leder-Rechtecke die Mützenform auf, wie auf der Zeichnung. Schneide sie aus.
- ☐ Den Kopfumfang durch 2 teilen; dieser Wert gibt an, wie breit die Mütze werden muss.
- ☐ **Material:** ein Maßband, zwei Stücke Leder (ca. 25 x 20 cm), zwei Lederbänder (ca. 2 x 30 cm). Schere, Stift, grober Zwirn, Ledernadel

 1 *Woran liegt es, dass diese Anleitung unverständlich ist?*
   a) *Schreibt sie sinnvoll auf.*
   b) *Ergänzt folgenden Merksatz unter eurer Neufassung:*
      Bei einer Bastelanleitung muss man unbedingt darauf achten, dass ...

 2 *Den Satzbau dieser Bastelanleitung könnt ihr bestimmt auch verbessern!*
   a) *Unterstreicht die unterschiedlichen Satzformen im Heft mit verschiedenen Farben.*
   b) *Schreibt einen Satz nacheinander in allen gefundenen Satzformen:*
      Näht die Lederbänder an die Mütze.
      Man näht ...
      Die Lederbänder ...
   c) *Schreibt den Text um und benutzt dabei durchgehend **eine** Satzform.*
   d) *Vergleicht eure Lösungen. Welche Sätze klingen flüssig und vermeiden Wiederholungen?*
   e) *Notiert auch hierzu einen Merksatz:*
      Eine Bastelanleitung schreibt man ...   Gut lesbar sind Sätze mit ...

Ötzis „Portmonee"

Ötzi kannte noch kein Geld, aber ein Lederbeutel war ihm nützlich.

Zum Herstellen eines steinzeitlichen „Geldbeutels" braucht ihr u. a.:

☐ weiches Leder

☐ einen Lederschnürsenkel

☐ eine Lochzange

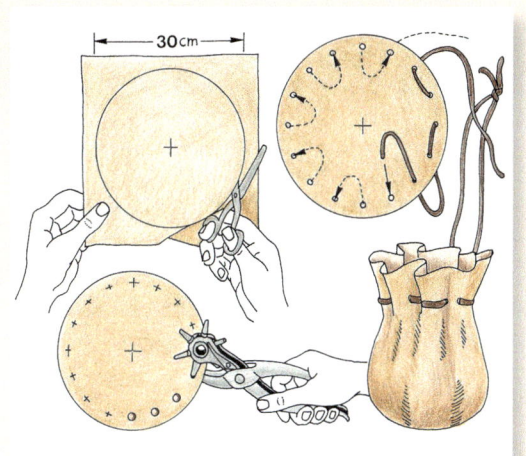

1 a) Beschreibt, wie der Lederbeutel hergestellt wird:
☐ einem/einer Freund/in per Brief oder E-Mail,
☐ auf der Homepage des Ötzimuseums in Bozen (mit Abbildungen),
☐ im Jugendmagazin eines Radiosenders.
b) Welche Gemeinsamkeiten und Unterschiede sind hier zu beobachten?

! In einer **Vorgangsbeschreibung** beschreibt man einen Vorgang – etwas kochen, etwas basteln, ein Spiel oder einen Versuch durchführen – so genau, dass ihn andere leicht verstehen und nachmachen können.

☐ **Überschrift** ▪ Was soll hergestellt werden?
☐ **Einleitung** ▪ Welches Material, welches Werkzeug wird benötigt?
☐ **Hauptteil** ▪ Was muss vorbereitet werden?
  ▪ Welche Maße, welche Mengen sind zu beachten?
  ▪ Wie werden die einzelnen Arbeitsschritte ausgeführt?
  ▪ Welche Reihenfolge ist einzuhalten (nummerieren)?
☐ **Schluss** ▪ Wie ist das fertige Produkt zu benutzen?
☐ Die Zeitform ist das **Präsens.**
☐ Die benutzten Gegenstände und die Tätigkeiten werden mit genauen **Fachausdrücken** und **Verben** benannt.
☐ Verschiedene **Formulierungen** sind möglich. Wähle eine Möglichkeit:
  *Zuerst lege ich ...   Du brauchst ...   Nimm als Nächstes ...   Löcher ausstanzen ...
  Man versucht anschließend ...   Wir beginnen ...   Ihr schneidet zuletzt ...*

---

 2 Fertigt eine ▷ **Mind-Map** zu „Bastelanleitungen" an. ▷ S. 243
a) Stellt euch eure Lösungen gegenseitig vor.
b) Gestaltet ein **Plakat** für das Klassenzimmer.

4.2 Mirtani, Moora und die Sommerzelte – Erzählungen und Sachtexte erschließen

Gabriele Beyerlein/Herbert Lorenz
Die Sonne bleibt nicht stehen

Ganz auf sich gestellt muss der junge Steinzeitjäger Dilgo von Vollmond zu Vollmond im Wald überleben. Das verlangt die Probe von ihm. Besteht er sie, darf er sich zu den Männern zählen.
Wäre da nicht Mirtani, hätte er wahrscheinlich sofort die Flucht ergriffen. Das Mädchen war nach einem Streit in ihrer Familie in den Wald gelaufen. Hier hatte sie Dilgo völlig entkräftet und verzweifelt gefunden.

Mirtani atmete ganz tief ein und langsam wieder aus. Dieser Augenblick war so schön – man müsste ihn festhalten können. Sie war mit Dilgo auf die Spitze des Felsens geklettert. Von hier oben hatten sie einen freien Blick auf das Tal, auf den Fluss, auf die gegenüberliegenden steilen Hänge. Rotgolden leuchteten die hellen Felsen aus dem Wald jenseits des Flusses hervor, beschienen von der Abendsonne.
Ganz still saßen Mirtani und Dilgo nebeneinander, so dicht, dass sich ihre Schultern berührten. Jeder spürte die Wärme des anderen. Sie brauchten nicht miteinander zu reden. Sie verstanden sich auch so.
Es war ein herrlicher Tag gewesen. Sie hatten die zahlreichen kleinen Höhlen und Felsüberhänge auf ihrer Seite des Flusses erkundet und sich an einer besonders schönen Stelle ein Lager bereitet. Dilgo hatte Fische gefangen, und die hatten sie gebraten und gegessen. Und immer wieder waren sie zusammen geschwommen.
Mirtani drehte den Kopf nach links und blinzelte in die Sonne. Es war so schön, einfach nur dazusitzen und nichts zu tun. Niemand erteilte ihr Befehle und keiner verlangte etwas von ihr, keiner schimpfte und keiner stellte besorgte Fragen und keine Arbeit wartete darauf, erledigt zu werden.
Ob das Leben im Wald immer so war, so unabhängig und frei? Ob Dilgos Leute wirklich so lebten, wie sie die letzten Tage mit Dilgo gelebt hatte? [...]
Dilgo sagte: „Morgen mache ich mir Pfeile. Dann schießen wir Wasservögel. Solange ich alleine war, habe ich das nicht gemacht, weil ich befürchtet habe, dass mir die Beute davonschwimmt, wenn sie in den Fluss fällt. Aber mit dir zusammen geht es. So wie du schwimmen kannst, erwischst du jeden angeschossenen Vogel. Du wirst sehen, morgen wird ein Festtag. Wir machen ihn dazu, wir beide."

Mirtani kauerte in der Sonne, die Arme um die angezogenen Beine geschlungen, das Kinn auf die Knie aufgestützt, und sah Dilgo zu. [...] Er hatte sich aus gerade gewachsenen Eschenzweigen drei Pfeile zurechtgeschnitzt und diese am Ende mit Vogelfedern versehen. Nun begann er mit der Herstellung der Pfeilspitzen.
Aus der unergründlichen Tiefe seines Fellbeutels hatte Dilgo ein Stück Leder, eine Feuersteinknolle, einen zugespitzten Stab aus Geweih und einen flachen Stein mit scharfer Bruchkante zum Vorschein gebracht. Da saß er auf einem Felsbrocken, das Leder über den Schoß gebreitet, den Feuerstein zwischen die Knie geklemmt, setzte den Geweihstichel sorgfältig dicht am Rand des Feuersteins an und schlug mit einem Holzstück darauf. Ein schmales, scharfes Stück splitterte vom Stein ab, doch Dilgo schien damit nicht zufrieden und wiederholte den Vorgang.

Mirtani achtete kaum auf das, was er tat. Es war nicht anders, als wenn ihr Vater Messer, Schaber und Klingen aus Feuerstein herstellte, und dafür hatte sie sich noch nie interessiert. Ihr kam es auf ganz anderes an: wie Dilgo die Unterlippe vorschob und heftig nach oben blies, weil ihm die langen Haare ins Gesicht fielen, wie die Haare dann durcheinandergewirbelt wurden, um doch gleich darauf wieder dahin zurückzufallen, wo sie Dilgo störten, wie er die Stirn runzelte und die Augenbrauen zusammenzog, wenn er den Stichel neu ansetzte, wie das Sonnenlicht Dilgos Haut golden glänzen ließ.

Nun ließ Dilgo das Holzstück sinken und sah sie an. [...]

Er setzte sich zurück auf einen Felsbrocken und sagte: „So, jetzt mache ich die Pfeile fertig, und dann gehen wir auf Vogeljagd. Dann kannst du heute noch schwimmen!"

Dilgo nahm eine der dünnen Feuersteinklingen vom Boden auf, legte sie auf den flachen Stein und brach sie an dessen Kante ab. Eine kleine, viereckige und sehr scharfe Klinge war entstanden. Diese setzte er nun mit Harz in den etwas aufgespaltenen Pfeilschaft ein und umwickelte sie mit einer dünnen Sehne.

„Aber du machst ja wirklich Pfeile mit einer Schneide statt einer Spitze!", sagte Mirtani verblüfft.

„Natürlich. Für die Vogeljagd immer. Warum?"

„Ach, nur so. Ich dachte immer, Pfeile müssten vorne spitz sein."

Dilgo lachte: „Da würdest du dich bei der Vogeljagd ganz schön schwertun! Die Form der Pfeilspitzen hängt von der Tierart ab, die man jagen will. Komm, versuchen wir unser Glück!"

Er nahm den Bogen über die Schulter, die Pfeile in die Linke und reichte ihr die Rechte. Einen Atemzug lang schauten sie sich in die Augen. Dann blickte er zu Boden. „Mirtani, es tut mir leid, dass ich dich vorhin so angeschrien habe", sagte er leise.

Statt einer Antwort rieb sie ihre Wange an seiner Schulter. Nun konnte es doch noch ein Festtag werden.

1 *Begründet mit Textbelegen: Hier handelt es sich um*
  ☐ *einen Bericht über das Leben von Steinzeitmenschen,*
  ☐ *eine Erzählung über zwei Steinzeitmenschen,*
  ☐ *eine Beschreibung, wie Pfeile hergestellt werden.*

2 *Erklärt die Bedeutung von „Geweihstichel" mit Hilfe der Zeilen 55–63.*

3 *Was ist mit der Formulierung „aus der unergründlichen Tiefe seines Fellbeutels" (Z. 51) gemeint? Erklärt es schriftlich.*

4 *Wo wird von Dilgo und Mirtani* **erzählt** *und wo wird das Leben der Steinzeitmenschen* **beschrieben?** *Vervollständigt die folgende Tabelle. Die weiteren Abschnitte sind: Z. 23–33, 34–42, 43–63, 84–102, 103–111*

Zeilen	erzählende Textstellen	beschreibende Textstellen
1–14	Mirtani und Dilgo betrachten gemeinsam das Abendrot.	...
15–22	Mirtani denkt an den vergangenen Tag zurück.	...

5 *Wie gelingt es der Autorin, so über die Steinzeitmenschen zu schreiben, dass wir uns nicht langweilen?*

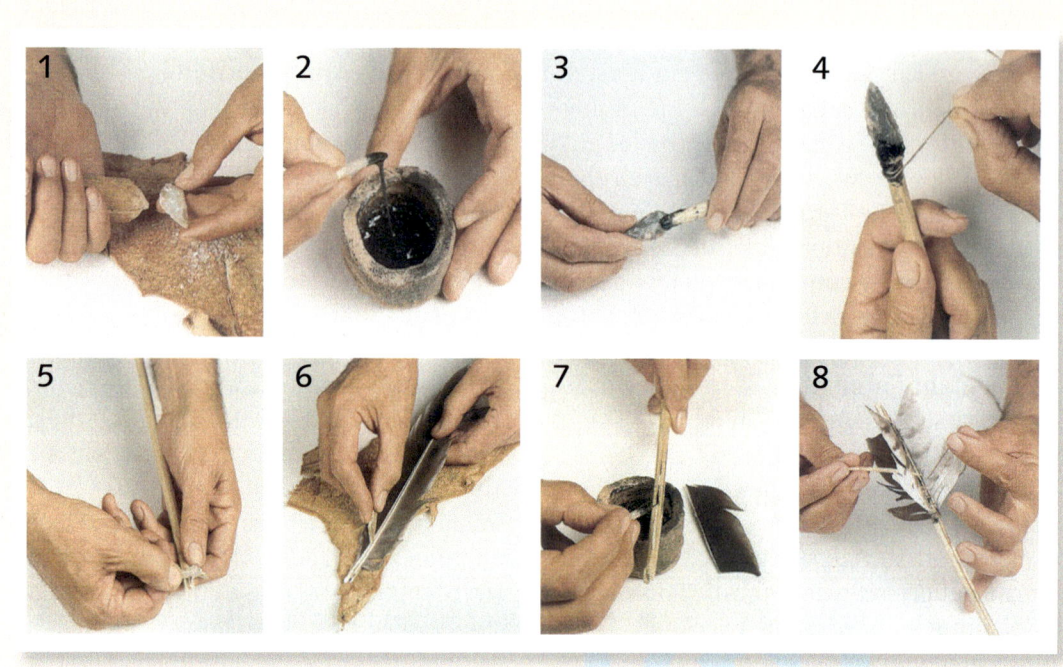

2 = Klebemittel „Birkenteer"
5 = Pfeilende, Schaft
8 = zusätzliche Faden-Sicherung der Befiederung

6 *Beschreibt die Herstellung eines Feuersteinpfeils.* ▷ S. 59

Moora – das Mädchen aus dem Moor

Dunkel und geheimnisvoll – das Moor hat die Menschen schon immer in den Bann gezogen, sie fasziniert und gleichzeitig verängstigt. Was im Moor versinkt, kommt meist nie mehr zum Vorschein. Doch manchmal gibt die schwarze Welt ein paar Geheimnisse wieder preis. Für Archäologen ist das Moor wie ein Fenster in die Vergangenheit.

Im Jahr 2000 fanden Arbeiter im Uchter Moor bei Nienburg in Niedersachsen Leichenteile einer jungen Frau und schalteten die Polizei ein. Lange glaubte diese, einem ungeklärten Verbrechen auf der Spur zu sein: War das die Leiche eines in den 1960er-Jahren verschwundenen Mädchens? Doch als Anfang 2005 noch eine Hand aus dem Moor auftauchte, wechselte das Ermittlerteam: Archäologen untersuchten fortan die Moorleiche.

Und sie holten die Uchter Mädchenleiche aus der Gerichtsmedizin ins Museum, denn sie ist fast 2700 Jahre alt. Leider ist sie durch schwere Torfabbaumaschinen völlig zerstückelt worden. Dennoch konnten inzwischen fast alle Teile geborgen werden. Für die niedersächsischen Forscher ein Sensationsfund: Sie konnten das Alter der Knochen auf das Jahr 650 v. Chr. datieren – damit ist die Uchter Moorleiche die älteste, die je in Deutschland gefunden wurde.

Woran das Mädchen starb, das inzwischen den Namen „Moora" bekommen hat, ist bislang unklar. Ihre Fundstelle liegt im ehemaligen Hochmoor – dorthin war sie vermutlich nicht freiwillig gelangt. Anzeichen von Gewaltanwendung konnten jedoch nicht entdeckt werden. Vielleicht ist sie auf der Suche nach Nahrung oder auf der Flucht ins verhängnisvolle Moor gelangt.

In ganz Europa wurden bis heute über 700 Moorleichen gefunden. Allerdings nur in Hochmooren. Diese bestehen zum größten Teil aus abgestorbenen Torfmoosen. Sie enthalten verschiedene Säuren, die hervorragend konservieren: Sie machen die Haut haltbar und verhindern, dass Bakterien den Körper zersetzen.

Archäologen vermuten in den Mooren noch weit mehr Fundstücke – Zeugnisse aus fast allen Epochen der frühen Menschheitsgeschichte. Werkzeuge aus der Jungsteinzeit, Waffen und Schmuck aus der Bronzezeit oder eine Bernsteinkette aus der Eisenzeit haben sie bereits gefunden. Am interessantesten für die Wissenschaftler sind natürlich die Leichen. Da „Moora" so gut erhalten ist, erhoffen sie sich genaue Einblicke in das Leben der damaligen Zeit. Welche Krankheiten hatten die Menschen? Wie haben sie sich ernährt? Die Archäologen wollen die Torfschichten, in denen sie „Moora" gefunden haben, baldmöglichst wieder heben, um sicherzustellen, dass nichts übersehen wurde. Außerdem soll Mitte des Jahres damit begonnen werden, den Kopf zu rekonstruieren, damit das Mädchen wieder ein Gesicht bekommt.

Moore sind selten geworden. Im Mittelalter begannen die Menschen, sie trockenzulegen. Seitdem hat sich ihr Bestand in ganz Europa erheblich verringert. Größere Flächen gibt es hierzulande nur noch in Niedersachsen, Schleswig-Holstein und Mecklenburg-Vorpommern. Der Torfabbau, dem es zu verdanken ist, dass historisches Material zum Vorschein kommt, wird von Archäologen auch kritisch beäugt. Denn seit rund 50 Jahren wird er maschinell betrieben. Wie viele Kostbarkeiten dadurch unbemerkt zerstört worden sind, weiß niemand.

1 Ordnet den sieben Absätzen dieses Artikels folgende Überschriften zu:

Nur noch wenige Moorgebiete
Säuren als Konservierungsstoffe
Fenster zur Vergangenheit
Das Moor als archäologische Fundstätte
Das Mädchen aus dem Uchter Moor
In den Tod getrieben?
Von der Gerichtsmedizin zur Archäologie

2 Die folgenden Wörter könnt ihr gegen acht Fremdwörter im Moorleichen-Bericht austauschen:

mit Maschine(n) *haltbar machen* *beeindruckt* *nachbilden/wiederherstellen*

Altertumsforscher *zeitlich bestimmen* *Zeitaltern* *geschichtliches*

4 Ein Blick in die Steinzeit – Beschreiben und erklären

ARBEITSTECHNIK SCHWIERIGE WÖRTER ERKLÄREN
- Oft hilft der **Textzusammenhang** des schwierigen Wortes bei der Erklärung: Lest noch einmal genau nach.
- Erinnert euch das schwierige Wort – oder Teile davon – an ein anderes, dessen Bedeutung ihr kennt?
- Befragt ein Lexikon, Wörterbuch, eine CD-ROM ...

3 Welche Aussagen passen zu dem Bericht?
- „Moora" hat um 650 n. Chr. gelebt.
- Sie ist auf der Flucht in das Moor geraten.
- Forscher wollen ihren Kopf nachbilden.
- Man hielt „Moora" zuerst für die Leiche eines vermissten Mädchens.
- Am interessantesten sind für Forscher Werkzeuge und Waffen.
- Was im Moor versinkt, ist für immer verloren.

4 „Vielleicht ist sie auf der Suche nach Nahrung oder auf der Flucht ins verhängnisvolle Moor gelangt." (Z. 36–38)
 a) Sammelt Einfälle zu Mooras letzten Stunden in einem ▷ Brainstorming. ▷ S. 231
 b) Schreibt eine Erzählung „Moora im Hochmoor".
 c) Überarbeitet eure Entwürfe vor der Reinschrift. ▷ S. 268

Eine Hausordnung für das Indianerzelt

Im Zelt für eine einzelne Familie, in dem die jagenden Indianer die meiste Zeit des Jahres leben, schlafen die Frauen auf der einen, die Männer auf der anderen Seite.
5 Der Eingang des Zeltes liegt im Sommer zum Wasser, im Winter zum Osten, der dem Wind abgewandten und der aufgehenden Sonne zugewandten Seite.

Je weiter entfernt eine Person ihren Platz
10 vom Eingang hat, desto höher ist ihr Rang. Die dem Eingang gegenüberliegende Seite gehört dem Familienoberhaupt.

Jeder bewahrt seine Gegenstände in seinem Bereich auf: die Frauen die Nahrungsvorräte
15 und die Männer die Jagdausrüstung und Fallen. Nur beim Feuer, um das sich Männer und Frauen gemeinsam kümmern, ist ein Gemeinschaftsraum.

4.2 Mirtani, Moora und die Sommerzelte – Erzählungen und Sachtexte erschließen

20 ⚥ Die älteste unverheiratete Frau bereitet die Nahrung zu, die verheiratete Frau ist für die Lederverarbeitung zuständig.

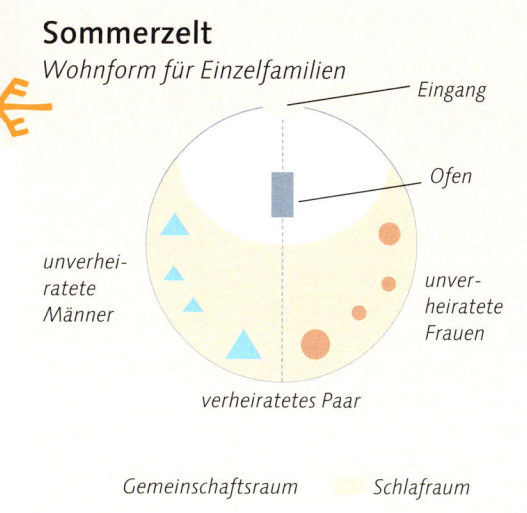

Sommerzelt
Wohnform für Einzelfamilien

1 Betrachtet die farbige Grafik rechts:
  a) Vervollständigt den Satz in eurem Heft:
     Die Grafik veranschaulicht, wie …
  b) Was bedeuten die Zeichen ● und ▲?
  c) Wo wäre euer Platz in dem Zelt?
  d) Was bedeutet die gestrichelte Linie?
  e) Warum ist ein Teil des Zeltes weiß ausgespart?
  f) Welche Bedeutung hat der Raum um den Ofen?

2 a) Sammelt Fragen, die die Zeichnung nicht beantwortet.
   b) Versucht sie mit Hilfe des Textes zu klären.

Aus der **Zeichnung** erfahren wir, …	Aus dem **Text** erfahren wir, …
… wo der Ofen liegt.	… dass die Indianer die meiste Zeit im Einzelfamilienzelt leben.

3 Ergänzt diese Tabelle in eurem Heft.

4 Wie viele Familien wohnen in diesem Winterzelt?

5 Vergleicht das Sommer- mit dem Winterzelt. Was stimmt überein, was ist anders?

6 Was bedeuten die Zeichen ● ♀ und ▲ ♂?

Winterzelt
Mehrfamilienzelt

7 a) Vervollständigt die drei Sätze in eurem Heft: *Eine Zeichnung … informiert über …*
   b) Vergleicht und besprecht eure Ergebnisse.

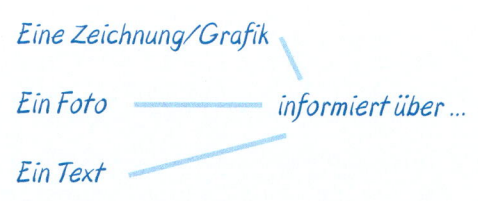

8 Möchtet ihr mit eurer Familie (zeitweise) in einem Zelt leben? Sprecht über Vor- und Nachteile. Begründet eure Meinung.

4.3 Beschreibungen unter der Lupe

Ein Traumfänger in der Schreibkonferenz

Die Indianer glauben, dass Träume nachts umherfliegen. Deshalb ist es eine alte Tradition, Traumfänger aufzuhängen. Sie fangen die Träume ein. Die guten wissen den Weg und schlüpfen durch das Loch in der Mitte, die schlechten bleiben im Netz hängen und werden von der Morgensonne vernichtet.

Zum Umwickeln des Reifens nehmen wir flaches Lederband (Reifendurchmesser: 25–30 cm).
Binde
ein Ende mit etwas Draht am Reifen fest, ca. 10 cm überstehen lassen (Abb. 1). Verdrehe das Band nicht beim **Umwickeln!** Wenn du am Ende angekommen bist, mit dem Anfang verknoten (Abb. 2). Aus dem überstehenden Band bildet man einen Aufhänger (Abb. 2)

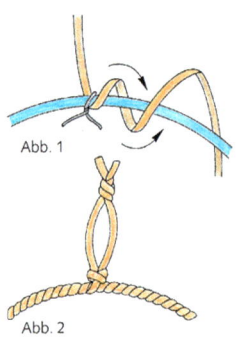

Für das Netz benutzen wir Kunstsehne. Ein Ende der Sehne knotet man am Reifen fest. (Abb. 3).

Dann führt ihr die Sehne wie auf der Abbildung um den Reifen herum und zum Schluss ziehst du sie stramm und verknotest sie. (Abb. 4). Evtl. sichere ich sie mit einem kleinen Tropfen Klebstoff.

Im Allgemeinen werden Lederbänder unten an den Traumfänger gebunden und mit Federn und Perlen verziert. Man kann auch Perlen oder persönliche Gegenstände in das Netz einbinden. Die Federn anbringen: Befestige 2 mm breite Lederbänder unten am Reifen. (Abb. 5) Die Anzahl und Stelle sind deiner Fantasie überlassen. Nun steckst du auf jeden der beiden abstehenden Lederbändel einige Glasperlen. (Perlen mit Löchern von 3 mm Durchmesser gehen am besten und halten von selbst.) Tauche den Schaft der Federn (möglichst feine) in Klebstoff und stecke sie von unten in die Perlen.

1 a) Lest und betrachtet diese Bastelanleitung „Traumfänger", die ein Jugendlicher an seinem PC aufgeschrieben und mit Abbildungen versehen hat.
b) Glaubt ihr, danach einen Traumfänger basteln zu können?

4.3 Beschreibungen unter der Lupe

2 a) Überprüft die Anleitung in einer ▷ Schreibkonferenz und mit Hilfe ▷ S. 268
des Merkkastens auf S. 59:
- Ist sie durch **Überschriften** gegliedert?
- Ist sie **vollständig**?
- Ist die **Reihenfolge** sinnvoll?
- Ist die **Zeitform** richtig gewählt?
- Sind **Fachausdrücke** und treffende **Verben** gewählt?
- Ist durchgehend eine **Satzform** benutzt?
- Sind die Illustrationen deutlich und gut platziert?

b) Schreibt und gestaltet eine eigene Bastelanleitung „Traumfänger".

3 a) Gestaltet mit euren Bastelanleitungen Plakate.
b) Organisiert eine Plakat-Galerie und prämiert die besten Arbeiten.

Ein Steinzeitkuchen unter der Textlupe

Schütte 5 Tassen gemahlene Haselnüsse dazu und verrühre alle Zutaten.

Nimm die Rührschüssel und gib 2 Eier und 5 Esslöffel Honig in die Rührschüssel.

In der Steinzeit wurden die Kuchen auf heißen Steinen gebacken.

Du benötigst
- 2 Eier
- gemahlene Haselnüsse
- Honig
- Johannisbeerblätter
- Rührschüssel
- Holzlöffel
- Esslöffel
- Tasse

Heute backen wir im Backofen 15 Minuten bei 175 Grad.

Entferne die Blätter mit den Kuchen vor dem Essen.

Gib jetzt einen halben Esslöffel Teig oben auf das Blatt.

Wasche erst die Blätter und trockne sie danach ab.

Pflücke 20 frische Blätter mit langen Stielen von einem Johannisbeerstrauch.

Schlage die Seitenteile des Blattes zur Mitte und die Spitze nach unten.

Stich den Blattstiel jedes Blattes zur Befestigung durch die Blattspitze.

1 a) Übertragt dieses „verrutschte" Rezept in der richtigen Reihenfolge auf die linke Hälfte eines Papierbogens.
b) Notiert – in einer anderen Farbe – rechts daneben eure Verbesserungsvorschläge mit Hilfe des Merkkastens auf Seite 59.
c) Vergleicht eure Vorschläge.

2 Schreibt eine verbesserte Backanleitung für Steinzeitkuchen.

4 Ein Blick in die Steinzeit – Beschreiben und erklären

Eine Wegbeschreibung im Lesestuhl

Moora, das Mädchen aus dem Uchter Moor (▷ S. 62), wird im Niedersächsischen Landesmuseum in Hannover ausgestellt; neben dem „Roten Franz", einem Moor-Mann aus dem Emsland.
Die Klasse 6c plant einen Wandertag, um sich die beiden anzusehen.

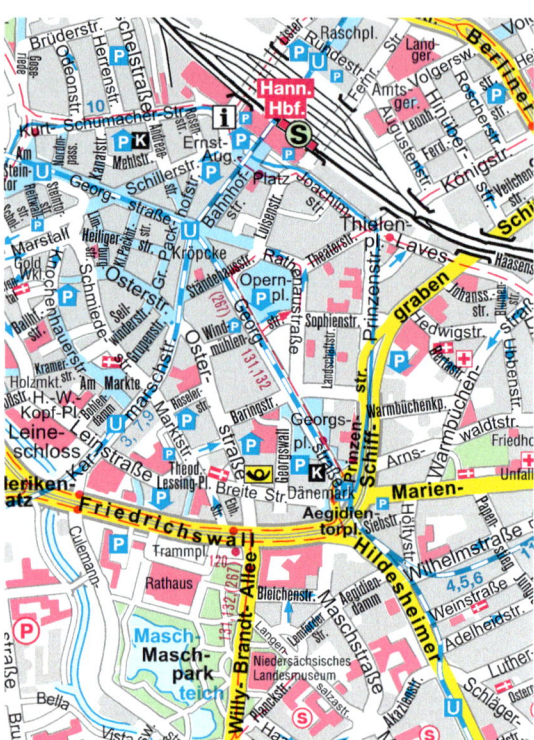

1 Sucht einen kurzen und sicheren Weg vom Hauptbahnhof zum Niedersächsischen Landesmuseum gegenüber dem Maschpark. Legt eine Folie über den Stadtplan und zeichnet den Weg ein.

2 a) Fertigt eine Skizze an, die nur euren Weg mit den wichtigsten Stationen wiedergibt. Beschriftet sie.
b) Fügt der Skizze in Stichworten eine Wegbeschreibung vom Hauptbahnhof zum Museum bei.

ARBEITSTECHNIK DER LESESTUHL

☐ Legt eure Wegbeschreibungen mit einem oder mehreren Kommentarblättern und einem Stift vor euch auf den Tisch.
☐ Wechselt eure Plätze.
☐ Lest die fremde Beschreibung und schreibt eure Anmerkungen dazu auf den Kommentarzettel.
☐ Knickt euren Kommentar nach hinten, sodass der/die Nächste nicht davon beeinflusst wird.
☐ Wechselt mehrfach die Plätze und kommentiert so verschiedene Beschreibungen.
☐ Lest zum Schluss die verschiedenen Anmerkungen zu eurer eigenen Wegbeschreibung und überarbeitet sie.

WÖRTERLISTE ▷ S. 208

überqueren	stoßen (auf)	abbiegen	Kreuzung	rechts
passieren	liegen sehen	kommen	Kurve	links
einbiegen	Querstraße	Gabelung	Biegung	geradeaus
halb rechts	Einmündung	nördlich	entlang	bis zum Ende
gehen	Straßenverlauf	folgen	vorbei	

■ LESEN · UMGANG MIT TEXTEN UND MEDIEN

5 Das Blaue vom Himmel – Lügen- und Schelmengeschichten

5.1 Käpt'n Blaubär und Co. – Geschichten vorlesen und verstehen

Lügengeschichten

1 *Was fällt euch alles ein, wenn ihr dieses Foto seht?*
   a) Tragt zusammen, was ihr über Käpt'n Blaubär, Hein Blöd und die drei Bärchen wisst.
   b) Erzählt eine Geschichte von Käpt'n Blaubär.

Brigitte Hoffmann/Walter Moers

Mondflecken

Es war ein lauer Sommerabend. Käpt'n Blaubär, Hein Blöd und die drei Bärchen standen an der Reling des Kutters und betrachteten den Vollmond, der groß und klar am Himmel leuchtete […]

1 *Wie könnte die Geschichte weitergehen?*

[…]

„Ist er nicht wunderschön?", fragte das rosa Bärchen verträumt.

„Jau, richtig schön", bestätigte Hein Blöd. Nur der Käpt'n hatte etwas zu meckern: „Tjaja, bis auf die Flecken, nicht wahr, Hein?"

„Tscha, leider, Käptn. Hach, so was Peinliches!"

„Flecken? Wieso Flecken?", rief das grüne Bärchen. „Das sind doch Krater, von Meteoriten!"

„Pff, Meteoriten!", spottete Blaubär. „Was lernt ihr bloß heutzutage in der Schule? Ich bin selbst schon mal oben gewesen. Da muss ich das ja wohl besser wissen."

„Du warst auf dem Mond?", fragten die Bärchen wie aus einem Mund.

„Aber ja", gab der Käpt'n zurück, „damals war ich mit einer Ladung Feuerwerkszubehör unterwegs. Für das chinesische Neujahrsfest in Schanghai. Wir schipperten durch den übelsten Dauerregen. Man konnte kaum die Hand vor Augen sehen, so dicht fielen die Regentropfen. Ich war vollauf damit beschäftigt, das Schiff auf Kurs zu halten. Deshalb hatte ich Hein unter Deck geschickt, um darauf zu achten, dass die Ladung trocken bleibt.

Tscha, das hätte ich wohl besser nicht getan. Macht doch dieser Esel von Schiffsratte da unten ein Feuer gegen die Feuchtigkeit! Mitten zwischen all dem hochexplosiven Zeugs! Das gab einen Knall, sag ich euch. Mein Kahn schoss buchstäblich in den Himmel hinein, direktemang in Richtung Mond! Bevor die Luft richtig dünne wurde, streiften wir schnell unsere alten Taucheranzüge über. Und so landeten wir beide, ich als erster Blaubär und Hein als erste Ratte, auf dem Mond.

Kinners, war das ein Anblick! Von nahem betrachtet, sah unser guter alter Erdtrabant noch viel imposanter aus als sonst. Wie eine steinerne Riesenmurmel, strahlend weiß und glatt poliert. Tscha, …

Wo wir nun schon mal da waren, wollen wir uns natürlich ein bisschen genauer umsehen. Ich bin als Erster von Bord gegangen, ganz wie sich das für den Käpt'n gehört. War ein kleiner Schritt für mich, aber ein großer für

die Menschheit. Als ich so über den blitzsauberen Mond spazierte, merkte ich, dass man dort so richtig große Sprünge machen konnte. Mit der Schwerkraft ist es da oben ja bekanntlich nicht so weit her, näch. Darum ist man in der Lage, wie ein Känguru zu hüpfen. Hein hat es auch ausprobiert und dabei muss er wohl mitten in einer der letzten unversehrten Schwarzpulverkisten gelandet sein. Hat natürlich überhaupt nichts gemerkt, der Dösbaddel, und ist dann seelenruhig durch die Gegend gehüpft. Das Schwarzpulver hat nicht nur meinen Kutter, sondern auch den Mond total versaut. Der ganze Himmelskörper war übersät mit Heins hässlichen, schwarzen Fußabdrücken. Wir haben alles versucht, um die Flecken wieder wegzukriegen, aber da war nichts zu machen. Das Pulver haftete auf dem porösen¹ Untergrund wie festgebacken.

Ich hab dann beschlossen, dass wir wohl besser zurückfliegen, bevor Hein noch mehr Schaden anrichtet."

„Beweise, Beweise!", forderten die drei Bärchen im Chor. Käpt'n Blaubär war beleidigt: „Ihr zweifelt also an meiner Aufrichtigkeit, ungläubiges Gesindel? Astronaut Hein, den Mondstein, bitte."

Schon war Hein Blöd verschwunden und kam nach kurzer Zeit mit einer alten Holzkiste zu-

---

1 **porös:** rau, nicht glatt

rück. In der Kiste lag ein schwarzer Stein, eingewickelt in ein dickes Tuch.

„He, Opi, das soll Mondstein sein?", lachten die Bärchen.

„Das ist ein ganz gewöhnliches Stück Kohle!"

„Oh, ihr Kleingeister!", erwiderte der Käpt'n. „Das war mal ein herrlich leuchtendes Stück Vollmond. Aber wenn man Vollmond zu lange im Dunkeln aufbewahrt, dann verkohlt er leider!"

„Selber verkohlt!", kicherten die Bärchen und verzogen sich unter Deck in ihre Kojen.

Hein Blöd und der Käpt'n standen noch eine Weile im Mondlicht an der Reling.

„He, Käpt'n", begann Hein, „wann könn' wir uns wieder frischen Mondstein holen?"

„Heute Nacht auf keinen Fall, Hein", gähnte der Käpt'n. „Geh man lieber schlafen, du wirst mir sonst noch richtig mondsteinsüchtig!"

2 „Selber verkohlt!", kicherten die Bärchen ... (Z. 86).
Tragt alle Textstellen zusammen, an denen deutlich wird, dass Käpt'n Blaubär die Bärchen „verkohlt".

3 Obwohl Käpt'n Blaubär nicht die Wahrheit sagt, sind ihm die Bärchen nicht böse. Woran liegt das?

4 Käpt'n Blaubär ist Seemann und er kommt aus Norddeutschland.
Nennt Beispiele, die das belegen:
Reling, Jau ...

Das Pferd auf dem Kirchturm

Der „Lügenbaron" Karl Friedrich Hieronymus Freiherr von Münchhausen lebte wirklich (1720 bis 1797), war von Beruf Offizier und erzählte seinen Freunden die unglaublichsten Abenteuer- und Reisegeschichten. Erich Kästner hat sie aufgeschrieben.

Meine erste Reise nach Russland unternahm ich mitten im tiefsten Winter. Denn im Frühling und im Herbst sind die Straßen und Wege in Polen, Kurland und Livland vom Regen so zerweicht, dass man steckenbleibt, und im Sommer sind sie knochentrocken und so staubig, dass man vor lauter Husten nicht vorwärtskommt. Ich reiste also im Winter und, weil es am praktischsten ist, zu Pferde. Leider fror ich jeden Tag mehr, denn ich hatte einen zu dünnen Mantel angezogen und das ganze Land war so zugeschneit, dass ich oft genug weder Weg noch Steg sah, keinen Baum, keinen Wegweiser, nichts, nichts, nur Schnee.

Eines Abends kletterte ich steif und müde von meinem braven Gaul herunter und band ihn, damit er nicht fortliefe, an einer Baumspitze fest, die aus dem Schnee herausschaute. Dann legte ich mich nicht weit davon, die Pistolen unterm Arm, auf meinen Mantel und nickte ein.

Als ich aufwachte, schien die Sonne. Und als ich mich umgeschaut hatte, rieb ich mir erst einmal die Augen. Wisst ihr, wo ich lag? Mitten in einem Dorf und noch dazu auf dem Kirchhof! „Donner und Doria!", dachte ich. Denn wer liegt schon gerne kerngesund, wenn auch ziemlich verfroren, auf einem Dorfkirchhof? Außerdem war mein Pferd verschwunden! Und ich hatte es doch neben mir angepflockt! Plötzlich hörte ich's laut wiehern. Und zwar hoch über mir! Nanu! Ich blickte hoch und sah das arme Tier am Wetterhahn des Kirchturms hängen! Es wieherte und zappelte und wollte begreiflicherweise wieder herunter. Aber wie um alles in der Welt war's denn auf den Kirchturm hinaufgekommen? Allmählich begriff ich, was geschehen war. Also: Das Dorf mitsamt der Kirche war eingeschneit gewesen und was ich im Dunkeln für eine Baumspitze gehalten hatte, war der Wetterhahn der Dorfkirche gewesen! Nachts war dann das Wetter umgeschlagen. Es hatte getaut. Und ich war, während ich schlief, mit dem schmelzenden Schnee Zentimeter um Zentimeter hinabgesunken, bis ich zwischen den Grabsteinen aufwachte.

Was war zu tun? Da ich ein guter Schütze bin, nahm ich eine meiner Pistolen, zielte nach dem Halfter, schoss ihn entzwei und kam auf diese Weise zu meinem Pferd, das heilfroh war, als es wieder Boden unter den Hufen hatte. Ich schwang mich in den Sattel und unsere abenteuerliche Reise konnte weitergehen.

1 *Warum reist Münchhausen im tiefsten Winter nach Russland und in keiner anderen Jahreszeit?*

2 *Wo beginnt Münchhausen zu lügen?*
Nennt die Textstelle, den Absatz.

3 *Warum sind wir Münchhausen nicht böse, obwohl er lügt?*

4 *Lest noch einmal den Anfang der Lügengeschichte von Käpt'n Blaubär (▷ S. 89)*
und vergleicht mit dem Beginn der Münchhausen-Geschichte:
a) Wer erzählt?
b) Wie wirkt dieses unterschiedliche Erzählen auf euch? Nennt Textstellen.

▷ S. 262

5 *Kennt ihr andere Münchhausen-Geschichten?*
Erzählt sie.

Sid Fleischman

McBroom und die Stechmücken

Ein moderner Nachfahre Münchhausens ist der amerikanische Farmer McBroom, der mit Frau und Kindern auf einem ungeheuer fruchtbaren Bauernhof („Einhektarhof") lebt. Allerdings handelt es sich bei McBroom – anders als bei dem „Lügenbaron" aus dem 18. Jahrhundert – um eine erfundene Figur des Jugendbuchautors Sid Fleischman.

Ich spreche es ja nicht gerne aus, aber manche Menschen haben wirklich nicht die geringste Achtung vor der Wahrheit.
Ein Fremder hat zum Beispiel behauptet, er sei auf einem Maultier an unserem wunderbaren Einhektarhof vorbeigeritten und von Spechten angegriffen worden. Das ist mal wieder glatt gelogen. Ehrlich! Es sind keine Spechte gewesen, sondern ganz gewöhnliche Präriestechmücken. Und noch dazu kleine. Diese Viecher werden hier draußen so groß, dass jedermann Maschendraht als Fliegengitter verwendet.

Aber ich darf wirklich nichts Unfreundliches über diese sirrenden, schwirrenden, wütigen Biester mit ihren Stecknadelnasen sagen. Sie haben schließlich unseren Hof vor dem Ruin gerettet. Das ist während der großen Trockenheit gewesen, die im vergangenen Jahr bei uns geherrscht hat.
Trocken? Ach du liebe Güte! Unsere Kinder haben Kaulquappen gefunden, denen haben sie erst das Schwimmen beibringen müssen. Es hatte so lange nicht mehr geregnet, dass die Froschbabys noch niemals Wasser gesehen hatten.
Das ist wirklich die lautere[1] Wahrheit, so wahr ich Josh McBroom heiße. Ehrlich, ich würde lieber ein Stinktier beim Schwanz packen, als die Unwahrheit zu sagen.
Na, ich schleich mich am besten in die Geschichte von der Trockenheit genauso ein, wie das die große Dürre bei uns gemacht hat. Ich

1 **lauter:** rein

kann mich noch daran erinnern, dass wir beim Pflügen waren, wie in jedem Frühling, und dass uns die Stechmücken wie immer geplagt haben. Diese blutdurstigen Räuber können ziemlich lästig werden, aber wir haben gelernt, wie man sie ablenkt.

Diese durstigen Dussel saufen nämlich alles, was nur rot ist. „Willjillhesterchesterpeterpollytimtommarylarryundkleinclarinda!", rief ich, „ich höre das Sirren der Stechmücken. Legt mal lieber ein Roterübenbeet an."

Sowie die Roten Beten reif wurden, schlugen die Stechmücken ihre spitzen Rüssel wie Strohhalme hinein. Und wie sie dann geschlemmt und geschmatzt haben! Sie saugten den Saft bis zum letzten Tropfen aus, sodass die Roten Beten erblassten und wir sie als weiße Rüben ernten konnten.

1 Wie viele Kinder hat McBroom? Wie heißen sie?

2 Erzählt mit euren Worten, wie die Präriestechmücken den Hof „vor dem Ruin gerettet" (Z. 17 f.) haben.

3 Zählt alle Lügen auf, die Farmer McBroom uns aufzutischen versucht.

4 Auf welche Weise versucht McBroom seine Lügerei zu verbergen? Gelingt ihm das?

5 „… dass wir beim **Pflügen** waren …" (Z. 34 f.) –
„…. ich höre das **Sirren** der Stechmücken." (Z. 43)
Erklärt die ▷ Großschreibung der hervorgehobenen Wörter. ▷ S. 219

! Schon immer haben sich Menschen für unglaubliche und sensationelle Dinge interessiert. Deshalb sind seit vielen Jahrhunderten so genannte **Lügengeschichten** beliebt.
- Im Gegensatz zu den Lügen im Alltag will der Erzähler einer Lügengeschichte seine Zuhörerschaft nicht wirklich täuschen, er will sie mit seinen fantastischen Erfindungen vielmehr **unterhalten.**
Oft gibt er augenzwinkernd zu verstehen, dass er das Blaue vom Himmel herunterlügt; häufig gerade dadurch, dass er in auffallender Weise die **Glaubwürdigkeit seiner Geschichte betont.**
- Die klassische Lügengeschichte wird in der **Ich-Form** erzählt, um den Zuhörenden zu versichern, alles sei wirklich in eigener Person erlebt.
- Die Leserschaft wird häufig **direkt angesprochen.** So entsteht der Eindruck, die Lügengeschichten würden **mündlich** erzählt. Sie eignen sich daher gut zum lebendigen Vorlesen.
- Lügengeschichten reihen sich oft zu **Lügenketten** aneinander:
Einer dicken Lüge folgt eine faustdicke …

---

6 Hier werden die wichtigsten Merkmale von Lügengeschichten genannt. Nennt Beispiele dafür in den Lügengeschichten auf S. 69–74.

Schelmengeschichten

In den Büchern vieler Völker tauchen Figuren auf, so genannte **Schelme** und Spaßmacher, die sich über ihre Mitmenschen lustig machen und ihnen Streiche spielen. Neben dem bei uns bekannten Eulenspiegel gehört dazu auch **Goha**, „der alte orientalische Spaßvogel". Er soll im 8. Jahrhundert in Kufa (im Irak) gelebt haben.

Gohas Besuch beim König

Eines Tages hörte Goha, dass der König eine große Feier aus Anlass der Hochzeit seiner Tochter geben und zu diesem Fest ein großes Essen anrichten lassen wollte. Als Goha, der leidenschaftlich gerne aß, nun erfuhr, dass er nicht zu den auserwählten Gästen gehörte, überlegte er, wie er dennoch an dem Fest teilnehmen könnte.

Zuerst versuchte er einfach ohne Einladung hineinzukommen, aber die Wächter ließen ihn nicht vorbei. Auf dem Weg nach Hause überlegte Goha, der niemals schnell aufgab, was er nun tun könnte, und plötzlich kam ihm eine Idee: Zu Hause zog er seine besten Kleider an, nahm ein weißes Papier, faltete es, steckte es in einen Briefumschlag und adressierte den Brief an den König. Dann beeilte Goha sich, nahm seinen Esel und ritt schnell zurück zum Palast des Königs, damit er nur ja das gute Essen nicht verpasse. Als Goha zu den Wachen an der Tür kam, fragten sie ihn: „Wer bist du und was willst du hier?" Er antwortete: „Ich bin Goha und ich habe hier einen wichtigen Brief, den ich dem König selbst übergeben muss." Goha wurde eingelassen, ging direkt zum König und übergab seinen Brief. Dann mischte er sich schnell unter die geladenen Gäste, die gerade zu Tisch gingen. Er begann sofort zu essen, sodass die anderen Leute erstaunt waren, wie schnell er die leckeren Gerichte verspeiste, noch bevor der König seinen Brief lesen konnte.

Als der König ihn schließlich öffnete, fand er darin nur ein unbeschriebenes Blatt und wurde wütend. Er ging zu Gohas Tisch und sprach: „Goha, dieser Zettel ist weiß und darauf steht

nichts geschrieben." Goha, der noch am Essen war, antwortete: „Sie haben Recht, Herr König, auf dem Zettel steht nichts geschrieben, denn ich kam in großer Eile und hatte keine Zeit mehr, etwas darauf zu schreiben. Ich bitte um Verzeihung."

Der König lachte über Gohas Worte, während dieser schnell mit den Fingern weiteraß. „Warum isst du denn hier im Palast mit deinen fünf Fingern vor all meinen Gästen?", fragte der König. Goha erwiderte: „Aber selbstverständlich esse ich mit fünf Fingern, denn meine Hand hat keine sechs Finger."

Daraufhin lachten der König und seine Gäste, während Goha sich genüsslich dem Nachtisch zuwandte. Nachdem Goha in größter Eile so viel von dem leckeren Essen verschlungen hatte, wie er nur konnte, kam der König wieder zu ihm und fragte: „Aber Goha, was wolltest du denn in deinem Brief eigentlich schreiben?" Goha erwiderte: „Ach ja, jetzt erinnere ich mich, was ich schreiben wollte: ‚Vielen Dank für Ihre Einladung! Alles hat mir sehr gut geschmeckt!'"

1 Goha ist nicht zur Hochzeit der Königstochter eingeladen.
Durch welchen Streich gelingt es ihm schließlich doch, an dem Fest teilzunehmen?

2 Wie wirkt Goha mit seinem Handeln und Reden auf seine Mitmenschen?

3 Durch welche Äußerungen bringt Goha den König und seine Gäste zum Lachen?

4 Wie könnte der König auf Gohas letzten Satz reagieren?

 5 Wie wirkt Goha auf euch? Nennt Eigenschaften, die zu ihm passen.

6 **essen** (Z.29, Infinitiv) – **isst** (Z.45, 3. Prs. Sg. Präs.) – **aß** (Z.44, 1./3. Prs. Sg. Prät.)
a) Was stellt ihr bei der Rechtschreibung fest?
b) Bildet von **messen, fressen, vergessen** dieselben Formen.
c) Bildet Sätze mit den Verbformen.

Die folgende Schelmengeschichte sollt ihr nicht selbst **lesen,** sondern euch **vorlesen lassen.**
Zum Beweis eurer Aufmerksamkeit beantwortet ihr anschließend folgende Fragen:
☐ In welcher Stadt spielt die Eulenspiegelei?
☐ Wo war Eulenspiegel vorher gewesen?
☐ Wie lange will Eulenspiegel den Esel unterrichten?
☐ Welche Belohnung fordert Eulenspiegel?
☐ Wann hat Eulenspiegel den ersten Erfolg mit dem Esel?
Macht euch Notizen beim Zuhören!

Wie Eulenspiegel einem Esel das Lesen beibrachte

Erzählt von Erich Kästner

Eine Zeit lang beschäftigte sich Eulenspiegel damit, dass er von Universität zu Universität zog, sich überall als Gelehrter ausgab und die Professoren und Studenten neckte. Er behauptete, alles zu wissen und zu können. Und er beantwortete tatsächlich sämtliche Fragen, die sie ihm vorlegten. Bei dieser Gelegenheit kam er schließlich nach Erfurt. Die Erfurter Studenten und ihr Rektor hörten von seiner Ankunft und zerbrachen sich den Kopf, was für eine Aufgabe sie ihm stellen könnten.

„Denn so wie denen in Prag", sagten sie, „soll es uns nicht ergehen. Er soll nicht uns, sondern wir wollen ihn hereinlegen."
Endlich fiel ihnen etwas Passendes ein. Sie kauften einen Esel, bugsierten das störrische Tier in den Gasthof „Zum Turm", wo Eulenspiegel wohnte, und fragten ihn, ob er sich zutraue, dem Esel das Lesen beizubringen.
„Selbstverständlich", antwortete Till. „Doch da so ein Esel ein dummes Tier ist, wird der Unterricht ziemlich lange dauern."

„Wie lange denn?", fragte der Rektor der Universität.

„Schätzungsweise zwanzig Jahre", meinte Till. Und hierbei dachte er sich: Zwanzig Jahre sind eine lange Zeit. Bis dahin stirbt vielleicht der Rektor. Dann geht die Sache gut aus. Oder ich sterbe selber. Oder der Esel stirbt, und das wäre das Beste.

Der Rektor war mit den zwanzig Jahren einverstanden. Eulenspiegel verlangte fünfhundert alte Groschen für seinen Unterricht. Man gab ihm einen Vorschuss und ließ ihn mit seinem vierbeinigen Schüler allein. Till brachte das Tier in den Stall. In die Futterkrippe legte er ein großes altes Buch und zwischen die ersten Seiten des Buches legte er Hafer. Das merkte sich der Esel. Und um den Hafer zu fressen, blätterte er mit dem Maul die Blätter des Buches um. War kein Hafer mehr zu finden, rief der Esel laut: „I-a, i-a!" Das fand Eulenspiegel großartig und er übte es mit dem Esel wieder und wieder. Nach einer Woche ging Till zu dem Rektor und sagte: „Wollen Sie bei Gelegenheit einmal mich und meinen Schüler besuchen?"

Till Eulenspiegel erzählt von ERICH KÄSTNER

„Gern", meinte der Rektor. „Hat er denn schon einiges gelernt?"

„Ein paar Buchstaben kann er bereits", erklärte Eulenspiegel stolz. „Und das ist ja für einen Esel und für eine Woche Unterricht allerhand."

Schon am Nachmittag kam der Rektor mit den Professoren und Studenten in den Gasthof und Till führte sie in den Stall. Dann legte er ein Buch in die Krippe. Der Esel, der seit einem Tag kein Futter gekriegt hatte, blätterte hungrig die Seiten des Buches um. Und da Eulenspiegel diesmal überhaupt keinen Hafer ins Buch gelegt hatte, schrie das Tier unaufhörlich und so laut es konnte: „I-a, i-a, i-a!"

„I und A kann er schon, wie Sie hören", sagte Eulenspiegel. „Morgen beginne ich damit, ihm O und U beizubringen."

Da gingen die Herren wütend fort. Der Rektor ärgerte sich so sehr, dass ihn bald darauf der Schlag traf. Und Till jagte den Esel aus dem Stall. „Scher dich zu den anderen Erfurter Eseln!", rief er ihm nach. Dann schnürte er sein Bündel und verließ die Stadt noch am selben Tag.

1 *Eulenspiegel und die Erfurter Studenten und ihr Rektor: Beschreibt den „Schelm" und dann die Erfurter.*

2 *a) Wie reagieren seine Mitmenschen auf die Streiche von Eulenspiegel?
b) Vergleicht damit: Welche Wirkung hat ▷ Goha in seiner Umgebung?*   ▷ S. 75f.

> **!** Der Held einer **Schelmengeschichte** ist ein spaßiger, oft auch ein listiger, gerissener Mensch. Meist stammt er aus einfachen Verhältnissen.
> Mit seinen Streichen bringt er seine Mitmenschen zum Lachen. Oder er macht sich über sie lustig und überlistet sie.
> Damit deckt er menschliche Schwächen und Fehler auf.

3 *a) Erzählt euch Eulenspiegel- oder andere Schelmengeschichten. Ihr findet sie z. B. in Büchereien.
b) Prüft, ob die Streiche*
☐ *eher spaßig sind: Die Leute lachen.*   ☐ *eher listig sind: Die Leute ärgern sich.*

Käpt'n Blaubär, Münchhausen und Goha im Vorlesewettbewerb – Projektvorschlag

Wie wär's mit einer Vorlesestunde oder einem Vorlesewettbewerb mit euren liebsten Lügen- und Schelmengeschichten?

TIPP VORLESESTUNDE
- ☐ Bildet eine „Münchhausen-Gruppe", eine zum orientalischen Spaßvogel Goha usw.
- ☐ Einigt euch auf die Geschichten, die ihr vorlesen wollt.
- ☐ Legt eine wirkungsvolle Reihenfolge fest.
- ☐ Wählt jemanden aus, der/die eure Gruppe und die einzelnen Geschichten vorstellt.
- ☐ Diese Person kann ein besonderes Kleidungsstück, ein Kostüm tragen.
- ☐ Überlegt euch für jede Geschichte ein passendes ▷ Requisit zum Vorzeigen. ▷ S. 265

Erfahrene Vorleser/innen versehen ihre Lesetexte mit „Lesezeichen". Vergleicht dazu diese Geschichte mit **Nasreddin Hodscha**, dem türkischen „Bruder" von Goha und Eulenspiegel:

Eine unerfahrene Nachtigall

Eines Tages wollte der Hodscha frische Früchte essen, darum schlich er in einen fremden Garten. Dort kletterte er auf einen Baum und aß alle Früchte, die in seiner Reichweite waren. Etwas später kam der Besitzer des Gartens und fragte böse: „Was machst du da oben?"

5 Der Hodscha versuchte sich herauszureden und antwortete süß: „Oh, mein Herr, ich bin nur die Nachtigall und sitze hier oben und singe!"

Der Mann amüsierte sich darüber und sagte lachend: „Soso!, du bist also eine Nachtigall? Dann lass mich mal ein Lied von dir hören!"

Der Hodscha machte komische Gesichtsausdrücke und gab merkwürdige Töne von sich.

10 Der Besitzer brach in Lachen aus und sagte: „Mann! was für 'ne Art von Singen ist das? Ich habe noch nie zuvor eine Nachtigall so singen hören!"

Der Hodscha erwiderte: „Ja, eine unerfahrene Nachtigall singt nun mal so!"

1 a) Könnt ihr euch die Markierungszeichen erklären?
b) Lest die Geschichte möglichst ausdrucksvoll vor.

5.1 Käpt'n Blaubär und Co. – Geschichten vorlesen und verstehen

ARBEITSTECHNIK VORLESETEXT MARKIEREN/VORTRAGEN

☐ Textstellen einkreisen, die sagen,
wie eine Stelle zu lesen ist: Der Besitzer (brach in Lachen aus) und …

☐ Pausenzeichen für kurzes ¹ oder | langes Atemholen setzen.

☐ Betonungszeichen für wichtige und besonders wichtige Wörter eintragen.

Ihr habt verschiedene Möglichkeiten, um ein Wort zu betonen:
- leise oder laut sprechen,
- sehr deutlich oder gedehnt sprechen,
- vor und nach dem Wort eine Pause machen.

☐ Lesetempo: Ein gleichmäßig vorgetragener Text („leiern") langweilt das Publikum. Welchen Abschnitt sollte man atemlos schnell lesen, welchen geheimnisvoll oder drohend langsam? – Am Rand notieren.

☐ Stimme heben ↗ oder senken ↘
☐ Blickkontakt: Schaut euer Publikum immer wieder an! Nutzt dazu die kürzeren oder längeren Sprechpausen.

 2 *Schreibt eure Schelmengeschichte mit viel Raum um und zwischen den Zeilen auf ein Blatt Papier. Lest den Text immer wieder laut vor und tragt Vortragszeichen ein.*

Wenn ihr einen **Vorlesewettbewerb** plant – vielleicht mit euren Parallelklassen? –, müsst ihr bedenken:
☐ Bildet eine Jury, die die Vorlesenden bewertet.
☐ Bestimmt einen Austragungsort für den Wettbewerb. Richtet ihn sinnvoll her (Sitzordnung!)
☐ Legt die Teilnahmebedingungen (Alter – Textlänge – Preise …) und das Programm (Beginn – Reihenfolge – Ende …) fest.
☐ Gestaltet ein Plakat und verschickt Einladungen.

Bewertungstabelle Vorlesewettbewerb

Vorleser/in:

	1	2	3	4	5	6
☑ Aussprache						
☑ Lautstärke						
☑ Lesetempo						
☑ Pausen						
☑ Betonung						
☑ Mimik, Gestik, Blickkontakt						

5.2 ... und wenn er auch die Wahrheit spricht – Lügen-Sprache

> Kindermund tut Wahrheit kund.

> Kinder und Narren sagen die Wahrheit.

1 *Erklärt, was mit diesen Sprichwörtern gemeint ist. Nennt Beispiele.*

2 *Die Wissenschaft sagt, dass (kleine) Kinder noch gar nicht lügen „können". Was meint ihr: Ab wann „lernt" man lügen?*

3 *„Lüg nicht!" – „Das ist doch keine Lüge!"*
   a) *Nennt Beispiele für Lügen, die euch selbst begegnet sind, von denen ihr gehört oder gelesen habt. Was ist dabei passiert?*
   b) *Nicht jede Lüge gleicht der anderen. Welche Unterschiede zwischen verschiedenen Lügen könnt ihr feststellen?*

4 *Legt eine ▷ Mind-Map zum Thema „Unwahrheit" an:*

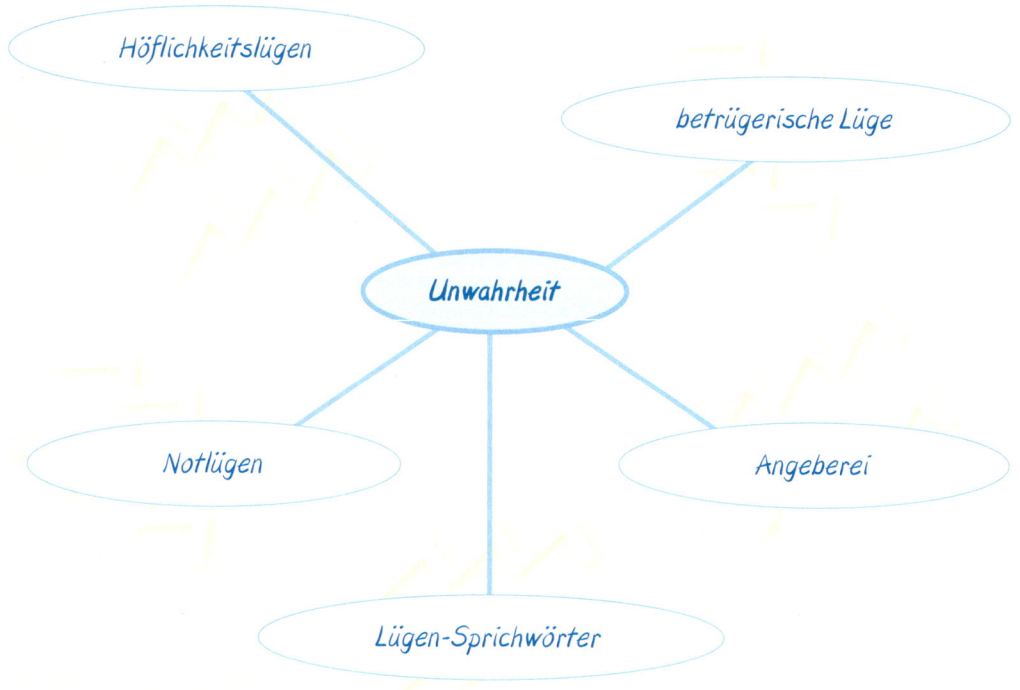

5.2 ... und wenn er auch die Wahrheit spricht – Lügen-Sprache

lüg|ne|risch	*die;* absichtlich falsche Aussage; Unwahrheit, Schwindel, ugs.: Schwindelei; Flunkerei; Geflunker
Lü|gen|pe|ter	*Verb;* hat gelogen; absichtlich Unwahres sagen, um andere zu täuschen; nicht bei der Wahrheit bleiben, schwindeln, falsches Zeugnis ablegen, vorgaukeln
Lü|gen|de|tek|tor	*der;* 🌀 🌀 🌀 🌀 🌀 🌀
lü|gen|haft	*die;* Münchhaus(en)iade. Jägerlatein, Seemannsgarn, Anglerlatein
Lü|gen|ge|spinst	*der;* jemand, der lügt; Schwindler, Schaumschläger; ugs.: Schwindelgeist; Flunkerer; Fabelhans; Lügenpeter; Lügenbeutel; salopp: Lügenmaul; Lügensack
Lü|gen|ge|schich|te	unwahr
lü|gen	*der;* Lügner
Lüg|ner	*das;* aus vielen Lügen zusammengesetzte Darstellung, Schilderung; sich in seinem eigenen Lügengespinst verfangen, verstricken
Lü|ge	unwahr; unaufrichtig

5 Auf dieser Wörterbuchseite sind links die „Lügen-Wörter" vertauscht worden, sodass sie nicht mehr zu den Bedeutungserklärungen rechts passen.
a) Ordnet richtig zu.
b) Ergänzt die fehlende Erklärung für „Lügendetektor".

6 Klärt (mit Hilfe des Internets) die Bedeutung und die Herkunft von

Seemannsgarn   *Jägerlatein*
              Anglerlatein

Haltet einen ▷ Kurzvortrag.   ▷ S. 244

7 Ergänzt diese Tabelle in eurem Heft:

Verb	Nomen	Adjektiv
lügen	*Lüge*	*lügenhaft*
angeben	...	...
...	...	*prahlerisch*

5 Das Blaue vom Himmel – Lügen- und Schelmengeschichten

Sprichwörtliche Lügen

Lügen haben kurze Beine.

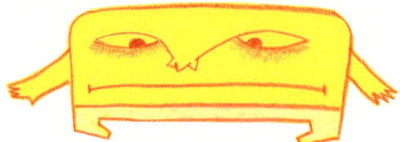

- ☐ Lügner haben kurze Beine.
- ☐ Lügner sind schlechte Weitspringer.
- ☐ Lügen lohnt nicht, da die Wahrheit bald herauskommt.

Sich in die Tasche lügen

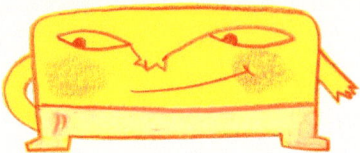

- ☐ durch Überredungskünste etwas bekommen
- ☐ sich selbst etwas vormachen
- ☐ Geld in die Tasche stecken

Lügner müssen ein gutes Gedächtnis haben.

- ☐ Lügner müssen sich ihre Lügen merken.
- ☐ Lügner dürfen nicht alt sein.
- ☐ Lügner schreiben sich alles auf.

Wer einmal lügt, dem glaubt man nicht, und wenn er auch die Wahrheit spricht.

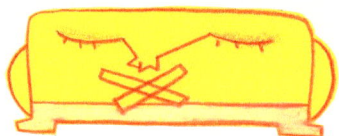

- ☐ Einmal lügen ist erlaubt.
- ☐ Einem Lügner glaubt man nie wieder.
- ☐ Wer einmal lügt, lügt immer.

1 Was bedeuten diese Sprichwörter? Wählt die richtige Bedeutung aus.

2 Sucht weitere Sprichwörter zum Thema „Lügen".
  a) Denkt euch zu einem Sprichwort eine Geschichte aus und schreibt sie auf.
  b) Lest eure Geschichte vor. Wer errät das dazugehörende Sprichwort?

Lügen, ohne rot zu werden – Ein Spiel

Wie gut kennt ihr euch untereinander? Könnt ihr entscheiden, ob jemand die Wahrheit sagt oder nicht?
- ☐ Jede/r überlegt sich vier Aussagen über sich selbst.
- ☐ Eine davon entspricht nicht der Wahrheit; z. B.:
  - ▪ „Mit zweitem Vornamen heiße ich Walter."
  - ▪ „Ich war schon auf dem Eiffelturm."
  - ▪ „Ich springe drei Meter weit."
  - ▪ „Ich lese ein Buch in der Woche."

1 Tragt die vier Selbstaussagen vor.

2 Wer „lügt" am geschicktesten, sodass ihm/ihr niemand „auf die Schliche kommt"?

5.3 Flunkern, lügen, Streiche spielen – Schreibversuche

Ihr habt euch jetzt ausführlich mit Lügen- und Schelmengeschichten beschäftigt, habt viele gelesen. Hier einige Anregungen, wie ihr selbst welche schreiben könnt.

Neues vom Lügenbaron

Wer erzählt? ▷ S. 262

Nachdem Münchhausen seine Pfeife gestopft hatte, begann er: „Ich will ..."
Eines Morgens bestieg Münchhausen sein Pferd und ... Kaum hatte er ...

83

5 Das Blaue vom Himmel – Lügen- und Schelmengeschichten

Jede Geschichte braucht eine **Einleitung,** die klärt, wo und wann und unter welchen Menschen sie spielt.

- **Wo?** Bei Münchhausen kann dies auf einem seiner Feldzüge, bei einem Jagdausritt sein, an einem See, in einem Wald, auf dem Dorfplatz ...

- **Wann?** Natürlich erwartet hier niemand ein genaues Datum, aber etwa Angaben wie
Einmal, als wir auf unserer Reise in den Osten an die ... Kurz nach meinem Aufenthalt auf Schloss ... Ich war von einer anstrengenden Reise zurückgekehrt und hoffte ...

Im **Hauptteil** erzählt ihr das eigentliche „Lügenabenteuer", z. B.:

- *Münchhausen muss für einen Sultan die Bienen hüten. Als diese von zwei Bären angegriffen werden, wirft Münchhausen seine Axt nach den beiden Tieren. Die Axt landet durch den Schwung seines Wurfes auf dem Mond. Von dort muss er sie wieder holen.*
- *Münchhausen reist nach Rügen und rettet die Insel vor der Vogelgrippe.*

Der Schluss: Da Münchhausen seine Geschichten selbst erzählt, müssen sie natürlich immer gut ausgehen! Dieses glückliche Ende beschreibt ihr im Schluss eurer Geschichte.

1 Lasst euch von den Bildern, Tipps und Hinweisen anregen und schreibt eine Lügengeschichte im Stil von Münchhausen.
(Zur Textüberarbeitung siehe S. 268.)

TIPP SPANNEND ERZÄHLEN

Für Spannung sorgen
- ein guter Aufbau
nicht nur ein einziger, sondern **mehrere** Erzählschritte bis zum Höhepunkt; überraschende Wendungen
- Andeutungen, die Neugier wecken, z. B.:
„Ich wusste zu diesem Zeitpunkt noch nicht, was das bedeuten sollte, aber ..."
- Wörter/Formulierungen, die sich als „Spannungsmelder" eignen:
Auf einmal ..., plötzlich ...

Für Anschaulichkeit sorgen
- genau passende Wörter: statt einfach nur „essen" vielleicht
(gierig) verschlingen, (gemütlich) frühstücken, löffeln, knabbern, schmatzen, kauen ...
statt einfach nur „diese Biester"
diese sirrenden, schwirrenden Biester
- die Beschreibung von Gefühlen und Gedanken
- wörtliche Reden, Gespräche
- Vergleiche:
dumm wie ..., winzig wie ..., geizig wie ...
- Übertreibungen:
Riesen..., Mords...,
... so dick, dass man ..., ... so faul, dass ich ..., ... so schnell, dass niemand ...

5.3 Flunkern, lügen, Streiche spielen – Schreibversuche

Geschichten vom Lande –
Zu Besuch bei den McBrooms

Erinnert ihr euch an die McBrooms auf ihrem Einhektarhof?   ▷ S. 73f.
☐ Bei der großen Trockenheit haben die Stechmücken
   die Farm vor dem Ruin gerettet.
☐ Peter und Polly passiert ein Unglück beim
   Melken der Kühe.
☐ McBroom verkauft Schmetterlinge als
   Markisen.
☐ …

1 *Sammelt Ideen, was alles geschehen sein könnte.*

2 *Schreibt das unglaubliche Ereignis im Stil von Farmer Josh McBroom auf.
(Zur Textüberarbeitung siehe S. 268.)*

Eulenspiegeleien

 Till ist bei einem Schneider in der Lehre. Der ist unzufrieden mit seiner groben Arbeit: Er soll nähen, „dass es niemand sieht."

 Der Herzog von Lüneburg verbietet Eulenspiegel, „sein Land jemals wieder zu betreten." Eines Tages steht Till wieder einmal an der Grenze von Lüneburg. Soll er umkehren? Nein, sondern …

 Der Bäckermeister sagte zu Till: „Siehst du dort das Haus mit dem großen Eckfenster? Da geh rein und …"

1 *Welchen dieser drei Erzählanfänge möchtet ihr zu einer vollständigen Eulenspiegelgeschichte ausgestalten; mit Einleitung, spannendem Hauptteil und glücklichem Ende?
(Zur Textüberarbeitung siehe S. 267.)*

2 Rutsch mir den Buckel runter!   Ab in die Falle!
      Schreib dir das hinter die Ohren!   Kratz die Kurve!

*Wer könnte Eulenspiegel einen dieser Befehle geben?
Wie wird Till darauf reagieren?*
☐ *Schreibt das auf.*
☐ *Zeichnet einen Comic dazu.*

Goha und Nasreddin Hodscha

1 Übernehmt den Anfang von „Gohas Besuch beim König" bis Z. 8: ▷ S. 75
„... überlegte er, wie er dennoch an dem Fest teilnehmen könnte."
Habt ihr eine neue Idee, wie Goha es schafft, beim Fest dabei zu sein, ohne den König zu verärgern? Dann schreibt die Geschichte auf!

2 *Nasreddin borgt einen Topf vom Nachbarn – gibt den Topf zurück und dazu eine Schüssel – behauptet, der Topf „habe ein Kind gekriegt" –*
Nasreddin borgt den Topf ein zweites Mal – behält ihn – der Nachbar fragt danach –
Nasreddin sagt, der Topf sei gestorben – der Nachbar meint: ... – Nasreddin: ...

Schreibt diese Stichpunkte in eine vollständige Geschichte um.
(Zur Textüberarbeitung siehe S. 268.)

TIPP LÜGEN PRÄSENTIEREN

- ☐ Schreibt eure Lügen- oder Schelmengeschichte ins Reine.
- ☐ Illustriert sie mit eigenen und fremden Zeichnungen, Fotos.
- ☐ Legt eine schöne Mappe an.
- ☐ Macht aus einer Geschichte eine ▷ Spielfassung.   ▷ S. 141 ff.
- ☐ Produziert Hörszenen auf einer CD.

- ☐ Veröffentlicht die schönsten Geschichten auf der Schul-Homepage.

WÖRTERLISTE   ▷ S. 208

lügen	mogeln	unwahr	lustig	Lügenbaron
betrügen	verkohlen	unehrlich	listig	Münchhausen
flunkern	unglaublich	spaßig	Schelm	Eulenspiegel

LESEN · UMGANG MIT TEXTEN UND MEDIEN

6 Helden, Zwerge, Zauberinnen – Sagen von Griechenland bis Hameln

6.1 Antike Heldensagen – Verstehen und zusammenfassen

1 *Kennt ihr diese ▷ Sagenfiguren?* ▷ S. 272
Erzählt Sagen, die ihr mit ihnen verbindet.

2 *Erzählt noch andere Sagen.*

Homer

Odyssee

Als die beiden ältesten literarischen Werke Europas gelten die „Ilias" und die „Odyssee" des blinden Dichters Homer, der im 8. Jahrhundert vor Christus gelebt haben soll.
Die „Ilias" berichtet vom Kampf der Griechen und Trojaner um die Stadt Troja. Auf beiden Seiten der Kämpfenden mischten sich auch Götter und Göttinnen ein. Entscheidend für den Sieg der Griechen war, dass der heldenhafte Odysseus die listige Idee hatte, ein riesiges hölzernes Pferd zu bauen. In dessen Bauch konnten die Griechen unbemerkt in die Stadt gelangen und die Trojaner besiegen.
Auf dem Rückweg aus diesem Krieg verhinderten Götter immer wieder die Heimkehr von Odysseus und seinen Kameraden nach Ithaka. Von den Abenteuern dieser zehnjährigen Irrfahrt handelt die „Odyssee".

Auf Kirkes Insel

Nun fuhren wir auf dem einzigen geretteten Schiffe weiter, bis wir an eine Insel mit Namen Aiaia kamen. Hier herrschte die wunderschöne Kirke, eine Tochter des Sonnengottes Helios. Doch wir wussten nichts von ihr. Müde und betrübt lagen die Gefährten im Ufergrase, während ich das Land auskundschaftete. Als ich in der Ferne den Rauch aus einem Palast aufsteigen sah, kehrte ich, durch die schrecklichen Erlebnisse gewitzt, zuerst zu den Freunden zurück, um Späher auszusenden. Ein guter Hirsch, den die barmherzigen Götter mir in den Weg schickten, gab den ausgehungerten Gefährten einen köstlichen Abendschmaus und ließ den alten Mut wieder erwachen.

Als ich ihnen jedoch von dem Rauch über dem Palaste erzählte, packte sie wieder Verzagtheit, denn sie dachten an unsere Abenteuer bei den Zyklopen und Laistrygonen[1].
Endlich gelang es mir, die Gefährten wieder aufzurichten. Ich teilte sie in zwei Haufen und loste mit Eurylochos, dem Anführer des anderen, wer die Insel erkunden solle. Das Los traf ihn. Nur unter Seufzern machte er sich mit seinen zweiundzwanzig Genossen auf den Weg nach der Stelle, von der ich den Rauch hatte aufsteigen sehen.
Bald stießen sie auf Kirkes herrlichen Palast, der in einem anmutigen Tale versteckt lag.

1 **Zyklopen und Laistrygonen:** (Menschen fressende) Ungeheuer

Doch wie erstaunten meine Genossen, als sie auf dem Hofe Wölfe und Löwen herumwandeln sahen. Die grimmigen Raubtiere kamen ihnen friedlich entgegen wie Hunde, die ihren Herrn begrüßen – es waren, wie wir später erfuhren, lauter Menschen, die Kirkes Zauberkunst in Tiere verwandelt hatte.

Aus dem Innern des Palastes erscholl eine liebliche Stimme. Es war Kirke, die am Webstuhl arbeitete und dabei sang. Als sie das Rufen der Ankömmlinge vernahm, öffnete sie die Pforte. „Tretet ein, ihr Gastfreunde", bat sie schmeichelnd, „dass ich euch bewirte!" Die Männer ließen sich hineinführen; nur der besonnene Eurylochos ahnte den Trug und blieb draußen.

Kirke ließ ihre Gäste auf den prächtigen Sesseln Platz nehmen und setzte ihnen die köstlichsten Speisen vor. Doch heimlich mischte sie Unheil bringendes Gift hinein, und kaum hatten die Männer von der verführerischen Speise gekostet, so wurden sie – in borstige Schweine verwandelt. Zufrieden trieb die Zauberin die grunzenden Tiere in den Stall.

Eurylochos, der das alles mit angesehen hatte, stürzte sprachlos vor Entsetzen zu unserem Schiffe zurück, um mir von dem Schicksal der Freunde zu berichten. Sofort ergriff ich Schwert und Bogen. Vergebens suchte Eurylochos mich zurückzuhalten. Ich wollte die Gefährten befreien oder sie an der grausamen Zauberin rächen. Das Schicksal war mir wohlgesinnt; denn unterwegs begegnete mir in blühender Jugendkraft Hermes, der Götterbote. Er reichte mir eine schwarze Wurzel, die mich gegen Kirkes Zauberkraft gefeit machte. „Wenn sie dich mit ihrem Zauberstabe berührt", sagte er, „dann zieh dein Schwert und geh auf sie los, als wolltest du sie erschlagen! Dann wird sie sich gefügig zeigen und die Gefährten freigeben!"

Sorgenvoll eilte ich zum Palaste. Kirke selber öffnete mir, führte mich zum Sessel und reichte mir in goldener Schale von ihrem Traubenmus. Kaum hatte ich davon genossen, so berührte sie mich mit ihrem Zauberstabe: „Fort mit dir in den Schweinestall, zu deinen Freunden!"

Sie hatte nicht an meiner Verwandlung gezweifelt. Doch ich tat, wie Hermes mir anbefohlen hatte. Da warf sie sich schreiend zu Boden und umfasste meine Knie: „Wer bist du, dass du meinen Zauber brichst? Noch kein Sterblicher hat der Kraft meines Trankes widerstanden. Bist du vielleicht Odysseus, von dem mir einst Hermes geweissagt hat, er werde meine Kraft brechen?"

Nicht eher willigte ich ein, ihre Freundschaft anzunehmen, als bis sie sich mit heiligem Eid verpflichtet hatte, mich unversehrt zu lassen und meine Gefährten zurückzuverwandeln. Von den herrlichen Speisen, die sie mir vorsetzte, rührte ich nichts an, sosehr die Göttin mich auch nötigte. „Wie sollte ich unbekümmert Speise und Trank zu mir nehmen, solange meine Freunde gefangen sind?", sagte ich zu ihr. Da ging sie in den Stall, trieb meine so seltsam verwandelten Freunde heraus und bestrich jeden mit ihrem Zaubersaft. Da schälten sie, die eben noch als grunzende Schweine um mich herumgelaufen waren, sich aus ihrer borstigen Hülle und standen wieder als Menschen, jünger und schöner als zuvor, vor mir. Mit Freude begrüßten wir uns wieder, erst recht die beim Schiff zurückgebliebenen Gefährten, die auch mich schon verloren glaubten!

Gern ließen wir uns jetzt von Kirke bereden, eine Zeit lang als ihre Gäste bei ihr zu verweilen. Wir zogen das Schiff auf Strand, bargen die Ladung in einer Felsengrotte und ließen es uns bei ihr wohl sein.

1 *Noch heute lebt die Erinnerung an die Zauberin Kirke in dem Verb „bezirzen" weiter. Was ist damit gemeint?*

2 *Wer ist der Erzähler der Sage? Belegt eure Antwort mit Textstellen.*

6 Helden, Zwerge, Zauberinnen – Sagen von Griechenland bis Hameln

 3 a) Wenn ihr die Sage aufmerksam gelesen habt, könnt ihr leicht folgende Fragen beantworten:
- ☐ Wer steht im Mittelpunkt?
- ☐ Wo spielt die Sage?
- ☐ Wie groß ist Eurylochos' Kundschaftergruppe?
- ☐ Welche Tiere gibt es bei Kirke?
- ☐ Wer informiert Odysseus über Kirkes Schweine-Zauber?

b) Formuliert selbst Fragen zur Sage und lasst sie beantworten.

4 a) Wer kann „Auf Kirkes Insel" am kürzesten zusammenfassen?
- ☐ Notiert die wichtigsten Informationen auf einem Stichwortzettel (siehe W-Fragen in Aufgabe 3).
- ☐ Achtet auf die richtige Reihenfolge.
- ☐ Tragt euch gegenseitig eure Zusammenfassungen vor. Verwendet das Präsens.

b) Ermittelt in der Klasse die kürzesten Zusammenfassungen.

Odysseus und seine Gefährten landen auf der Insel ...

5 Denkt euch das Gespräch zwischen dem entsetzten Eurylochos und Odysseus (Z. 55–58) möglichst lebendig aus.
Spielt die Szene.

Anders als ▷ Märchen, die an erfundenen Orten und unter erfundenen Menschen, Zauberwesen und Tieren spielen, haben Sagen einen „wahren Kern": ▷ S. 263
Es tauchen wirkliche Orte und Städte auf. Ihre „Helden" und „Heldinnen" haben zwar nicht gelebt, aber sie erinnern oft an wirkliche Personen und Ereignisse.

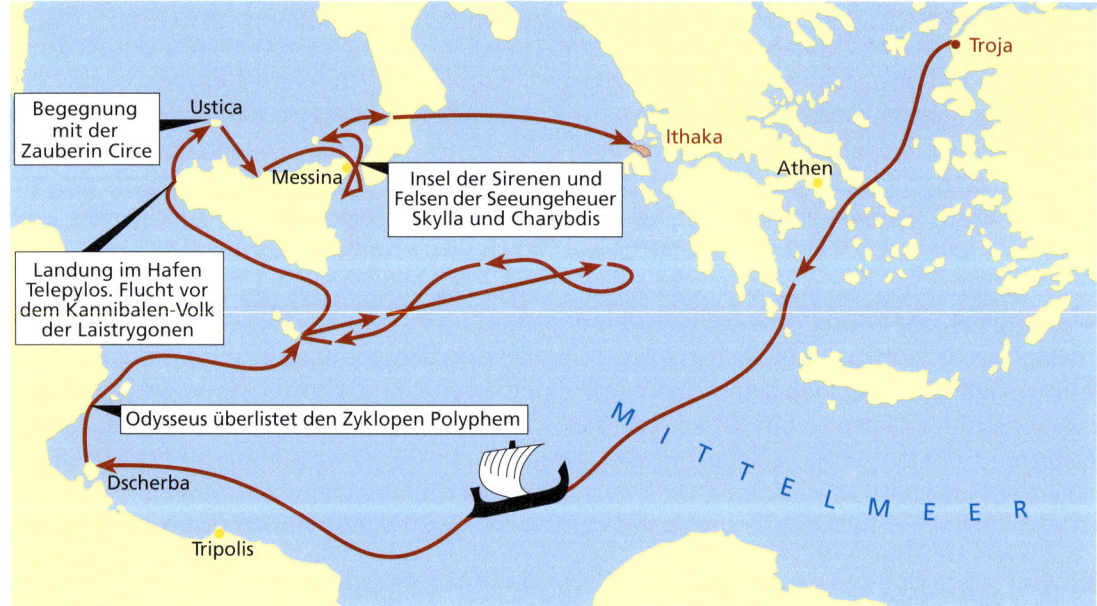

 6 Man hat versucht, die zehnjährige Irrfahrt des Odysseus auf einer Landkarte festzuhalten.
Nennt die Länder, Meeresteile und Inseln, die der griechische Held berührt hat.

7 *Schlagt im Lexikon nach oder sucht im Internet unter „Aiaia", „Odysseus" und „Kirke": Gibt es diese Insel, lebten diese Personen?*

Sagen
- Sagen sind ursprünglich **mündlich überlieferte Erzählungen,** die vom Anfang der Welt, von Göttern und Göttinnen, Helden und ihren Taten handeln.
- Häufig geht es in ihnen um **Kampf und Bewährung,** um Sieg und Niederlage und um abenteuerliche Reisen.
- Ungeheuer, Zauberinnen, Zwerge und Riesen sind in der Welt der Sagen natürliche Lebewesen. Oft haben sie jedoch einen **wahren Kern.** Sie enthalten Erinnerungen an wirkliche Personen, geschichtliche Ereignisse und sind oftmals an auffindbare Orte gebunden.

Die Sirenen

Beim ersten Lichtschein der Morgendämmerung erwachte Odysseus und rief seine Leute zu sich.
„Männer", sagte er. „Hört gut zu, denn heute hängt euer Leben von dem ab, was ich euch jetzt erzählen werde. Die große Insel dort im Westen ist Thrinakia, wo wir an Land gehen müssen, denn unsere Vorräte gehen dem Ende entgegen. Um zu der Insel zu gelangen, müssen wir jedoch eine Meerenge durchqueren. Und an der Einfahrt zu dieser befindet sich ein winziges felsiges Eiland, auf dem zwei Schwestern leben, die Sirenen genannt werden und deren Stimmen ihr nicht hören dürft.
Ich werde euch vor ihrem Gesang schützen, der euch in den Schiffsuntergang locken würde, doch zunächst müsst ihr mich an den Mast binden. Bindet mich ganz fest, als sei ich ein gefährlicher Gefangener. Und ganz gleich, wie viel Widerstand ich auch leiste, ganz gleich,

was für Zeichen ich euch gebe, ihr dürft mich nicht freilassen, denn sonst folge ich ihren Stimmen in den Untergang und nehme euch mit mir."

Daraufhin nahm Odysseus einen großen Klumpen Bienenwachs, das normalerweise der Segelausbesserer verwendete, um seinen dicken Faden gleitfähig zu machen, und knetete das Wachs in seinen kräftigen Händen, bis es weich war.

Dann ging er zu jedem einzelnen Mann seiner Besatzung und stopfte ihm das weiche Wachs in die Ohren; so gründlich dichtete er ihre Ohren ab, dass sie nichts mehr hörten außer dem leisen Pulsieren¹ ihres eigenen Blutes.

Dann stellte er sich an den Mast und die Männer banden ihn mit rohledernen Leinen fest, wanden sie ihm eng um den Körper und zurrten ihn so an den dicken Mast.

Schließlich hatten sie das Segel eingeholt, weil Schiffe mit gesetzten Segeln nur dann eine Meerenge passieren können, wenn sie Rückenwind haben. Schließlich nahmen sämtliche Männer der Besatzung ihre Plätze an den großen Rudern ein. Die blank polierten Ruderblätter peitschten die See zu weißem Schaum auf und vorsichtig tastet sich das Schiff vorwärts.

Odysseus hatte seine Ohren nicht verschlossen, weil er weiterhin die Kontrolle über das Schiff behalten musste und dazu sein Gehör brauchte. Auf See hat jedes Geräusch eine bestimmte Bedeutung. Doch als sie sich dem winzigen felsigen Eiland näherten und er die ersten schwachen Klänge des Gesangs der Sirenen hörte, wünschte er, dass auch er seine Ohren mit dem Wachs verschlossen hätte.

All seine Energie schien plötzlich dem Klang dieser zauberischen Stimmen entgegenzustreben. Jedes einzelne Haar schien an seiner Kopfhaut zu zerren, als wollte es versuchen davonzufliegen. Die Augäpfel traten ihm aus den Höhlen.

Denn in jenen Stimmen waren die Geräusche enthalten, die die Menschen lieben:

1 pulsieren: pochen

Fröhliche Geräusche, wie ein Vogel, der schreit, Graupel und Hagel, wenn's schneit, Milch im Melkeimer zum Trinken bereit ...
Traurige Geräusche, wie Regen so hart, ein Baum, der knarrt, Wind, der verharrt ...
Herbstgeräusche, wie Laub, das lappt, Feuer, das schnappt, ein Fluss über das Ufer geschwappt ...
Stille Geräusche, wie eine Schneeflocke, die fällt, Spinne begrüßt morgens die Welt, Herz, dem die Freude vergällt ...

Da schien es ihm, als verbrenne die Sonne ihn zu Asche. Und die Stimmen der Sirenen murmelten in einem kühlen, kristallklaren Tümpel auf ihrem Felsen hinter der blau glühenden Ebene des Meeres und seinen weiß glühenden Schaumkronen. Es schien ihm, als könne er tatsächlich sehen, wie ihre Stimmen sich zu einem silbrigen kühlen Tümpel hinabsenkten und als müsse er in jenen Tümpel hineintauchen, um nicht einen flammenden Tod zu sterben.

Er war von einer solchen Wut des Begehrens erfüllt, dass er seine mächtigen Muskeln anschwellen ließ, die rohledernen Bänder wie dünne Fäden zerriss und zur Reling schoss.

Doch zwei seiner stärksten Männer – Perimedes und Eurylochos – hatte er ermahnt, ihn fortwährend zu beobachten. Sie packten ihn, bevor er sich ins Wasser stürzen konnte.

Er fegte sie beiseite, als wären sie kleine Kinder. Doch sie hatten ihn lange genug gehalten, um der übrigen Mannschaft Gelegenheit zu geben, sich auf ihn zu stürzen. Er wurde überwältigt – von ihrer Überzahl niedergeworfen – und zurück zum Mast gezerrt. Diesmal banden sie ihn mit der mächtigen Trosse fest, die den Anker hielt.

Die Männer kehrten zu ihren Ruderbänken zurück, die Stimmen konnten sie wegen der Wachsstöpsel in ihren Ohren nicht hören.

Das Schiff schwenkte herum und fuhr wieder auf die Meerenge zu.

Noch lauter jetzt und immer deutlicher drangen die quälende Stimmen zu Odysseus herüber. Wieder brannte in ihm die Flamme wütenden Begehrens. Aber so sehr er sich auch bemühte, gelang es ihm doch nicht, die stabile Ankertrosse zu zerreißen. Wieder und wieder stemmte er sich dagegen, bis er blutete, doch die Trosse hielt.

Da beugten die Männer sich über ihre Ruder und legten sich noch tüchtiger ins Zeug, denn sie sahen, dass der Mast schwankte wie ein Baum in heftigem Sturm, und sie fürchteten, dass Odysseus in seinem Wüten den Mast herausbrechen und dann mitsamt dem Mast ins Wasser springen könne, um zu den Sirenen zu gelangen.

Nun ruderten sie an dem Felsen vorbei und Odysseus konnte die zwei Sängerinnen erkennen. Sie saßen auf einer Anhäufung gebleichter Knochen – den Knochen schiffbrüchiger Seeleute – und sangen schöner, als es die Sinne aushalten konnten. Doch ihre äußere Erscheinung entsprach ganz und gar nicht ihren Stimmen, denn von der Gestalt her waren sie wie Vögel, riesige Vögel, größer noch als Adler. An Stelle von Haaren hatten sie Federn und Hände und Füße waren Klauen. Doch ihre Gesichter waren die Gesichter junger Mädchen.

Als Odysseus sie sah, gelang es ihm, die Süße ihrer Stimmen zu vergessen, da ihr Aussehen derart Furcht erregend war. Angesichts des schrecklichen Anblicks dieser Vogelfrauen, die auf ihrem Knochenhaufen hockten, schloss er die Augen. Doch als er sie geschlossen hatte und ihre Hässlichkeit nicht mehr wahrnahm, fingen ihre Stimmen wieder an, ihn in den Wahnsinn zu treiben, und er spürte, wie er sich wieder gegen die blutigen Taue stemmte. Da zwang er sich, die Augen zu öffnen und die Ungeheuer anzuschauen, damit das Entsetzen, das ihr Äußeres hervorrief, die Schönheit ihrer Stimmen auslöschte.

Doch die Männer, die die Sirenen nur sehen, nicht aber hören konnten, widerte ihr Anblick derart an, dass sie ihre Ruder schneller und immer schneller eintauchten, und das schwarze Schiff schoss an dem Felsen vorüber. Die Stimmen der Sirenen wurden schwächer und immer schwächer und erstarben schließlich ganz.

Als Perimedes und Eurylochos sahen, dass der Wahnsinn aus dem Gesicht ihres Hauptmanns schwand, banden sie ihn los und Odysseus gab den Männern Zeichen, die Wachsstöpsel aus den Ohren zu nehmen. Denn nun hörte er das pfeifende Gurgeln eines Strudels, und da wusste er, dass sie sich der schmalsten Stelle der Meerenge näherten und zwischen Skylla und Charybdis hindurchsegeln mussten.

1 Woran denkt ihr, wenn ihr den Titel „Die Sirenen" lest? Welche Bedeutung hat das Wort?

2 Bestimmt auf der Landkarte S. 90, wo das Ereignis stattgefunden haben könnte.

3 Erklärt, warum Odysseus seinen Gefährten die Ohren mit Wachs verschließt.

4 Beschreibt die Wirkung des Gesangs der Sirenen.
a) Was macht die Sirenen so gefährlich?
b) Mit welchen sprachlichen Mitteln wird der Gesang beschrieben?

 5 Versucht den Sirenengesang in Gedichtform zu bringen. Achtet auf die ▷ Reimwörter.   ▷ S. 264

6 Wie stellt ihr euch die Sirenen vor? Malt ein Bild von ihnen.

7 Viele Sagen haben einen wahren Kern. Überlegt, worin der wahre Kern der Sirenensage bestehen könnte.

„Wovon handeln ‚Die Sirenen'?"

1 Stellt euch vor, ihr sollt diese Frage möglichst knapp beantworten, und zwar schriftlich.
Bereitet die Zusammenfassung so vor:
a) Handlungsschritte:
   Teilt die Sage in Abschnitte ein,
   ☐ in denen etwas Neues geschieht oder berichtet wird: *Z.1-14*
   ☐ wo der Ort der Handlung wechselt: *Z.XX-XX*
   ☐ wo neue Figuren auftreten: *Z.XX-XX*
b) Fasst die einzelnen Handlungsschritte in einer Überschrift oder einem kurzen Satz zusammen.
   Odysseus nennt den Gefährten das neue Reiseziel.
   Sie sollen …

2 Fasst „Die Sirenen" für jemanden, der die Sage nicht kennt, möglichst knapp schriftlich zusammen.
a) Schreibt im Einleitungssatz, wer auftritt und worum es geht:

In der Sage „Die Sirenen" muss Odysseus seine Gefährten vor den Sirenen schützen.

„Die Sirenen" sind eine Sage, in der …

b) Schreibt mit euren Notizen aus Aufgabe 1 eine knappe Zusammenfassung der Sirenensage.

> **! Den Inhalt einer Geschichte zusammenfassen**
>
> Der einleitende Satz sagt, wer handelt und worum es insgesamt geht.
>
> Dann werden die wichtigsten Ereignisse in kurzen Sätzen und in der richtigen Reihenfolge wiedergegeben.
>
> Wörtliche Rede und ausschmückende Wörter (Adjektive) fehlen.
> Die Sätze stehen im ▷ Präsens.   ▷ S. 253

3 Vergleicht und ▷ überarbeitet eure Zusammenfassungen.   ▷ S. 268

> **TIPP**
>
> Sammlungen nicht nur mit griechischen Sagen findet ihr in jeder Bücherei.
>
> Natürlich auch im Internet; z. B.:
> http://gutenberg-spiegel.de oder http://www.sagen.at

6.2 Drachensagen – Nacherzählen und verändern

Am Anfang der deutschen Literatur stehen, ebenso wie in der griechischen, Götter- und Heldensagen. Sie erzählen, wie Mut, Tapferkeit, Ehrgefühl und Gerechtigkeitssinn nicht immer zum Sieg führen: Ein ungünstiges Schicksal, falsche Freunde, aber auch die eigene Blindheit können es mit sich bringen, dass die Helden und Heldinnen scheitern.
Ein berühmtes Beispiel ist das „Nibelungenlied", das im fünften Jahrhundert spielt und um das Jahr 1200 aufgeschrieben worden ist. Es erzählt von Siegfrieds Abenteuern, seinem Tod am Hof von Burgund und von der Rache, die seine Frau, die schöne Kriemhild, dafür an ihren Brüdern nimmt.

Wie Siegfried das Schmiedehandwerk erlernte

Vor langer, langer Zeit stand am Niederrhein bei Xanten die mächtige Burg, von der aus König Siegmund mit seiner Gemahlin Sieglinde die Niederlande beherrschte. Tapfere Ritter dienten ihm, und überall sangen die Sänger von des Königs Macht und Ruhm.
Sein Sohn Siegfried war ein kräftiger und stolzer Knabe, der den Speer zu schwingen und den Stein zu stoßen verstand. Des Vaters Ruhm und die Pracht und Kraft der Ritter ließen seinem Herzen keine Ruhe: Er brannte darauf, als kühner Held fremde Länder zu durchstreifen und selbst auch Ehre und Macht zu gewinnen. Und als dies Verlangen in ihm übermächtig wurde, lief er heimlich aus der Burg fort in die Welt. Lange zog er durch ödes Land und dichte Wälder. Da erblickte er einmal zwischen mächtigen, grauen Stämmen Rauch und sah bald auch ein Feuer. Er lief darauf zu und stand vor der Werkstatt eines Schmiedes. Mime hieß der Meister, der da den Hammer über dem Amboss schwang, alt und hässlich war, zwergenhaft gekrümmt, mit langem Bart und wirrem Haar. Er konnte den kräftigen Burschen als Hilfe bei seiner schweren Arbeit wohl gebrauchen; und so blieb Siegfried bei

ihm, schippte die Kohlen und schürte das Feuer. Mime aber lehrte ihn die Kunst, das Erz zu schmelzen und zu hämmern, das rohe Eisen sodann zu Waffen und Geräten zu schmieden.

Nie gab es einen aufmerksameren Schmiedelehrling. War es doch Siegfrieds heißer Wunsch, sich ein starkes Schwert zu schmieden, damit er es den Rittern gleichtun konnte. Nicht lange dauerte es, da stand er selbst am Amboss und ließ erst davon ab zu hämmern, als er ein blitzendes Schwert mit scharfer Klinge und festem Griff in Händen hielt. Der Alte kam herzu, betrachtete es und fand es meisterhaft geschmiedet. Zur Probe holte er ein Wollflöckchen, warf es in einen Bach und ließ es gegen die Spitze des Schwertes treiben, staunend sah er, wie es, ohne auszufasern, glatt entzweigeschnitten wurde.

Da hielt es Siegfried nicht mehr lange in der Schmiede. Am Amboss träumte er von künftigen Kämpfen, und einmal hieb er dabei so gewaltig mit dem Hammer zu, dass der Amboss in Stücke sprang und sich tief in den Boden rammte. Nun wurde Mime der junge Gast mit den gewaltigen Kräften unheimlich, und er wäre ihn gern losgeworden. Darum sprach der kluge Alte: „Ich kann dich nichts mehr lehren. Tapfer bist du und stark, zieh in die Welt und erwirb dir Schätze und Ruhm. Ich weiß einen ungeheuren Goldhort[1]. Hoch im Norden auf der Gnitaheide hütet ihn Fafner, der Drache. Wenn du keine Furcht kennst, töte ihn und erkämpfe dir das Gold. Doch der Drache ist schrecklich. Feurig geht sein Atem und horngepanzert ist der riesige Leib. Keiner wagt sich an ihn. Der müsste ein mächtiger Held sein, der das Ungeheuer zu bestehen wagte." „Ich werde es bestehen!", rief Siegfried, gürtete sein Schwert um und brach auf, den Drachen zu suchen.

1 **der Goldhort:** Goldschatz

1 a) Welche der folgenden Aussagen über den Beginn der Siegfriedsage treffen zu? Welche nicht?
  ☐ Siegfrieds Eltern herrschten über Belgien.
  ☐ Siegfried wurde von seinem Vater ausgeschickt, um ein Handwerk zu erlernen.
  ☐ Mime war froh, dass er mit Siegfried eine Hilfe bekam.
  ☐ Siegfried war ein aufmerksamer Lehrling, der bald selbst eine „Lanze" schmieden konnte.
  ☐ Mime erzählte Siegfried von einem Schatz, um seinen stürmischen Lehrling loszuwerden.
  b) Belegt eure Ansicht mit Textstellen.

2 Erklärt, warum Siegfried nicht bei Mime bleiben will.

Stellt euch vor, ihr möchtet jemandem – einem Freund, der Schwester, dem Großvater, der Mutter – die Siegfriedsage so spannend wie möglich erzählen.
☐ Ablesen dürft ihr nicht.
☐ Auswendig lernen könnt ihr nicht.
☐ Also müsst ihr euch Stichpunkte zur Gedächtnisstütze machen.

3 a) Teilt den Text in einzelne Abschnitte ein, wo Neues passiert, der Ort wechselt oder andere Figuren auftreten.
  b) Legt für jeden Abschnitt einen Zettel, eine Karteikarte an und notiert:
    ☐ Überschrift: Worum geht es?
    ☐ Wichtige Schlüsselwörter aus der Handlung:

Der Beginn 1	Siegfrieds Aufbruch 2	Ankunft bei Mime 3
Niederrhein, Xanten Burg Siegmund, Sieglinde	S. tapfer Speer, Steinkugel Heimlich Burg verlassen	Schmiede im Wald Mime, wie Zwerg, hässlich

4 *Erzählt euch gegenseitig die Sage. Ergänzt oder verbessert eure Notizen.*

5 *Erzählt die Sage jetzt vor der Klasse nach.*

> **TIPP**
> ☐ Erzählt wie die Vorlage im ▷ Präteritum. ▷ S. 254
> ☐ Blickt möglichst selten in die Karteikarten.
> ☐ Setzt lebendige wörtliche Rede ein.

Wie Siegfried den Drachen tötete

Nach vielen Tagereisen erreichte Siegfried die Gnitaheide. Einen Köhler[1], den er im Walde bei seinem Meiler[2] fand, bat er, ihn dahin zu führen, wo der Drache hauste. Erschrocken
5 weigerte sich der Köhler: „Geh nur allein, du kannst ihn nicht verfehlen. Zu schrecklich ist der Drache, als dass ich mit dir gehen möchte." So ging Siegfried allein weiter und abends kam er an einen Felsenquell, der sich zu einem
10 Teich staute. Da sah er Fafners Spur. Einen Weg, breit wie eine Schneise, hatte sich der Körper des Tieres durch Wald und Gebüsch zum Teich gebrochen, wo es morgens zu trinken pflegte. Oberhalb des Quells verlor sich
15 die wüste Bahn im gähnenden Schlund einer finsteren Höhle. Am Quell wartete Siegfried auf den kommenden Morgen.
Fahl stieg die Sonne aus feuchtem Nebeldunst. Da vernahm er ein fernes Pfeifen und Zischen;
20 bald schwoll es an zu gewaltigem Schnauben, Rasseln und Schleifen: Der Drache kam. Und dann sah er ihn. Kurze, gekrümmte Krallenfüße schoben den gewaltigen Echsenkörper: za-

1 **der Köhler:** jemand, der Kohlen herstellt
2 **der Meiler:** Holzstapel zur Herstellung von Kohlen

ckig zog sich ein grässlicher Stachelkamm vom Nacken bis zur Schwanzspitze. Dicke Hornplatten schützten schuppig den schwarzgrünen Leib; nur unten am Bauch ließen weißliche Streifen ahnen, wo das Ungeheuer verwundbar war. Nach links und rechts pendelte der platte Kopf auf dickem Hals, grässlich starrten die Zahnreihen im geöffneten Rachen.

Siegfrieds Herz raste vor Erregung, seine Faust presste den Schwertgriff. Jetzt hielt das Ungeheuer an, zog zischend den Atem ein: Es hatte den Menschen gewittert. Feuerdampf stießen die Nüstern aus, hoch schwoll der Rückenkamm vor Wut und es wälzte sich auf den Stein zu, hinter den Siegfried sich geduckt hatte.

Doch der sprang seitwärts von seinem Versteck weg und suchte den Wurm von der Flanke anzugreifen. Blitzschnell wandte sich der Drache und nun begann ein furchtbarer Kampf. Entsetzlich war Fafner, giftig sein Geifer, sengend sein Atem, tödlich der Schlag seines Schwanzes und der Hieb seiner Klauen. Aber schnell und gewandt war Siegfried, scharf sein Blick, rasch und sicher sein Arm. Die Gnitaheide erscholl von Fafners Gebrüll und von den Schwertschlägen, die wirkungslos am Schuppenpanzer abprallten. Ringsum war der Boden zerstampft und versengt.

Da – eine unbedachte Wendung reißt den Drachen auf die Seite, für einen Augenblick zeigt sich der weiße, weiche Bauch, und tief stößt Siegfried sein Schwert in den Leib des Ungeheuers. Dickes Blut schießt in mächtigem Strahl hervor, der Feueratem verröchelt, es bäumt sich der Leib, streckt sich, zuckt ein letztes Mal und bleibt still. – Fafner war tot.

Ein Blutbach rann zum Quellteich. Ohne an etwas zu denken, tauchte Siegfried seinen Finger hinein und leckte ihn ab. Da verstand er plötzlich die Sprache der Vögel. Erstaunt lauschte er, als eine Graumeise ihm zusang, dass das Drachenblut die Haut unverwundbar mache. Schnell streifte er die Kleider vom Leib und tauchte seinen ganzen Körper in den rinnenden Bach. Er merkte nicht, dass ein Lindenblatt dabei auf seinen Rücken zwischen die Schulterblätter gefallen war. An dieser Stelle blieb er verwundbar wie die anderen Menschen; sonst aber war sein Leib fortan geschützt gegen Hieb und Stich.

1 Erklärt, was euch an dieser Drachensage besonders gefällt.

2 Wo ist nach eurer Meinung der Höhepunkt der Sage?

3 „Da – eine unbedachte Wendung reißt den Drachen auf die Seite …" (Z. 54–61)
 a) Worin unterscheidet sich diese Stelle sprachlich von ihrer Umgebung (Verben!)?
 b) Formuliert um, sodass sich die Textstelle sprachlich nicht mehr von ihrer Umgebung unterscheidet. (Achtet besonders auf die Schreibung der ▷ s-Laute.)   ▷ S. 215 f.
 c) Vergleicht die beiden Fassungen: Haben sie eine unterschiedliche Wirkung?

4 a) „Kurze, gekrümmte Krallenfüße … – … grässlich starrten die Zahnreihen im geöffneten Rachen." (Z. 22–32)
 Lasst in dieser Beschreibung des Drachen alle ▷ Adjektive weg. – Wie wirkt das?   ▷ S. 175 ff.
 b) Beschreibt den Drachen mit eigenen Worten.

5 Erzählt Siegfrieds Kampf mit dem Drachen nicht mündlich, sondern **schriftlich** nach:
 a) Teilt die Sage – wie beim ▷ mündlichen Erzählen – in einzelne Abschnitte ein.   ▷ S. 96 f.
 b) Legt für jeden Abschnitt eine Karteikarte mit wichtigen Schlüsselwörtern an.
 c) Erzählt mit eigenen spannenden Worten Siegfrieds Drachenkampf.

> Eine Geschichte **nacherzählen** bedeutet,
> - den Inhalt und die Handlung in allen **wichtigen** Punkten wiedergeben; besonders den **Höhepunkt**.
> - Nebensächlichkeiten darf man weglassen. Auch wörtliche Reden kann man zusammenfassen.
> - Statt Wörter und Wendungen der Vorlage zu übernehmen, sollte man **mit eigenen Worten** schreiben.
> - Dabei darf man aber die **Reihenfolge** nicht verändern.
> - Auch das ▷ **Tempus** der Vorlage behält man bei. ▷ S. 253

6 Vergleicht und ▷ überarbeitet eure Nacherzählungen. ▷ S. 268

7 Ihr könnt auch versuchen, den Drachenkampf aus der Sicht Siegfrieds zu erzählen:
Endlich erreichte ich die Gnitaheide, wo ich einen Köhler ...

John Ronald R. Tolkien
Der kleine Hobbit und der Drache

„Der kleine Hobbit" des Engländers J.R.R. Tolkien (1892–1973) ist 1937 erschienen. Darin hilft der menschenähnliche kleine Hobbit Bilbo Beutlin Zwergen dabei, einen Schatz wiederzubekommen, den der Drache Smaug in einer unterirdischen Höhle bewacht.

[...] Der Hobbit wollte gerade in die Halle treten, als er plötzlich einen dünnen, durchdringend roten Strahl unter dem hängenden Lid von Smaugs linkem Auge gewahrte. Smaug
5 tat nur so, als ob er schliefe! Er bewachte den Tunneleingang! Hastig flüchtete Bilbo zurück und pries seinen Ring.
Dann sprach Smaug: „Dieb! Ich rieche dich, ich spüre deinen Luftzug. Ich höre deinen
10 Atem. Komm! Bedien dich, hier ist genug!"
Aber so unerfahren war Bilbo nicht in der Drachenkunde, dass er diese Einladung für bare Münze hielt. Und wenn Smaug hoffte, ihn auf diese Weise zum Näherkommen zu bewegen,
15 wurde er enttäuscht. „Nein, vielen Dank, o Smaug, du Fürchterlicher!", erwiderte er. „Ich

wollte keine Geschenke von dir haben. Ich wollte dich nur anschauen und sehen, ob du wirklich so groß bist, wie die Geschichten erzählen. Ich glaubte nämlich nicht daran."

„Glaubst du es jetzt?", fragte der Drache und war ein wenig geschmeichelt, obgleich er kein einziges Wort Bilbos für wahr hielt.

„In der Tat, Lieder und Sagen kommen überhaupt nicht an die Wirklichkeit heran, o Smaug, du größtes und schrecklichstes aller Unglücke", erwiderte Bilbo. [...]

„Wer bist du und woher kommst du, wenn ich fragen darf?", ließ sich der Drache hören.

„Du darfst gern fragen! Ich komme unten vom Berg und unter den Bergen her. Und über die Berge ging es auch. Und durch die Luft. Ich bin derjenige, der unsichtbar kommt."

„Das glaube ich gern", sagte Smaug, „Aber das ist gewiss nicht dein gewöhnlicher Name."

„Ich bin der Spurfinder, der Netzschlitzer, die stechende Fliege. Ich wurde wegen der Glückszahl genommen."

„Wunderschöne Titel", hohnlächelte der Drache. „Aber Glückszahlen treffen nicht immer." [...]

„Ich will dir etwas verraten", sagte Bilbo und musste sich anstrengen, seinen Freunden treu zu bleiben und den Mut zu behalten. „Das Gold war bloß ein Hintergedanke. Wir kamen über den Berg hinweg und unter dem Berg hindurch, auf Wellen und mit dem Wind – aus Rache. Sicher, o Smaug, du unendlich Reicher, du musst begreifen, dass dein Erfolg dir erbitterte Feinde gemacht hat!"

Jetzt musste Smaug schrecklich lachen [...]
„Rache!", schnaufte er und das Aufglühen seiner Augen erhellte die Halle vom Boden bis zur Decke mit Scharlachblitzen. „Rache! Der König unter dem Berg ist tot und wo sind seine Nachkommen, die ihn zu rächen wagen? Meine Rüstung ist ein zehnfacher Schild, meine Zähne sind Schwerter, meine Klauen Speere, das Aufschlagen meines Schwanzes ist ein Donnerschlag, meine Schwingen sind Wirbelstürme und mein Atem bringt den Tod!"

„Ich habe immer geglaubt", sagte Bilbo mit furchtsamem Räuspern, „dass Drachen unterwärts etwas empfindlicher sind, besonders in der Gegend der, hm, Brust, sagen wir mal. Aber zweifellos, ein so gerüsteter gewaltiger Drache hat daran gedacht."

Smaug hielt kurz in seiner Prahlerei inne. „Eure Kenntnisse sind veraltet", schnappte er. „Unten wie oben bin ich mit Eisenschuppen und steinharten Gemmen[1] ausgerüstet. Keine Klinge dringt jemals hindurch."

„Ich hätte es mir denken können", sagte Bilbo. „Wirklich, nirgendwo ist einer, der dir das Wasser reichen könnte, o Fürst Smaug, du Undurchdringlicher. Welch eine Herrlichkeit, eine Weste aus feinsten Diamanten zu besitzen!"

„Ja, in der Tat, das ist selten und wundervoll", erwiderte Smaug, der sich ungewöhnlich geschmeichelt fühlte. Er wusste nicht, dass der Hobbit bei seinem ersten Besuch schon einen

---

1 **die Gemme:** verzierter Schmuckstein

Blick auf seine eigentümliche Unterbekleidung geworfen hatte und dass es ihn aus ganz besonderen Gründen gelüstete, noch einmal genauer nachzuschauen. Der Drache rollte sich herum. „Schau", sagte er. „Was meinst du dazu?"

„Das ist ja toll! Wunderbar! Vollkommen und fehlerlos! Geradezu verblüffend!", rief Bilbo laut.

Aber im Innern dachte er. Alter Narr! Da ist doch ein leerer Fleck an seiner linken Brust, so nackt wie eine Schnecke ohne Haus!

Nachdem er das gesehen hatte, wollte Mister Beutlin auf schnellstem Weg verschwinden. „Sehr schön", sagte er. „Aber jetzt will ich deine Herrlichkeit nicht länger stören und dich deines viel benötigten Schlafs nicht länger berauben." [...]

Es war eine unglückselige Bemerkung, denn der Drache spie enorme Flammen hinter ihm her. Und so schnell Bilbo auch geflüchtet sein mochte, war er doch längst nicht weit genug gerannt, als Smaug seinen grässlichen Kopf gegen den Tunneleingang schlug. Glücklicherweise passte der mächtige Kopf keineswegs ganz hinein. Aber die Nüstern spien Feuer und Qualmwolken hinter Bilbo her, sodass er beinahe das Bewusstsein verlor. Blind vor Schmerz und Angst stolperte er weiter. [...]

1 a) Lest die Begegnung zwischen dem kleinen Hobbit und dem Drachen Smaug.
b) Vergleicht mit dem Drachenkampf Siegfrieds (▷ S. 97 f.).
Welche Sage gefällt euch besser? Begründet eure Meinung.

2 Vergleicht die beiden Sagen genauer:
a) Wie unterscheidet sich die Handlung?
b) Wie unterscheiden sich Siegfried und Bilbo?
c) Wie unterscheiden sich die beiden Drachen?
Was ist das Besondere an der Beschreibung von Smaug (Z. 56–61)?

3 a) Wie gefällt euch die Darstellung des Drachen Smaug von dem berühmten Illustrator Klaus Ensikat?
b) Malt selbst ein Bild von Smaug.

4 Erzählt die Begegnung zwischen Bilbo und Smaug nach; zuerst mündlich, dann schriftlich.
☐ Gliedert die Geschichte in inhaltlich zusammenhängende Abschnitte.
☐ Gebt den Abschnitten Überschriften oder notiert wichtige Schlüsselwörter.
Dazu könnt ihr einzelne ▷ Karteikarten anlegen: ▷ S. 97
Z. 1–7: Der Hobbit betritt die Halle   *Z. 15–XX: Bilbo schmeichelt Smaug.*

> **TIPP**
> Ihr könnt die wörtliche Rede mit eigenen Worten wiedergeben; z. B.:
> „... Meine Rüstung ist ein zehnfacher Schild, meine Zähne sind Schwerter, ... mein Atem bringt den Tod!"
> *Smaug beschrieb seinen furchtbaren Drachenkörper sehr anschaulich.*

5 a) Erfindet eine Fortsetzung der Geschichte.
b) Leiht euch den „Kleinen Hobbit" von J. R. R. Tolkien aus und erzählt vor der Klasse nach, wie die Geschichte mit Bilbo und dem Drachen Smaug endet.

6.3 Heimatsagen – Projektideen

Der Rattenfänger von Hameln

Im Jahr 1284 ließ sich zu Hameln ein wunderlicher Mann sehen. Er hatte einen Rock von vielfarbigem, buntem Tuch an, weswegen er Bundtling soll geheißen haben. Er gab sich für einen Rattenfänger aus, indem er versprach, gegen ein gewisses Geld die Stadt von allen Mäusen und Ratten zu befreien. Die Bürger wurden mit ihm einig und versicherten ihm einen bestimmten Lohn. Der Rattenfänger zog demnach ein Pfeifchen heraus und pfiff, da kamen alsbald die Ratten und Mäuse aus allen Häusern hervorgekrochen und sammelten sich um ihn herum. Als er nun meinte, es wäre keine zurück, ging er hinaus und der ganze Haufen folgte ihm. So führte er sie an die Weser. Dort schürzte er seine Kleider und trat in das Wasser, worauf ihm alle die Tiere folgten und hineinstürzend ertranken.
Nachdem die Bürger aber von ihrer Plage befreit waren, reute sie der versprochene Lohn, und sie verweigerten ihn dem Manne unter allerlei Ausflüchten, sodass er zornig und erbittert wegging.

Am 26. Juni, auf Johannis und Pauli Tag, morgens früh sieben Uhr, nach andern zu Mittag, erschien er wieder, jetzt in Gestalt eines Jägers erschrecklichen Angesichts mit einem roten, wunderlichen Hut und ließ seine Pfeife in den Gassen hören. Alsbald kamen diesmal nicht Ratten und Mäuse, sondern Kinder, Knaben und Mägdlein vom vierten Jahr an, in großer Anzahl gelaufen, worunter auch die schon erwachsene Tochter des Bürgermeisters war. Der ganze Schwarm folgte ihm nach und er führte sie hinaus in einen Berg, wo er mit ihnen verschwand. Dies hatte ein Kindermädchen gesehen, welches mit einem Kind auf dem Arm von fern nachgezogen war, darnach umkehrte und das Gerücht in die Stadt brachte.

Rattenfängerbrunnen am Rathausplatz in Hameln

Die Eltern liefen haufenweis vor alle Tore und suchten mit betrübtem Herzen ihre Kinder; die Mütter erhoben ein jämmerliches Schreien und Weinen. Von Stund an wurden Boten zu Wasser und Land an alle Orte herumgeschickt zu erkundigen, ob man die Kinder oder auch nur etliche gesehen, aber alles vergeblich. Es waren im Ganzen hundertunddreißig verloren.

Zwei sollen, wie einige sagen, sich verspätet und zurückgekommen sein. Wovon aber das eine blind, das andere stumm gewesen; sodass das blinde den Ort nicht hat zeigen können, aber wohl erzählen, wie sie dem Spielmann gefolgt wären; das stumme aber den Ort gewiesen, ob es gleich nichts gehört. Ein Knäblein war im Hemd mitgelaufen und kehrte um, seinen Rock zu holen, wodurch es dem Unglück entgangen; denn als es zurückkam, waren die andern schon in der Grube eines Hügels, die noch gezeigt wird, verschwunden.

Die Straße, wodurch die Kinder zum Tor hinausgegangen, hieß noch in der Mitte des 18. Jahrhunderts „Die Bungelose" (Bunge = Trommel), weil kein Tanz darin geschehen noch Saitenspiel durfte gerührt werden. Ja, wenn eine Braut mit Musik zur Kirche gebracht ward, mussten die Spielleute über die Gasse hin stillschweigen. Der Berg bei Hameln, wo die Kinder verschwanden, heißt der Poppenberg, wo links und rechts zwei Steine in Kreuzform sind aufgerichtet worden. Einige sagen, die Kinder wären in eine Höhle geführt worden und in Siebenbürgen wieder herausgekommen.

1 a) Lest die Rattenfängersage.
b) Fasst ihren Inhalt möglichst kurz mit eigenen Worten ▷ zusammen: ▷ S. 94
  Die Sage vom Rattenfänger von Hameln spielt ...

2 Die Sage ist alt.
Nennt Wörter und Wendungen, die das belegen.

3 Viele Sagen haben einen „wahren Kern".
Habt ihr eine Idee, welche ▷ wirklichen Ereignisse in Hameln passiert sein können,   ▷ S. 272
aus denen dann die Sage entstanden ist?

Hörszenen aus Hameln

Aus der Rattenfängersage könnte man ein ▷ Klassentheaterstück machen.   ▷ S. 137 ff.
Weniger aufwändig sind Hör(spiel)szenen aus der Sage.

1 Kopiert den Sagentext und klebt ihn auf einen großen Papierbogen:
  ☐ Markiert alle Stellen, wo man wörtliche Rede, Gespräche (▷ Dialoge),   ▷ S. 143 ff.
    Ausrufe oder Selbstgespräche (Monologe) etwa des Rattenfängers einfügen könnte.
  ☐ Notiert die Personen, die sprechen könnten:
    Rattenfänger, Bürgermeister, Schatzmeister, Mütter, Mädchen ...
  ☐ Schreibt auf, welche Geräusche zu hören sind:
    Kirchenglocken, Hundebellen, Rattenfängerflöte ...

2 a) Schreibt die Gespräche (Dialoge), Reden, Ausrufe und Selbstgespräche
    der Bürger von Hameln, des Rattenfängers, der Kinder ... auf.
b) Macht Sprechproben und verbessert die Dialoge. Sie sollen möglichst lebendig klingen.

3 Nicht alles könnt ihr mit verteilten Rollen im Gespräch wiedergeben. Die Einleitung und der Schluss z. B. sollten von einem oder auch zwei Erzählern/Erzählerinnen gesprochen werden. Schreibt diese Erzähler-Texte.

6 Helden, Zwerge, Zauberinnen – Sagen von Griechenland bis Hameln

4 *Schreibt ein ▷ **Textbuch** zu euren Hörszenen aus Hameln:* ▷ S. 147

> **Der Rattenfänger von Hameln**
> *Zwei Hörszenen*
>
> **1. Szene: Die Rattenplage**
>
> **1. Erzähler:** Vor vielen, vielen Jahren wurde die Stadt Hameln an der Weser von einer schrecklichen Rattenplage gequält.
>
> **2. Erzähler** *(geheimnisvoll):* Da tauchte im Jahr 1284 ein merkwürdiger …
>
> **Rattenfänger** *(laut):* Man nennt mich Bundtling und ich bin …
>
> 5 Sek. Musik
>
> Pfeifen u. Piepsen von Ratten und Mäusen
>
> Stimmengewirr und Geräusche wie auf einem Markt

5 *Verteilt alle Rollen, die nötig sind, damit die Hörszenen entstehen können:*
- *die Sprecher und Sprecherinnen*
- *die Textbuch-Verfasser/innen*
- *die Geräusche-Macher/innen*
- *die Musiker/innen*
- *die Techniker/innen für die Aufnahme (Kassette, CD oder MP3-Player)*

Eine SAGEnhafte Wandzeitung

Sagen gibt es in allen Regionen, Landschaften oder Städten Deutschlands – auch in eurer Umgebung.

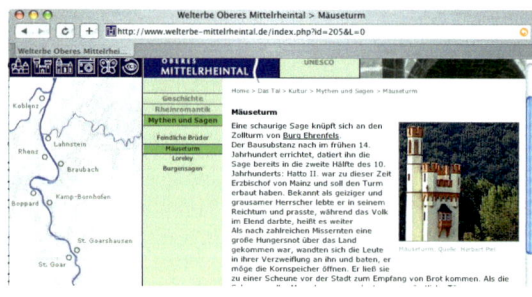

1 *Informiert euch über Sagen eurer Heimat*
- *in der Bücherei;*
- *mit einem ▷ Brief ans Tourismus-Büro;*
- *im Internet.* ▷ S. 248

2 *Gestaltet mit dem Material ein schönes Poster oder eine Wandzeitung mit:*
- *Fotos und Zeichnungen*
- *Landkarten*
- *einer lebendigen Nacherzählung der Fabel*
- *einem ▷ Bericht über ihren „wahren Kern"* ▷ S. 250
- *einem Comic zur Fabel-Handlung*

WÖRTERLISTE				▷ S. 208
Odysseus	schießen	Meerenge	tödlich	Amboss
Gefährte	grässlich	Ruhm	Siegfried	hässlich
Schmied	Sirene	pressen	Irrfahrt	zackig

LESEN · UMGANG MIT TEXTEN UND MEDIEN

7 Tiere wie Menschen – Fabeln verstehen und verändern

7.1 Fabeln aus alter und neuer Zeit – Lehrreiche Geschichten

1 Das Bild stellt mehrere Fabeln dar. Welche erkennt ihr?

2 Erzählt eine der abgebildeten Fabeln.

 3 Welche der Fabeln ist euch unbekannt?
Denkt euch eine mögliche Handlung aus. Worauf müsst ihr achten?

Äsop

Vom Fuchs und Hahn

Ein hungriger Fuchs kam in ein Dorf und fand einen Hahn. Zu dem sprach er also: „O mein Herr Hahn, welche schöne Stimme hat dein Herr Vater gehabt! Ich bin darum zu dir hierhergekommen, dass ich deine Stimme hören möchte. Darum bitt ich dich, dass du mir singst mit lauter Stimme, damit ich hören möge, ob du eine schönere Stimme habest oder dein Vater."

Da erschwang der Hahn sein Gefieder und mit geschlossenen Augen fing er an, auf das lauteste zu krähen. Indem sprang der Fuchs auf und fing ihn und trug ihn in den Wald. Als das die Bauern gewahr wurden, liefen sie dem Fuchs nach und schrien: „Der Fuchs trägt unsern Hahn fort!" Als der Hahn das hörte, sprach er zu dem Fuchs: „Hörst du, Herr Fuchs, was die groben Bauern sagen? Sprich du zu ihnen: ‚Ich trage meinen Hahn und nicht den euern.'"

Da ließ der Fuchs den Hahn aus dem Maule und sprach: „Ich trage meinen Hahn und nicht den euern." Indem flog der Hahn auf einen Baum und sprach: „Du lügst, Herr Fuchs, du lügst, ich bin des Bauern, nicht dein."

Da schlug der Fuchs sich selbst mit den Händen aufs Maul und sprach: „O du böses Maul, wie viel schwätzest du? Wie viel redest du Unnützes? Hättest du jetzt nicht geredet, so hättest du deinen Raub nicht verloren."

1 Erzählt, wie es dem Fuchs in dieser Fabel ergeht.

 2 Welche Wörter und Wendungen in dieser alten Fabel sind euch fremd?
Versucht sie in heutiges Deutsch zu übertragen.

3 Beschreibt das Verhalten der beiden Tiere.
Findet treffende ▷ Adjektive und ▷ Verben.   ▷ S. 253

4 Betrachtet den Aufbau der Fabel:
  ☐ Wie viele Sinnabschnitte hat sie?
  ☐ Was ist ihr Inhalt und ihre Aufgabe?

  Z. 1–9: Fuchs und Hahn werden dem Leser vorgestellt – Ausgangssituation, Einleitung
  Z. 10–...: ...

5 Der Fuchs spricht am Ende eine „Lehre" aus. Formuliert sie mit eigenen Worten.
  a) Stimmt ihr dem Fuchs zu? Begründet eure Meinung.
  b) Lässt sich eine andere Lehre aus der Fabel ziehen?

Äsop, der erste uns bekannte Fabeldichter, war ein griechischer Sklave und lebte im 6. Jahrhundert vor Christus in der Stadt Delphi. Von ihm wird erzählt, dass er mit seinen Fabeln den Zorn seiner Mitmenschen erregte, weil er Missstände in seiner Zeit aufdeckte. Er wurde deshalb verurteilt und von einem Felsen gestürzt.

 6 a) Sucht weitere Informationen über Äsop im Lexikon oder im Internet (z. B. www.gutenberg.de).
b) Stellt eure Ergebnisse in einem ▷ Kurzvortrag vor. ▷ S. 244

Martin Luther

Rabe und Fuchs

Ein Rabe hatte einen Käse gestohlen, flog damit auf einen Baum und wollte dort seine Beute in Ruhe verzehren. Da es aber der Raben Art ist, beim Essen nicht schweigen zu können,
5 hörte ein vorbeikommender Fuchs den Raben über dem Käse krächzen. Er lief eilig hinzu und begann den Raben zu loben: „O Rabe, was bist du für ein wunderbarer Vogel! Wenn dein Gesang ebenso schön ist wie dein Gefieder,
10 dann sollte man dich zum König aller Vögel krönen!"
Dem Raben taten diese Schmeicheleien so wohl, dass er seinen Schnabel weit aufsperrte, um dem Fuchs etwas vorzusingen. Dabei entfiel ihm der Käse. Den nahm der Fuchs behänd, 15 fraß ihn und lachte über den törichten Raben. Hüte dich vor Schmeichlern.

1 Fasst zusammen, was der Rabe erlebt.

2 Wer ist der „Gewinner" in dieser Fabel? Begründet eure Meinung.

3 Welche Eigenschaften haben der Fuchs und der Rabe?
Zeichnet die beiden Tiere in euer Heft und ordnet ihnen treffende ▷ Adjektive zu. ▷ S. 253

4 „Hüte dich vor Schmeichlern." (Z. 17)
Welche Bedeutung hat diese Lehre für euch? Nennt Beispiele.

5 Spielt „Rabe und Fuchs" oder „Vom Fuchs und Hahn" vor.
- Ihr könnt den ▷ Dialog auch in modernes Deutsch übertragen.
- Weitere Spielideen findet ihr im ▷ Theater-Kapitel 9.   ▷ S. 137 ff.

Martin Luther (1483–1546) hat nicht nur die Bibel ins Deutsche übersetzt, Kirchenlieder und einen Katechismus verfasst, sondern auch die alten Fabeln Äsops für die Menschen seiner Zeit umgeschrieben.

James Thurber

Der Fuchs und der Rabe

Der Anblick eines Raben, der auf einem Baum saß, und der Geruch des Käses, den er im Schnabel hatte, erregten die Aufmerksamkeit eines Fuchses. „Wenn du ebenso schön singst, wie du aussiehst", sagte er, „dann bist du der beste Sänger, den ich je erspäht und gewittert habe." Der Fuchs hatte irgendwo gelesen – und nicht nur einmal, sondern bei den verschiedensten Dichtern –, dass ein Rabe mit Käse im Schnabel sofort den Käse fallen lässt und zu singen beginnt, wenn man seine Stimme lobt. Für diesen besonderen Fall und diesen besonderen Raben traf das jedoch nicht zu.

„Man nennt dich schlau und man nennt dich verrückt", sagte der Rabe, nachdem er den Käse vorsichtig mit den Krallen seines rechten Fußes aus dem Schnabel genommen hatte. „Aber mir scheint, du bist zu allem Überfluss auch noch kurzsichtig, Singvögel tragen bunte Hüte und farbenprächtige Jacken und helle Westen und von ihnen gehen zwölf aufs Dutzend. Ich dagegen trage Schwarz und bin absolut einmalig."

„Ganz gewiss bist du einmalig", erwiderte der Fuchs, der zwar schlau, aber weder verrückt noch kurzsichtig war. „Bei näherer Betrachtung erkenne ich in dir den berühmtesten und talentiertesten aller Vögel und ich würde dich gar zu gern von dir erzählen hören. Leider bin ich hungrig und kann mich daher nicht länger hier aufhalten."

„Bleib doch noch ein Weilchen", bat der Rabe. „Ich gebe dir auch etwas von meinem Essen ab." Damit warf er dem listigen Fuchs den Löwenanteil vom Käse zu und fing an, von sich zu erzählen. „Ich bin der Held vieler Märchen und Sagen", prahlte er, „und ich gelte als Vogel der Weisheit. Ich bin der Pionier[1] der Luftfahrt, ich bin der größte Kartograf[2]. Und was das Wichtigste ist, alle Wissenschaftler und Ge-

1 **der Pionier:** Entdecker
2 **der Kartograf:** Landkartenzeichner

lehrten, Ingenieure und Mathematiker wissen, dass meine Fluglinie die kürzeste Entfernung zwischen zwei Punkten ist. Zwischen beliebigen zwei Punkten", fügte er stolz hinzu.

"Oh, zweifellos zwischen allen Punkten", sagte der Fuchs höflich. "Und vielen Dank für das Opfer, das du gebracht, indem du mir den Löwenanteil vermacht." Gesättigt lief er davon, während der hungrige Rabe einsam und verlassen auf dem Baum zurückblieb.

Moral: Was wir heut wissen, wussten schon Äsop und La Fontaine³: Wenn du dich selbst lobst, klingt's erst richtig schön.

3 **La Fontaine** (1621–1695): Schrieb Fabeln in Versen (▷ S. 115).

1 Diese moderne Fabel handelt von einem Raben ...
  ☐ ..., der mit seinem schönen Gesang einen Fuchs davon überzeugt, dass er der berühmteste und talentierteste aller Vögel ist.
  ☐ ..., der von einem Fuchs auf listige Weise dazu gebracht wird, ihm den größten Teil seiner Mahlzeit zu überlassen.
  Welche dieser beiden Aussagen ist richtig? Begründet eure Meinung.

2 Erklärt die Redewendungen
  "von ihnen gehen zwölf aufs Dutzend" (Z. 21f.) und "den Löwenanteil vom Käse" (Z. 34f.).

3 Mit welchen Äußerungen und Wörtern beschreiben sich Fuchs und Rabe gegenseitig?
  a) Notiert das in Stichworten.
  b) Was denken die beiden Tiere wirklich voneinander?

4 "Moral" (Z. 52) ist ein anderes Wort für die "Lehre" aus der Fabel.
  Versucht die Moral oder Lehre dieser Fabel mit eigenen Worten wiederzugeben.

5 Sucht in Bibliothek, Lexikon oder Internet Informationen über den Autor unserer modernen Fabel vom Fuchs und Raben.

6 a) Vergleicht die beiden Fabeln von Martin Luther und James Thurber in Stichworten. Nennt Gemeinsamkeiten und Unterschiede:

Martin Luther	James Thurber
Fuchs und Rabe	Fuchs und Rabe
Käse	...
...	...

  b) Was ist das Besondere an der Fabel „Vom Fuchs und Hahn" von Äsop auf S. 106?

7 Formuliert wichtige Merkmale von Fabeln:
  ☐ In Fabeln handeln und sprechen ...
  ☐ In Fabeln erfahren wir etwas über ...
  ☐ Am Ende von Fabeln steht oft ...

James Thurber, 1894–1961

Die Schildkröte und der Leopard

Die immer zerstreute Schildkröte hatte sich etwas verspätet und musste sich beeilen, denn die Nacht kam heran und deckte ihren dunklen Mantel über den Wald. Da geriet sie plötzlich in eine Falle. Das war ein tiefes Loch, das mit Palmenblättern bedeckt war. Die Jäger aus dem Dorf hatten es absichtlich mitten auf dem Weg gegraben, um Tiere zu fangen.

Dank ihres dicken Panzers hatte sich die Schildkröte bei dem Sturz nicht ernstlich verletzt. Aber wie sollte sie nur hier wieder herauskrabbeln? Bis zum nächsten Morgengrauen musste sie sich etwas einfallen lassen, wenn sie nicht im Suppentopf der Dorfbewohner enden wollte.

Die Schildkröte stellte sich gerade vor, wie sie als Suppe wohl schmecken würde, als ein Leopard in dieselbe Falle geriet. Die Schildkröte machte einen Sprung und indem sie so tat, als hätte der Leopard sie in ihrem Schlupfwinkel gestört, brüllte sie die verdutzte Raubkatze an: „Was soll das heißen? Was hast du hier zu suchen? Sind das vielleicht Manieren, einfach so in mein Haus einzudringen! Hast du nicht gelernt anzuklopfen?" Dann fuhr sie aufgebracht fort: „Pass doch auf, wo du hintrittst! Weißt du denn nicht, dass ich nachts nicht gern unerwarteten Besuch habe? Verschwinde bloß, du ungezogener Gefleckter!"

Wutentbrannt über die freche Schildkröte packte sie der Leopard und schleuderte sie mit aller Kraft aus dem Loch.

Die Schildkröte freute sich ihres Lebens und setzte in aller Ruhe ihren Nachhauseweg fort.

1 Wenn ihr diese Geschichte mit den Fabeln auf S. 106–109 vergleicht:
  ☐ Was kommt euch vertraut vor?
  ☐ Was ist ungewöhnlich?

2 Woher stammt wohl diese anonyme (= ohne Autor) Fabel?

3 Erzählt, wie es der Schildkröte gelingt, ihr Leben zu retten.

4 Welche Eigenschaften haben Schildkröte und Leopard?
Die Fabel enthält einige Adjektive.

5 Formuliert eine „Lehre": *„Die Schildkröte und der Leopard" zeigt, dass ...*
Vergleicht eure Ergebnisse

6 Tragt die Fabel ▷ wirkungsvoll vor. ▷ S. 79

Das Chamäleon und der Elefant

Eines Tages lud das Chamäleon den Elefanten zum Laufen ein. Der Elefant nahm die Herausforderung an, deren Entscheidung auf den folgenden Morgen verlegt wurde. Während der
5 Nacht verteilte das Chamäleon viele seiner Brüder in kurzer Entfernung den Weg entlang, der zu durchlaufen war.
Als der folgende Tag graute, kam der Elefant und fing ohne weiteres zu laufen an. Das Chamäleon stieg hurtig dem Elefanten auf den 10 Schwanz. Bei jeder Begegnung mit einem Chamäleon fragte der Elefant, „Bist du nicht müde?" – „Nein!", antwortete das gefragte Tier, das sich jetzt erst anschickte, den kleinen ihm angewiesenen Teil zu durchlaufen. 15
Zuletzt blieb der Elefant atemlos und müde stehen, indem er sich für besiegt bekannte.

1 Wie gelingt es dem Chamäleon, den Elefanten zu besiegen?

2 Stellt zusammen, was euch am Verhalten der beiden Tiere auffällt.

3 Beurteilt das Verhalten des Chamäleons.

4 Welche „Lehre" passt zu dieser Fabel? Vergleicht eure Ergebnisse.

5 Vergleicht Chamäleon und Elefant in dieser afrikanischen Fabel mit dem, was ihr über die beiden Tiere wisst. Informiert euch auch im Biologiebuch oder einem Lexikon.

6 Kennt ihr andere Fabeln und Geschichten mit Tieren im Wettstreit? Erzählt und vergleicht.

7 „zum **L**aufen einladen" (Z. 2) und „fing ... zu **l**aufen an" (Z. 9).
Versucht die ▷ Groß- und Kleinschreibung von **laufen** zu erklären.   ▷ S. 219

> **!** **Fabeln** können wie Gedichte in Versen oder in Prosa (als kurze Erzählung) geschrieben sein. Sie werden in allen Kulturen der Erde seit Jahrtausenden erzählt und üben Kritik an gesellschaftlichen Missständen oder menschlichen Verhaltensweisen (lateinisch *fabula* „Rede, Erzählung").
> In der Fabel handeln und sprechen Tiere, die menschliche Charaktereigenschaften verkörpern: Der Fuchs gilt als schlau, der Esel als dumm, der Löwe als mächtig, der Wolf als gierig.
> Die Tiere sind häufig Gegner (Fuchs gegen Rabe, Wolf gegen Lamm, Löwe gegen Esel), die Streitgespräche führen, an deren Ende der Stärkere oder der Listigere siegt.
> Aus einer Fabel soll man eine Lehre für das eigene Verhalten ziehen. Meist wird sie am Ende als „Moral" eigens formuliert.

8 a) Überprüft an einer selbst gewählten Fabel, welche der hier genannten Merkmale auf sie zutreffen.
b) Stellt eure Ergebnisse auf einem Lernplakat dar.

7.2 Mit Fabeln erfinderisch umgehen

Der Löwe und die Katze

In der Wüste wohnte einmal ein Löwe, der war schon so alt, dass er nicht einmal mehr das Fleisch, das ihm seine Söhne brachten, mit den Zähnen festhalten konnte. Und da nun
5 auch viele Mäuse in der Wüste lebten, kamen sie heran, wenn der Löwe schlief, und zernagten die Fleischbrocken. Aber sie machten dabei einen solchen Lärm, dass der Löwe immer in seiner Ruhe gestört wurde. Da fragte
10 der Löwe andere Tiere, die seine Hofleute waren, um Rat, wie man die Mäuse verjagen könne.
Da sagte der Fuchs: „Es ist eine Katze da. Befehlt ihr, jede Nacht hier Wache zu stehen."
15 Also ließ der Löwe die Katze kommen und ernannte sie zu seinem Haushofmeister. Und als die Mäuse die Katze sahen, schlichen sie sich davon und der Löwe konnte ungestört schlafen. Die Katze aber wurde befördert.
20 Sie war schlau und setzte die Mäuse nur in Schrecken. Zubeißen aber tat sie nie, denn sie dachte: Wenn ich die Mäuse ausrotte, dann braucht mich ja der Löwe nicht mehr. Er wird mich absetzen, aus seinem Dienst entlassen
25 und ich werde wieder arm sein wie zuvor.
Eines Tages musste sie zu ihrer kranken Mutter und übertrug ihrem Söhnchen alle Aufga-

ben. Das Kätzchen fiel sofort über die Mäuse her, bis es keine mehr gab. Da war die Mutter böse, als sie zurückkam, denn wenn es keine 30 Mäuse mehr gab, brauchte sie auch der Löwe nicht mehr.
Und richtig, als der Löwe sah, dass es keine Maus mehr gab, sagte er: „Liebe Katze, ich musste dir hohen Lohn zahlen, damit du mich 35 vor den Mäusen beschützt. Aber jetzt, da es keine mehr gibt, brauche ich dich nicht mehr. Geh also wieder hin, wo du hergekommen bist."
Das sagte der undankbare Löwe. Und die Kat- 40 ze musste zurück in die Armut, weil ihr Söhnchen übereifrig gewesen war und noch nicht wusste, dass einen die großen Tiere nur so lange umschmeicheln und befördern, wie sie einen brauchen. 45

1 Am Schluss dieser Fabel wird von „großen Tieren" gesprochen. Wer ist wohl damit gemeint?

2 Was soll man aus dieser afrikanischen Fabel lernen?
Vielleicht fällt euch ein Sprichwort dazu ein.

 3 Spielt die Fabel mit verteilten Rollen. Geht dabei folgendermaßen vor:
  ☐ Schreibt die wörtlichen Reden heraus und verseht diese mit ▷ Regieanweisungen.   ▷ S.144
  ☐ Erfindet neue ▷ Dialoge (z. B. zwischen der Katze und ihrem Söhnchen).   ▷ S.143
  ☐ Überlegt, welche Eigenschaften die Tiere haben und wie ihr sie durch Gestik,
    Mimik und Betonung hervorheben könnt.
  ☐ Welche Textteile soll ein/e Erzähler/in sprechen? Müsst ihr weitere Erklärungen hinzufügen?
  ☐ Überlegt euch passende ▷ Requisiten für eure Aufführung.   ▷ S.265

7.2 Mit Fabeln erfinderisch umgehen

Äsop

Der Löwe und das Mäuschen

Ein Mäuschen lief über einen schlafenden Löwen. Der Löwe erwachte und ergriff es mit seinen gewaltigen Tatzen.

„Verzeih mir", flehte das Mäuschen, „meine Unvorsichtigkeit und schenke mir mein Leben, ich will dir ewig dafür dankbar sein. Ich habe dich nicht stören wollen." Großmütig schenkte ihm der König der Tiere die Freiheit und fragte sich lächelnd: „Wie will wohl ein Mäuschen einem Löwen dankbar sein?"

Kurze Zeit darauf hörte das Mäuschen in seinem Loch das fürchterliche Gebrüll eines Löwen, lief neugierig dahin, von wo der Schall kam, und fand seinen Wohltäter in einem Netz gefangen. Sogleich eilte es herzu und zernagte einige Knoten des Netzes, sodass der Löwe mit seinen Tatzen das übrige zerreißen konnte. So vergalt das Mäuschen die ihm erwiesene Großmut.

Selbst unbedeutende Menschen können bisweilen Wohltaten mit Wucher[1] vergelten, darum behandle auch den Geringsten nicht übermütig.

1 **mit Wucher:** reichlich

 1 *Diese Fabel lässt sich gut in eine ▷ Bildergeschichte umwandeln.* ▷ S. 249
   a) Überlegt, auf wie vielen Bildern ihr die Handlung am besten darstellen könnt.
   b) Verseht jedes Bild mit einer passenden Bildunterschrift.
   c) Präsentiert eure Ergebnisse. Vergleicht sie.

2 *Ihr könnt die Bilder auch mit Sprech- und Denkblasen ausstatten – wie in einem Comic!*

Wilhelm Busch
Das Rabennest

Zwei Knaben, jung und heiter,
Die tragen eine Leiter.

Im Nest die jungen Raben,
Die werden wir gleich haben.

Da fällt die Leiter um im Nu,
Die Raben sehen munter zu.

Sie schreien im Vereine:
„Man sieht nur noch die Beine!"

1 Diese ▷ Bildergeschichte von Wilhelm Busch könnt ihr in eine Fabel umschreiben.   ▷ S. 249
  ☐ Erfindet eine Einleitung zu dem Geschehen auf den vier Bildern.
  ☐ Verwendet die wörtliche Rede. Lasst auch die Raben zu Wort kommen.
  ☐ Formuliert eine „Lehre" zum „Rabennest".

2 In welcher ▷ Zeitform soll die Fabel stehen?   ▷ S. 253

Jean de La Fontaine
Der Frosch und der Ochse

Ein Frosch sah einen Ochsen stehn
von mächt'gem Wuchs auf einer Wiese.
Selbst winzig wie ein Ei, wollt er vor Neid vergehn.
Groß möchte er sein wie dieser Riese!

5 Er bläht sich auf, wird dicker, mehr und mehr.
„He, Schwester", ruft er, „schau mal her!
Sag, ist es schon so weit? Ich schaff's auf jeden Fall!"
„Ach, keineswegs!" – „Und jetzt?" – „Nie wirst du solch Koloss!"
„Und jetzt?" – „Hör auf!" – „Und jetzt?" – Da gab es einen Knall.
10 Geplatzt war er, der Gernegroß!

Es wimmelt auf der Welt von aufgeblähten Bäuchen.
Ein Schloss möcht sich erbau'n der kleinste Krämer[1] schon,
Gesandte hielte gern sich ein Provinzbaron
Und Pagen[2] jeder Geck[3], um großen Herrn zu gleichen.

1 **der Krämer:** Händler
2 **der Page:** Diener
3 **der Geck:** Angeber

1 *Tragt diese gereimte Fabel ausdrucksvoll vor.*
  □ *Welche Wörter reimen sich?*
  □ *Welche Zeilen (Verse) gehören eng zusammen?*
  □ *An welchen Stellen sind deutliche Pausen sinnvoll?*
  □ *Wo hebt man die Stimme, wo senkt man sie?*

> **TIPP**
>
> Schreibt das Gedicht mit großem Wort- und Zeilenabstand auf ein Blatt.
> Tragt Pausen, Betonungen usw. mit Farbstiften ein.   ▷ S. 78
> Ihr könnt auch mit verteilten Rollen lesen.

2 *a) Macht aus dem Gedicht eine erzählte Fabel wie bei Äsop oder Luther.*
  b) Lest euch eure selbst verfassten Fabeln vor.
  c) Vergleicht eure Ergebnisse mit dem gereimten Original.
     Welche Fassung gefällt euch besser? Begründet eure Meinung.

3 *Auch Menschen können „sich aufblasen"! Erzählt Beispiele.*

4 *„Koloss – Gernegroß" (Z. 8 und 10)*
  Könnt ihr die unterschiedliche Schreibung des *s-Lautes erklären?*   ▷ S. 215

7 Tiere wie Menschen – Fabeln verstehen und verändern

Wir schreiben Fabeln

Die Tiere finden

1 a) Welche Eigenschaften werden diesen Tieren (in Fabeln) zugesprochen?
b) Welche Tiere passen als Gegenspieler zusammen?
c) Findet weitere Tierpaare, die sich gut für eine Fabel eignen.

Ein Thema finden

WER ANDERN EINE GRUBE GRÄBT, FÄLLT SELBST HINEIN.

2 a) Überlegt euch zu den Sprichwörtern passende Situationen oder Geschichten.
b) Welche Sprichwörter kennt ihr noch?

Was du nicht willst, das man dir tu', das füg' auch keinem andern zu.

Wer zuletzt lacht, lacht am besten.

Lügen haben kurze Beine.

3 Mit Hilfe eurer Tierpaare und der Sprichwörtersammlung könnt ihr jetzt eigene Fabeln verfassen.

 4 Bildet „Schreibkonferenzen" und lest euch eure Fabeln gegenseitig vor. ▷ S. 268
Besprecht, was ihr daran gut findet und was man noch verbessern könnte.

> **TIPP**
>
> **Checkliste für Fabeln**
> ☐ Weist das Tierpaar gegensätzliche Eigenschaften auf?
> ☐ Gibt es einen klaren Aufbau: Ausgangssituation – Handlung – Gegenhandlung – Ergebnis?
> ☐ Sprechen die Tiere miteinander?
> ☐ Steht am Ende eine Lehre?
> ☐ Ist die Fabel kurz und nicht zu lang?
> ☐ Ist sie verständlich und lebendig geschrieben:
>   ▪ übersichtlicher Satzbau?   ▪ Zeitangaben?
>   ▪ treffende Verben und Adjektive?

 5 Überarbeitet eure Fabeln und illustriert sie.
Ihr könnt eure Endfassungen auch mit dem Computer erstellen.

 6 Stellt eure Fabeln in einem fabelhaften Buch zusammen.
Beachtet dabei:
☐ das Layout der Seiten (Schriftart und -größe, Überschriften, Illustrationen)
☐ die Reihenfolge der Fabeln
☐ den Umfang
☐ das Titelblatt
☐ das Inhaltsverzeichnis
☐ Vervielfältigung und Bindung
☐ Illustrationen

7.3 Projekt: Der Löwe ist (k)ein Fabeltier

Tiere verhalten sich in der Natur oft anders, als wir es nach Sprichwörtern oder Fabeln erwarten.

Ernst Jünger
Der Farmer und der Löwe[1]

Ein Farmer, der sich am Rand der Steppe angesiedelt hatte, wurde während eines Jagdganges von seinem Hund auf ein Waldstück aufmerksam gemacht. Er ging den Ort vorsichtig an. Auf einer Lichtung erspähte er einen Löwen, der am Verenden war. Das Tier lag wie ein Gerippe im dürren Grase, von dem es sich kaum unterschied. Das Fell hing über ihm als fahle Decke, durch die sich die Knochen abzeichneten; es hielt die Pranken kraftlos ausgestreckt.

Offenbar lag der Löwe hier im Wundbett, während der Tod schon seinen Schatten auf ihn warf. Schon spielten Fliegen um seine Mähne und Geier hockten auf den Akazien. Der Gnadenschuss wäre ein gutes Werk an ihm. Der Farmer näherte sich behutsam mit vorgehaltenem Gewehr. Als er dicht vor dem kranken Tier stand, entdeckte er etwas Merkwürdiges. Auch Löwen machen nicht immer große Beute und sind dann darauf angewiesen mitzunehmen, was über den Weg läuft, wie der Fuchs an Fastentagen sich mit Mäusen oder mit Schnecken begnügt. Dieser hatte anscheinend versucht, eine Schildkröte aufzubrechen, so wie man einer Walnuss die Schale aufknackt, ehe man sie verspeist. Das ist für ein solches Gebiss ein Kinderspiel. Indessen hatte ihm hierbei die Tücke des Objektes einen Streich gespielt: Die Schildkröte war ihm quer durch den Gaumen geglitten und hatte den Rachen versperrt. So kann es vorkommen, dass ein Kind sich einen Apfel in den Mund schiebt, den man ihm dann herausschneiden muss. Wahrscheinlich war der Löwe lange umhergeirrt und hatte sich vergeblich abgemüht, sich von dem Knebel zu erlösen; endlich hatte er sich verborgen, um einsam zu sterben, wie es die Löwen tun.

Den Farmer dauerte das Tier. Er beschloss, es vor diesem kläglichen Tode zu erretten, wenn das noch möglich wäre, und kehrte heim, um sich mit Werkzeug zu versehen. Er kam mit Hammer und Meißel wieder und es gelang ihm mit wenigen Schlägen, den Löwen von seiner Plage zu befreien. Ob viel damit gewonnen war, blieb fraglich, denn das große Tier vermochte nicht einmal den Schweif zu rühren; es blieb reglos auf der Lichtung ausgestreckt.

Der Farmer eilte zum zweiten Mal zurück und brachte Wasser in einem Eimer an. Zu seiner Freude bemerkte er, dass der Löwe, wenngleich mit großer Mühe, zu trinken begann. Dann ließ er den Kopf auf die Pranken fallen und schlief ein. Von nun an versorgte der Farmer ihn täglich auf seinem Lager; er brachte ihm Wasser, dem er zunächst wenig, dann mehr Blut zusetzte, und bald nahm der Löwe auch das Fleisch einer geschlachteten Ziege an. Er hob den Kopf, wenn er den Farmer kommen hörte, und seine Augen wurden lebhaft, wenn er ihn sah. Das Fell begann sich zu glätten und gewann an Glanz. Das Leben zog in ihn ein.

Eines Tages, als der Farmer wiederkam, fand er das Wundbett leer. Der Löwe war verschwunden; er hatte wohl wieder die freie Wildbahn

[1] Die Überschrift stammt nicht von Ernst Jünger.

aufgesucht. Als sich der Farmer, zufrieden mit seiner Pflege, zum Gehen wandte, wurde er durch ein Geräusch erschreckt. Der Löwe trat aus dem Dickicht mit erhobenem Haupt und starker Mähne, ein gewaltiges Tier. Er tat einige Schritte auf die Lichtung, aber er näherte sich nicht. Vielmehr begann er sich auf den Pranken zu wiegen wie im Tanz.

Aus dem Erzählten geht hervor, dass es sich bei dem Farmer um einen mutigen Mann handelte, um einen von jenen, die auch heute noch die Sprache der Tiere verstehen. Als er sah, dass der Löwe sich wiegte, ohne sich zu nähern, begriff er, dass das große Tier ihn nicht erschrecken wollte – seine Muskeln waren locker und es wiegte seinen mächtigen Körper, wie man ein Kind oder ein Schauopfer wiegt. Der Löwe wollte ihm seinen Dank sagen. „Ich bin *dein* Löwe", war es, was er zu verstehen gab. Dann trat er wie eine Vision² in das heiße Dickicht zurück.

Von nun an merkte der Farmer immer, wenn er das Revier betrat, dass sein Löwe ihn begleitete. Er umkreiste ihn am Rande des Gesichtsfeldes, bewachte, beschützte ihn, trieb Wild auf ihn zu. Wie einst Androklus³ hatte er sich den König der Tiere durch Güte zum Freunde gemacht. Das ist die beste Zähmung auf unserer Welt.

2 **die Vision:** etwas nur Vorgestelltes
3 **Androklus:** Sklave, der dem Tod entging, weil er einem verletzten Löwen geholfen hatte

1 a) Was unterscheidet diese Geschichte von Ernst Jünger von einer Fabel?
b) Wie bei einer Fabel kann man aus dieser Geschichte eine ▷ Lehre ziehen. Formuliert sie mit euren Worten.   ▷ S. 111

2 Was erfahrt ihr aus dieser Geschichte über das Verhalten und die Lebensgewohnheiten von Löwen in der Wildnis? Notiert in Stichpunkten in euer Heft:
Löwen fressen notfalls auch kleine Tiere, z. B. Schildkröten.

3 a) Informiert euch in Lexika, in Biologie- und Tierbüchern oder im Internet über den Löwen in freier Natur, sein Aussehen, seine Lebensgewohnheiten.
b) Fertigt einen „Tier-Steckbrief Löwe" an.

4 Sucht in Fabelsammlungen – auch im Internet – möglichst viele Texte über den Löwen. Schreibt auf, was hier über diese Wildkatze mitgeteilt wird.

5 Gestaltet ein ▷ Plakat zum Löwen als Raubtier und als Fabeltier. Präsentiert euer Ergebnis vor der Klasse.   ▷ S. 269

6 „… ein Löwe, der am **Verenden** war." (Z. 5–6)
„Als sich der Farmer zum **Gehen** wandte …" (Z. 69–70)
„Aus dem **Erzählten** geht hervor …" (Z. 77)
Erklärt die ▷ Großschreibung der drei hervorgehobenen Wörter.   ▷ S. 219 f.

WÖRTERLISTE   ▷ S. 208

Beziehung	der Listige	der Dumme	Fabel	Moral
Schicksal	der Schlaue	der Mächtige	Lehre	Verhalten
Gesellschaft	der Starke	der Schwache	Kritik	Eigenschaft

LESEN · UMGANG MIT TEXTEN UND MEDIEN

8 Lyrische Landschaften – Gedichte untersuchen und gestalten

8.1 Naturbilder – Gedichte verstehen und vortragen

Johan Christian Claussen Dahl:
Dresden im Mondschein, 1839, Öl

Gabriele Münter:
Blick aufs Murnauer Moos, 1908, Öl

Otto Modersohn:
Kate im Abendsonnenschein, 1899, Öl

1 *Drei verschiedene Landschaften. Wie wirken sie auf euch?*

2 *Wählt das Bild aus, das euch am meisten anspricht.*
Haltet eure Empfindungen, Gedanken und Gefühle (in einem ▷ Cluster) fest: ▷ S. 267

3 *Schreibt zu dem Bild*
 □ *eine Geschichte (mit den abgebildeten Figuren);*
 □ *ein Gedicht;*
 □ *einen ▷ Brief, worin ihr das Bild jemandem beschreibt.* ▷ S. 247

Traumlandschaften

Mascha Kaléko

Der Mann im Mond

Der Mann im Mond hängt bunte Träume,
die seine Mondfrau spinnt aus Licht,
allnächtlich in die Abendbäume,
mit einem Lächeln im Gesicht.

5 Da gibt es gelbe, rote, grüne
Und Träume ganz in Himmelblau.
Mit Gold durchwirkte, zarte, kühne,
für Bub und Mädel, Mann und Frau.

Auch Träume, die auf Reisen führen
10 In Fernen abenteuerlich.
– Da hängen sie an Silberschnüren!
Und einer davon ist für dich.

1 *Gebt mit euren Worten wieder, wie Mascha Kaléko das Entstehen der Träume beschreibt.*

2 *„Auch Träume, die auf Reisen führen …" (Z. 9)*
  a) Denkt euch eine fantastische Traumreise aus und schreibt sie auf.
  b) Ihr könnt eure Traumerzählung auch gemeinsam in Fortsetzungen schreiben.

3 *a) Passt das Bild zu dem Gedicht? Begründet eure Meinung.*
  b) Malt euer Bild zu dem Gedicht.

Max Kruse
Mond

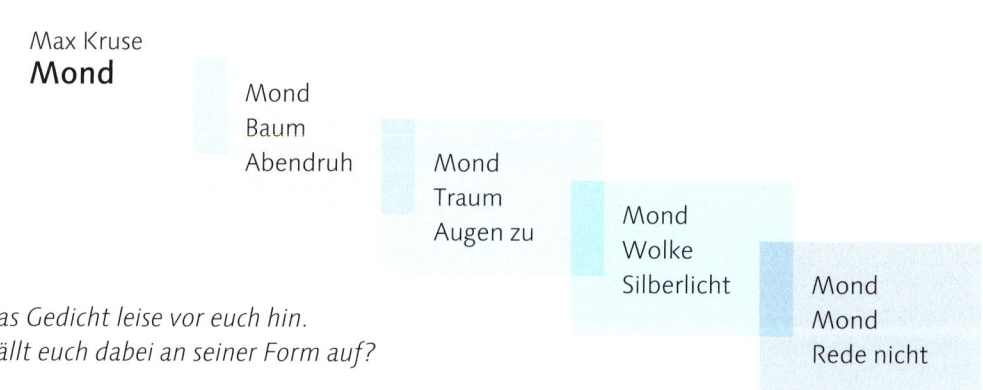

4 *Lest das Gedicht leise vor euch hin.*
  Was fällt euch dabei an seiner Form auf?

5 *Schreibt das Gedicht ab.*
  a) Schneidet die Strophen auseinander und legt sie locker untereinander auf einen Bogen Papier.
  b) Schreibt eigene Strophen dazwischen oder darunter.

Die Stimmung einfangen – Den Rhythmus finden

*Caspar David Friedrich:
Uttewalder Grund,
um 1825, Öl*

Matthias Claudius

Abendlied

Der Mond ist aufgegangen,
Die goldnen Sternlein prangen
　　Am Himmel hell und klar;
Der Wald steht schwarz und schweiget,
5　Und aus den Wiesen steiget
　　Der weiße Nebel wunderbar.

Wie ist die Welt so stille
Und in der Dämmrung Hülle
　　So traulich und so hold!
10　Als eine stille Kammer,
Wo ihr des Tages Jammer
　　Verschlafen und vergessen sollt.

1 a) Das vollständige „Abendlied" steht auf ▷ S. 273.
　 b) Das Gemälde von C.D. Friedrich ist fast 50 Jahre nach dem Gedicht entstanden.
　　 Passt es nach eurer Meinung dazu?

2 a) Habt ihr schon einmal eine Nachtwanderung gemacht?
　　 Erzählt von euren Erlebnissen und Gefühlen.
　 b) Vergleicht eure tatsächlichen Eindrücke mit der Stimmung im „Abendlied"
　　 von Matthias Claudius.

8 Lyrische Landschaften – Gedichte untersuchen und gestalten

3 *Sind euch alle Wörter bekannt? Klärt ihre Bedeutung.*

4 *Lest das Gedicht laut.*
Nennt die Wörter, die die Stimmung des „Abendlieds" besonders gut zum Ausdruck bringen.

> **TIPP**
>
> Für den richtigen Vortrag eines Gedichtes sollte man auf die Abfolge von betonten und unbetonten Silben in den Verszeilen achten (**das Metrum**).

5 a) *Lest die erste Verszeile des „Abendlieds" gemeinsam laut vor und klatscht bei jeder betonten Silbe in die Hände.*
b) *Macht das genauso mit der ganzen ersten Strophe.*

6 *Schreibt die Strophe mit breitem Zeilenabstand in euer Heft.*
   ☐ *Tragt unter jeder Silbe ein „x" ein.*
   ☐ *Markiert jede Silbe, bei der ihr geklatscht habt, mit einem Betonungszeichen „x́".*

Der Mond ist aufgegangen,
x   x́   x   x́   x   x́   x

Die goldnen Sternlein prangen
x   x́   x   x́   x   x́   x

Am Himmel hell und klar.
x   x́   x   x́   x   x́

7 *Überprüft, wie die einzelnen Verse der Strophe enden: mit einer betonten oder einer unbetonten Silbe?*

> **TIPP**
>
> Achtet beim Vortragen auf betonte und unbetonte Silben.
> Aber vermeidet das „Leiern", indem ihr manchmal stärker betont, manchmal schwächer.
> Wechselt das Sprechtempo und legt Pausen ein.
> Das gibt eurem Vortrag einen bestimmten „Lesefluss", einen besonderen **Rhythmus** (ruhig, fließend, schnell ...).

8 *Übt den Vortrag des „Abendliedes" und versucht dabei seine besondere Stimmung auszudrücken.*

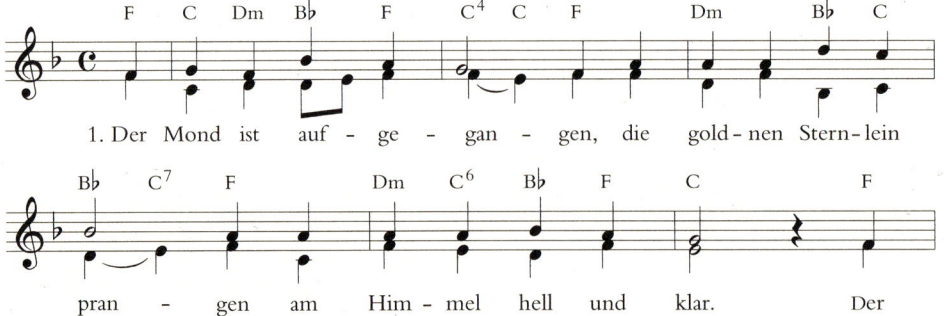

8.1 Naturbilder – Gedichte verstehen und vortragen

9 a) Singt die erste Strophe des „Abendliedes". ▷ S. 273
b) Gibt der Liedvortrag die Stimmung des Textes gut wieder?
c) An welcher Stelle macht das Lied eine deutliche Pause?

Johann Wolfgang Goethe: Leuchtende Nachtwolke, um 1776, Kohle und Kreide

Johann Wolfgang Goethe

Über allen Gipfeln
Ist Ruh',
In allen Wipfeln
Spürest du
Kaum einen Hauch;
Die Vögelein schweigen im Walde.
Warte nur! Balde
Ruhest du auch.

Theodor Storm
Mondlicht

Wie liegt im Mondenlichte
Begraben nun die Welt;
Wie selig ist der Friede,
Der sie umfangen hält!

Die Winde müssen schweigen,
So sanft ist dieser Schein;
Sie säuseln nur und weben
Und schlafen endlich ein.

10 Lest die beiden Gedichte mehrmals; stumm und laut.

11 Tragt eins der beiden Gedichte möglichst ausdrucksvoll vor:
☐ Schreibt das Gedicht ab und tragt betonte und unbetonte Silben ein.
☐ Tragt einfache | und doppelte ‖ Pausenstriche ein.
☐ Am Ende welcher Zeile(n) wollt ihr *keine* Pause machen? Verbindet die beiden Zeilen mit einer Schlangenlinie.
☐ Übt euren Vortrag mehrmals. Am besten lernt ihr das Gedicht auswendig.

Gedichte vergleichen – Gedichte vortragen

Vera Ferra-Mikura

Der Papierdrachen

Ich segle stolz in blauer Höh'
und lache auf euch nieder.
Wenn ich die Welt von oben seh',
freut mich das Dasein wieder.

5 Ein ganzes Jahr musst' ich daheim
in einem Winkel liegen.
Nun aber darf ich glücklich sein,
darf fliegen,
fliegen,
10 fliegen.

Bertolt Brecht

Drachenlied

Fliege, fliege, kleiner Drache
Steig mit Eifer in die Lüfte
Schwing dich, kleine blaue Sache
Über unsre Häusergrüfte!

5 Wenn wir an der Schnur dich halten
Wirst du in den Lüften bleiben
Knecht der sieben Windsgewalten
zwingst du sie, dich hochzutreiben.

Wir selbst liegen dir zu Füßen!
10 Fliege, fliege, kleiner Ahne
Unsrer großen Aeroplane[1]
Blick dich um, sie zu begrüßen!

1 der Aeroplan (veraltet): Flugzeug

1 *Sicherlich habt ihr auch schon einmal einen Drachen steigen lassen. Erzählt.*

2 *Lest die beiden Gedichte.
Was ist ähnlich? Worin unterscheiden sie sich?*

8.1 Naturbilder – Gedichte verstehen und vortragen

3 Vergleicht die beiden Drachengedichte näher:
- Wer spricht im „Papierdrachen", wer im „Drachenlied"?
  An welchen ▷ Wörtern erkennt man das?   ▷ S. 253
- Welche Verszeilen ▷ reimen sich?   ▷ S. 264
- Wie ist das ▷ Metrum im „Papierdrachen", wie ist es im „Drachenlied"?   ▷ S. 122

Ich segle stolz in blauer Höh
x x́ x x́ x x́ x x́

Fliege, fliege, kleiner Drache
x́ x x́ x x́ x x́ x

4 Tragt das Drachengedicht, das euch am besten gefällt, ausdrucksvoll vor.
- Achtet auf die Betonung wichtiger Wörter.
- Hebt einzelne Reimwörter hervor.
- Welche Verszeilen beschließt ihr mit einer Pause? |
- Welche verbindet ihr beim Lesen? ⌒

Ein Gedicht dichten

Nun habt ihr so viele Gedichte gelesen, gesungen und vorgetragen – wollt ihr nicht einmal selbst eins „dichten"? Etwa zum Thema „Wetter"? Oder „Jahreszeiten"?

Friedrich Güll

Nebel

Ein Vorhang aus Luft
und Duft
gewoben
und wie der Wind
geschwind
zerstoben.

1 Schreibt ein Gedicht über „Regen", über „Schnee", über „Sonne" …
a) Sammelt Ideen in Form eines ▷ Clusters.   ▷ S. 267
b) In der äußeren Gestalt könnt ihr das Gedicht von F. Güll als Muster nehmen.

2 *Ihr könnt auch ein **Haiku** „dichten", ein japanisches Gedicht, das meist eine Naturszene zu einer bestimmten Jahreszeit beschreibt.*
Dabei muss man nicht die Wörter, sondern die Silben zählen: Ein Haiku besteht aus 17 Silben, die auf 3 Verse verteilt werden:

Durch dichten Nebel	5 Silben
dringt grell der Schrei des Adlers.	7 Silben
Nichts ist zu sehen.	5 Silben

3 *Versucht es mit einem Gedicht aus elf Wörtern, einem **Elfchen**:*

Frühling	1 Wort
Die Sonne	2 Wörter
Traut sich hervor	3 Wörter
Blinzelt dem Baum zu	4 Wörter
„Hallo!"	1 Wort

4 *Ihr könnt auch aus Wörtern ein **Bildgedicht** „bauen".*

```
         wolke    wolke
       wolkewolkewolkewolke
       wolke  wolke  wolke  wolke
         wolke wolkewolke wolke
         wolke          wolke
              B      B
           L       Lb
         I      I I    tz
           T       T    i
         Z       Z    tz
```

> **TIPP**
> ☐ Schreibt euer Gedicht in Schönschrift auf einen farbigen Papierbogen.
> ☐ Verwendet Buntstifte.
> ☐ Malt ein Bild dazu oder sucht eine passende Illustration, ein Foto.
> ☐ Natürlich kann man auch am PC mit seinen verschiedenen Schriften, Schriftgrößen und Farben reizvolle Gedichte gestalten. Bilder findet ihr im Internet.

8.2 Jahreszeiten – Gedichte sind verdichtete Sprache

Gedichte zeichnen sich gegenüber der „Alltagssprache" durch **Verse** und **Strophen** aus. Dazu kommen oft ▷ **Reime** und die regelmäßige ▷ **Betonung** der Wörter. ▷ S. 264, 122
In diesem Kapitel lernt ihr drei weitere Besonderheiten von Gedichten kennen.

Vergleiche

Christine Busta

Die Frühlingssonne

Unhörbar wie eine Katze
kommt sie über die Dächer,
springt in die Gassen hinunter,
läuft durch Wiesen und Wald.

5 Oh, sie ist hungrig! Aus jedem
verborgenen Winkel schleckt sie
mit ihrer goldenen Zunge den Schnee.

Er schwindet dahin wie Milch
in einer Katzenschüssel.
10 Bald ist die Erde wieder blank.

Die Zwiebelchen unter dem Gras
spüren die Wärme ihrer Pfoten
und beginnen neugierig zu sprießen.

Eins nach dem andern blüht auf:
15 Schneeglöckchen, Krokus und Tulpe,
weiß, gelb, lila und rot.
Die zufriedene Katze strahlt.

1 *Dieses Gedicht hat weder Reime noch eine besondere Betonung. Was ist außergewöhnlich daran?*
Achtet auf die erste Verszeile.

2 *Wer oder was ist mit dem ▷ Pronomen „sie" in Zeile/Vers 2, 5 und 6 gemeint?* ▷ S. 253

3 *Beschreibt genau, wie in Strophe eins und zwei die Sonne mit einer Katze verglichen wird:*

*Die Sonne kommt unhörbar **wie eine Katze** …*
*Die Sonne springt **wie eine Katze** …*
…

8 Lyrische Landschaften – Gedichte untersuchen und gestalten

> Bei einem **Vergleich** wird Verschiedenes durch **wie** miteinander verknüpft:
>
> Die Sonne springt   eine Katze in die Gassen ...
>   wie
>
> Das Verglichene kann man sich so besser vorstellen.

 4 Überlegt euch weitere Vergleiche, was die Frühlingssonne „wie eine Katze" auf der Erde machen könnte.

    ein Kerl **wie** ein Löwe   flink **wie** ein Wiesel   brüllen **wie** ein Stier

5 a) Sammelt Vergleiche.
b) Ordnet sie nach den ▷ Wortarten Nomen, Adjektiv und Verb.   ▷ S. 251 ff.
c) Beschreibt genau, was mit den Vergleichen gemeint ist.

6 Vergleiche mit Tieren sind sehr häufig:
Bildet aus diesen Wörtern Tier-Vergleiche mit „wie" und verwendet sie in Sätzen.

    sich bewegen   Fuchs

    Biene   schlau   Schwein

    sich benehmen   essen   Schnecke

    scheu   Schlange   fleißig

    Trampeltier   listig   Reh

7 In dem ▷ Mond-Gedicht   ▷ S. 120
von Mascha Kaléko stehen die Verse

> Da gibt es gelbe, rote, grüne
> Und Träume ganz in Himmelblau.

a) Wie erklärt ihr die Bedeutung von „himmelblau"?
b) Bildet ähnliche Zusammensetzungen mit

    ◉gelb   ◉rot   ◉grün

Sprachliche Bilder

Georg Britting
Feuerwoge jeder Hügel

Feuerwoge jeder Hügel,
Grünes Feuer jeder Strauch,
Rührt der Wind die Flammenhügel,
Wölkt der Staub wie goldner Rauch.

5 Wie die Gräser züngelnd brennen!
Schreiend kocht die Weizensaat.
Feuerköpfige Blumen rennen
Knisternd übern Wiesenpfad.

Blüten schwelen an den Zweigen.
10 Rüttle dran! Die Funken steigen
Wirbelnd in den blauen Raum
Feuerwerk ein jeder Baum!

Vincent van Gogh: Weizenfeld mit Schnitter und Sonne, 1889, Öl

1 a) Beschreibt, wie bei dem Gemälde der Eindruck von Feuerwogen entsteht.
b) Malt selbst ein Bild zur „Feuerwoge".

2 Versucht mit eigenen Worten wiederzugeben, wovon dieses Gedicht handelt.

3 Das Gedicht enthält viele Wörter und Wendungen, die von der „Alltagssprache" abweichen.
a) Zählt sie auf:
 Jeder Hügel ist eine Feuerwoge – Flammenhügel ...
b) Versucht zu erklären, was mit den ungewöhnlichen Wörtern gemeint ist.

Man kann Wörter aus ganz verschiedenen Bereichen miteinander verbinden, sodass eine neue Bedeutung entsteht:

Feuer + Woge → Feuerwoge = „Das Feuer sieht wie eine Woge aus."
Strauch + Feuer + grün → „Der Strauch bewegt sich wie grünes Feuer."
Gräser + brennen → „Die Gräser sehen aus wie Flammen."

Weil diese Wörter sehr anschauliche, bildhafte Bedeutungen haben, nennt man sie **sprachliche Bilder** oder **Metaphern** (**die Metapher** im Singular).

4 Hinter diesen Zeichnungen verbergen sich Wortzusammensetzungen, die Metaphern sind; ähnlich wie bei *Landzunge = Das Land ragt wie eine Zunge ins Wasser.*
Nennt und erklärt die Wortzusammensetzungen.

 5 Auf ▷ S. 132 steht das berühmte Frühlingsgedicht „Er ist's" von Eduard Mörike. Darin werden die Veilchen und der Frühling bildhaft und musikalisch umschrieben. Beschreibt das mit euren Worten.

Personifikationen

Hermann Hesse

September

Der Garten trauert,
Kühl sinkt in die Blumen der Regen.
Der Sommer schauert
Still seinem Ende entgegen.

5 Golden tropft Blatt um Blatt
Nieder vom hohen Akazienbaum.
Sommer lächelt erstaunt und matt
In den sterbenden Gartentraum.

Lange noch bei den Rosen
10 Bleibt er stehen, sehnt sich nach Ruh.
Langsam tut er die großen,
Müd gewordenen Augen zu.

1 Was ist ungewöhnlich an diesem Gedicht?

2 Wer oder was tritt in „September" wie ein Mensch, wie eine Person auf?
□ Schreibt die entsprechenden Formulierungen heraus.
□ Auf welche Wörter kommt es dabei besonders an?

3 Welche Stimmung rufen die Personifikationen im „September"-Gedicht von H. Hesse hervor?

4 In ▷ „Der Winter macht Musik" von Josef Guggenmos tritt eine ungewöhnliche „Person" auf. Was tut sie?   ▷ S. 135

> Mit der Hilfe von Verben kann man „tote" Gegenstände beleben und Begriffe wie Menschen, wie Personen handeln lassen:
> *Das Messer **zuckt** gefährlich in seiner Hand. – Das Meer **tobt** und die Wellen **peitschen** den Strand. – Ihre Freundschaft **verblasst** und **stirbt** schließlich.*
> Man spricht von **Personifikation**.

Ein Bildgedicht schreiben

Ihr habt jetzt drei Möglichkeiten kennen gelernt, wie man ein Gedicht interessant machen kann:

- **Vergleiche:**
  so rot und gold **wie** Feuerschein
  steht nun der Wald am Hügel.

- **Metaphern:**
  Feuerwoge jeder Hügel,
  Feuerwerk ein jeder Baum!

- **Personifikationen:**
  Der Nebel ist unersättlich.
  Er frisst alle Bäume,
  die Häuser ...

Hier ein paar Vorschläge, wie ihr allein oder in Partnerarbeit ein **Bildgedicht** mit Vergleichen, Metaphern und Personifikationen schreiben könnt:

> **TIPP**
> - Einigt euch auf ein interessantes Thema:
>   *Freundschaft – Sport – Ferien – Hobby – Tiere ...*
> - Sammelt in einem ▷ Cluster alle Wörter, die euch zum Thema einfallen.   ▷ S. 267
> - Ordnet euer Wortmaterial: Welche Wörter passen zusammen und könnten eine Strophe bilden?
> - Zu welchen Wörtern findet ihr interessante Vergleiche?
> - Aus welchen Wörtern könnt ihr sprachliche Bilder (Metaphern) machen?
> - Welche Wörter, welche Nomen könnt ihr durch passende Verben verlebendigen (Personifikationen?)
>   *Die Morgensonne **schlägt** die Augen **auf**, Schneeglöckchen **nicken** mit den Köpfen.*
> - Wie viele Strophen soll euer Gedicht haben; wie viele Verse pro Strophe? Soll es sich reimen?
> - Sucht euch unter den Gedichten dieses Kapitels eins aus, dessen Form euch gefällt. Versucht euer Gedicht genauso aufzubauen.
> - Beginnt mit dem Schreiben einzelner Verse oder einer Strophe.
> - Sprecht eure Verse laut, klatscht oder trommelt den ▷ Rhythmus.   ▷ S. 122
> - Vergesst nicht den Titel.
> - Überarbeitet den vollständigen Gedicht-Entwurf.   ▷ S. 268
> - Schreibt euer Gedicht ins Reine.   ▷ S. 126
> - Tragt es wirkungsvoll vor.   ▷ S. 122

8.3 Projekt: Monatsgedichte und Jahreszeiten-Poster

Die folgenden Seiten geben euch Anregungen, wie ihr – am besten im Rahmen eines Projekts – einen lyrischen Kalender oder ein Jahreszeiten-Poster gestalten könnt.

Erich Kästner
Der Januar

Das Jahr ist klein und liegt noch in der Wiege.
Der Weihnachtsmann ging heim in seinen Wald.
Doch riecht es noch nach Krapfen auf der Stiege.
Das Jahr ist klein und liegt noch in der Wiege.
5 Man steht am Fenster und wird langsam alt.

Die Amseln frieren. Und die Krähen darben.
Und auch der Mensch hat seine liebe Not.
Die leeren Felder sehnen sich nach Garben.
Die Welt ist schwarz und weiß und ohne Farben.
10 Und wär so gerne gelb und blau und rot.

Detlev von Liliencron
Märztag

Wolkenschatten fliehen über Felder,
Blau umdunstet stehen ferne Wälder.

Kraniche, die hoch die Luft durchpflügen,
Kommen schreiend an in Wanderzügen.

5 Lerchen steigen schon in lauten Schwärmen,
Überall ein erstes Frühlingslärmen.

Lustig flattern, Mädchen, deine Bänder;
Kurzes Glück träumt durch die weiten Länder.

Kurzes Glück schwamm mit den Wolkenmassen;
10 Wollt es halten, musst es schwimmen lassen.

Christine Nöstlinger
Frühling

Eines Morgens
ist der Frühling da.
Die Mutter sagt,
sie riecht ihn in der Luft.

5 Pit sieht den Frühling.
An den Sträuchern im Garten
sind hellgrüne Tupfen.

Anja hört den Frühling.
Neben ihr, auf dem Dach,
10 singen die Vögel.

Unten vor dem Haus
steigt Vater in sein Auto.
Er fühlt den Frühling.
Die Sonne scheint warm
15 auf sein Gesicht.

Aber schmecken
kann man den Frühling
noch nicht.
Bis die Erdbeeren reif sind,
20 dauert es noch lange.

Eduard Mörike
Er ist's

Frühling lässt sein blaues Band
Wieder flattern durch die Lüfte;
Süße, wohlbekannte Düfte
Streifen ahnungsvoll das Land.
5 Veilchen träumen schon,
Wollen balde kommen.
– Horch, von fern ein leiser Harfenton!
Frühling, ja du bist's!
Dich hab ich vernommen!

Bruno Horst Bull

Sommerbild

Ein Flugzeug hoch am Himmel,
ein Radler auf dem Weg.
Ein Fluss mit grünem Wasser
ein alter Brückensteg.

5 Auf einer kleinen Brücke,
da steht ein kleines Kind,
und seine Haare flattern
im frischen Sommerwind.

Ilse Kleberger

Sommer

Weißt du, wie der Sommer riecht?
Nach Birnen und nach Nelken,
nach Äpfeln und Vergissmeinnicht,
die in der Sonne welken,
5 nach heißem Sand und kühlem See
und nassen Badehosen,
nach Wasserball und Sonnenkrem,
nach Straßenstaub und Rosen.

Weißt du, wie der Sommer schmeckt?
10 Nach gelben Aprikosen
und Walderdbeeren, halb versteckt
zwischen Gras und Moosen,
nach Himbeereis, Vanilleeis
und Eis aus Schokolade,
15 nach Sauerklee vom Wiesenrand
und Brauselimonade.

Weißt du, wie der Sommer klingt?
Nach einer Flötenweise,
die durch die Mittagsstille dringt,
20 ein Vogel zwitschert leise,
dumpf fällt ein Apfel in das Gras,
ein Wind rauscht in den Bäumen,
ein Kind lacht hell, dann schweigt es schnell
und möchte lieber träumen.

Paula Dehmel

Ich bin der Juli

Grüß Gott! Erlaubt mir, dass ich sitze.
Ich bin der Juli, spürt ihr die Hitze?
Kaum weiß ich, was ich noch schaffen soll,
die Ähren sind zum Bersten voll;
5 reif sind die Beeren, die blauen, die roten,
saftig sind Rüben und Bohnen und Schoten.

So habe ich ziemlich wenig zu tun,
darf nun ein bisschen im Schatten ruhn.
Duftender Lindenbaum,
10 rausche im Sommertraum!
Seht ihr die Wolke? Fühlt ihr die Schwüle?
Bald bringt Gewitter Regen und Kühle.

James Krüss

Wann ist das Jahr erwachsen?

Wann ist das Jahr erwachsen?
Wahrscheinlich im August.
Dann hüpft es nicht mehr wie im Mai
mit Kling und Klang an uns vorbei.
5 Dann ist es selbstbewusst.

Wann ist das Jahr erwachsen?
Ganz sicher im August.
Dann sind die Ähren voll und schwer.
Dann geht das Jahr so stolz einher
10 und mit geschwellter Brust.

Wann ist das Jahr erwachsen?
Im prächtigen August.
Dann ist es stark und stolz und still.
Und wenn ein Baum nicht reifen will,
15 dann sagt das Jahr: Du musst!

Mascha Kaléko
Der Herbst

Ich bin, das lässt sich nicht bestreiten,
die herbste aller Jahreszeiten:
Raue Winde, scharf wie Säbel,
welke Wälder, graue Nebel.
5 Die Vögel klagen leise, leise
und gehen auf die Winterreise.
Dann lischt die Sommersonne aus.
Holt eure Gummischuhe raus!

Ursula Wölfel
Oktober

Oktober kommt mit blauem Rauch,
der Wind will Äpfel pflücken
und gelbe Birnen gibt es auch
und Süßes reift im Brombeerstrauch,
5 du brauchst dich nur zu bücken!

So rot und gold wie Feuerschein
Steht nun der Wald am Hügel.
Das Eichhorn sammelt Nüsse ein,
der Falter sitzt am warmen Stein
10 und breitet weit die Flügel.

Ein Spinnwebfaden fließt im Wald,
es raschelt auf den Wegen.
Der Häher schreit, die Nacht wird kalt
und auf die Wiesen wird sich bald
15 der erste Raureif legen.

Friedrich Hebbel
Herbstbild

Dies ist ein Herbsttag, wie ich keinen sah!
Die Luft ist still, als atmete man kaum,
Und dennoch fallen raschelnd, fern und nah,
Die schönsten Früchte ab von jedem Baum.

5 O stört sie nicht, die Feier der Natur!
Dies ist die Lese, die sie selber hält,
Denn heute löst sich von den Zweigen nur,
Was vor dem milden Strahl der Sonne fällt.

Georg Britting
Goldene Welt

Im September ist alles aus Gold:
Die Sonne, die durch das Blatt hinrollt,
das Stoppelfeld,

die Sonnenblume schläfrig am Zaun,
5 das Kreuz auf der Kirche,
der Apfel am Baum.

Ob er hält? Ob er fällt?
Da wirft ihn geschwind
der Wind in die goldene Welt.

Eduard Mörike
Septembermorgen

Im Nebel ruhet noch die Welt,
Noch träumen Wald und Wiesen:
Bald siehst du, wenn der Schleier fällt,
Den blauen Himmel unverstellt,
5 Herbstkräftig die gedämpfte Welt
In warmem Golde fließen.

Heinrich Seidel
November

Solchen Monat muss man loben:
Keiner kann wie dieser toben,
Keiner so verdrießlich sein
Und so ohne Sonnenschein!
5 Keiner so in Wolken maulen,
Keiner so mit Sturmwind graulen!
Und wie nass er alles macht!
Ja, es ist 'ne wahre Pracht.

Seht das schöne Schlackerwetter!
10 Und die armen welken Blätter,
Wie sie tanzen in dem Wind
Und so ganz verloren sind!
Wie der Sturm sie jagt und zwirbelt
Und sie durcheinanderwirbelt
15 Und sie hetzt ohn Unterlass:
Ja, das ist Novemberspaß!
[...]   ▷ S. 273

Joseph von Eichendorff
Weihnachten

Markt und Straßen stehn verlassen,
Still erleuchtet jedes Haus,
Sinnend geh ich durch die Gassen,
Alles sieht so festlich aus.

5 An den Fenstern haben Frauen
Buntes Spielzeug fromm geschmückt,
Tausend Kindlein stehn und schauen,
Sind so wunderstill beglückt.

Und ich wandre aus den Mauern
10 Bis hinaus ins freie Feld,
Hehres Glänzen, heil'ges Schauern!
Wie so weit und still die Welt!

Sterne hoch die Kreise schlingen,
Aus des Schnees Einsamkeit
15 Steigt's wie wunderbares Singen –
O du gnadenreiche Zeit!

Josef Guggenmos
Der Winter macht Musik

Der Winter ist ein starker Mann.
Er zieht die Leitungsdrähte stramm.
Er zieht sie zwischen Mast und Mast
so straff, dass sie zerreißen fast.
5 Jetzt geigt er drauf. Jetzt surren sie
die wilde Schauermelodie,
die niemand auf der ganzen Welt
als nur ihm selber wohlgefällt.

Annette von Droste-Hülshoff
Winter

Aus Schneegestäub und Nebelqualm
Bricht endlich doch ein klarer Tag;
Da fliegen alle Fenster auf,
Ein jeder späht, was er vermag.

5 Ob jene Blöcke Häuser sind?
Ein Weiher jener ebne Raum?
Fürwahr, in dieser Uniform
Den Glockenturm erkennt man kaum.

Und alles Leben liegt zerdrückt,
10 Wie unterm Leichentuch erstickt.
Doch schau! an Horizontes Rand
Begegnet mir lebend'ges Land.

Margot Litten
Wintergedicht

Den Wiesen und Feldern ist kalt geworden
vom eisig-rauen Wind aus Norden,
haben sich drum zugedeckt
und Halme und Gräser im Schnee versteckt.
5 Die Farben, mit denen der Sommer geprahlt,
sind vom Weiß des Winters übermalt,
still und verlassen liegt nun das Land,
die Welt trägt ihr hochgeknöpftes Gewand.
Doch sacht vollzieht sich unter der Erde
10 Der uralte Traum von Stirb und Werde.

8 Lyrische Landschaften – Gedichte untersuchen und gestalten

Ein lyrischer Monatskalender

Ihr habt einige Gedichte kennen gelernt und auch selbst geschrieben, weitere Gedichte findet ihr in Bibliotheken oder im Internet (www.garten-literatur.de).

- ☐ Bildet 12 Gruppen und verlost die Monate.
- ☐ Jede Gruppe sucht ein Gedicht für ihren Monat aus und stellt ihre Gestaltungsidee (Foto, gemalte Bilder, Collage …) zur Diskussion.
- ☐ Einigt euch auf die Größe der Kalenderblätter.
- ☐ Sprecht über die Farbe(n) der Blätter: Darf jede Gruppe die Farbe selbst wählen?
- ☐ Die Kalenderblätter könnt ihr gut am Computer erstellen.
- ☐ Vereinbart einen Zeitpunkt, bis zu dem das Kalenderblatt fertig sein soll.

Ein Jahreszeiten-Poster

Etwas weniger Aufwand als ein Kalender macht ein lyrisches Jahreszeiten-Poster:

- ☐ Wählt für jede Jahreszeit ein schönes Gedicht aus.
- ☐ Womit lässt sich das Gedicht illustrieren? Das können Bilder bekannter Künstler/innen oder Naturfotografien sein. Oder ihr malt eigene Bilder oder stellt Collagen her.
- ☐ Euer Poster kann in vier Rechtecke aufgeteilt sein oder einen Jahreskreis bilden.

WÖRTERLISTE   ▷ S. 208

Jahreszeit	Herbst	Gemälde	Metapher	Rhythmus
Frühling	Winter	Stimmung	Personifikation	Metrum
Sommer	Nebel	Kalender	Vergleich	Fantasie

LESEN · UMGANG MIT TEXTEN UND MEDIEN

9 „Im Viertelland" – Wir spielen Theater

9.1 Eine Erzählung für die Bühne – Figuren und Handlung

Diese Fotos sind während der Theateraufführung von „Unruhe im Viertelland" an der Realschule in Espelkamp entstanden.

1 *Was geht euch durch den Kopf, wenn ihr die Szenenfotos betrachtet?*

 2 *Sammelt Ideen zum Titel, zur Handlung und den Figuren des Theaterstücks.*

Das Besondere an dem Theaterstück: Die 6. Klasse hat es selbst geschrieben, angeregt durch die folgende Erzählung. Das Kapitel will euch anregen, dem Beispiel der theaterbegeisterten Klasse in Espelkamp zu folgen.

Gina Ruck-Pauquèt

Im Viertelland

Das Land ist rund wie ein Pfannkuchen. Und weil es aus vier verschiedenen Vierteln besteht, heißt es das Viertelland.
In einem Viertel ist alles grün: die Häuser, die Straßen, die Autos, die Telefone, die Erwachsenen und auch die Kinder.
Im zweiten Viertel ist alles rot: die Bäume, die Badewannen, die Eisenbahnen, die Zigaretten, die Erwachsenen und die Kinder.
Im dritten Viertel ist alles gelb: die Besen; die Krankenhäuser, die Blumen, die Baugerüste, die Erwachsenen und die Kinder.
Im vierten Viertel ist alles blau: die Verkehrsampeln, die Möbel, die Brücken, die Zahnbürsten, die Fahrräder, die Erwachsenen und die Kinder.

Wenn die Kinder geboren werden, sind sie bunt. Im ganzen Land ist das so. Aber die Erwachsenen schauen sie aus ihren grünen, roten, gelben oder blauen Augen an und streicheln sie mit ihren grünen, roten, gelben oder blauen Händen, bis sie endlich auch nur noch eine Farbe haben. Die richtige Farbe. Und das geht meistens sehr schnell. Einmal kam in Grün ein kleiner Junge zur Welt, den sie Erbs nannten. Erbs war mit einem Jahr immer noch ein bisschen bunt. Es war beunruhigend. Aber schließlich wurde er doch noch richtig grün.

Im Viertelland brauchen die Kinder nicht zur Schule zu gehen. Sie lernen nur das Wesentliche. In Grün lernen sie, dass grün richtig ist, in Rot, dass rot richtig ist, in Gelb, dass gelb, und in Blau, dass blau richtig ist.
So laufen in Rot Tag und Nacht Spruchbänder.
„Grün, gelb und blau ist gelogen!" kann man da lesen.

„Nur rot ist wahr!"
Und dann erklingt das Erdbeermarmeladenlied. Das ist die Nationalhymne.
In Gelb schreit der Lautsprecher: „Rot, blau und grün ist doof! Und gelb bleibt gelb!"
Dann ziehen die Kinder die gelben Mützen vom Kopf und singen den Zitronenblues.
In Blau hängen überall Plakate.
„Blau", steht darauf, „blau, blau, blau!"
Und immer wenn die Kinder mit ihren blauen Augen die Plakate ansehen, zuckt es ihnen in den blauen Füßen und sie müssen den Pflaumentango tanzen.
In Grün steht ein Roboterredner im Park.
„Seid grün!", ruft er. „Und wenn ihr rot, gelb oder blau hört, so glaubt es nicht!"
Einmal hat Erbs ihm ein Stückchen grünen Käse in den Mund gesteckt. Da konnte der Roboter drei Tage nur noch „piperlapop" sagen. Das fanden alle Kinder prima.

„Gelben Tag", begrüßen die Kinder einander in Gelb.
Dann spielen sie Melonenrollen und lassen Kanarienvögel fliegen. Manchmal sitzen sie auch und träumen. Natürlich träumen sie gelb, denn etwas anderes wissen sie ja nicht. Löwenzahn träumen sie, Strohhut, Aprikosengelee, Postauto und Glühwürmchen. Und wenn sie ihre gelben Augen wieder öffnen, sind sie immer ein bisschen unzufrieden. Aber sie können nicht herausfinden, warum.

In Rot spielen die Kinder das große Rot-Spiel: Sie werfen Tomaten in den Sonnenuntergang. Und der Sonnenuntergang schluckt sie alle. Wenn es dann dunkel wird und die roten Lampen in den Häusern brennen, sitzen die Kinder, schauen in sich hinein und fühlen sich. Und alles, was sie fühlen, ist rot. Manchmal ist ihnen, als fehle ihnen etwas. Aber sie sprechen nicht darüber.

In Blau machen sie es so: „Himmel", sagt ein Kind und die anderen rufen dann: „Blau!"
„Rauch!"
„Blau!"
„Tinte!"
„Blau!"
„Wellensittich!"
„Blau!"
„Vergissmeinnicht!"
„Blau!"

In Grün freuen die Kinder sich am meisten über das Kaktusspringen. Denn wenn eines nicht hoch genug springen kann, hat es die Stacheln im Po. Froschhüpfen ist auch ganz nett. Aber Graszählen ist langweilig. Da gähnen sie dann bald. Sie setzen sich auf die grünen Gartenzäune und wünschen sich grüne Wünsche. Pfefferminzlikör beispielsweise, Salat mit Schnittlauch, fünf Meter Gartenschlauch oder so.
Nur Erbs bringt es eines Tages fertig, sich einen roten Punkt zu wünschen. Es ist ein winzig kleiner roter Punkt. Aber trotzdem ist es ein Glück, dass die Polizei es nicht weiß.
Die Polizisten haben die Aufgabe, jeden Morgen um sechs die Kreidestrichgrenzen neu nachzuziehen. Sie kämmen sich ihre grünen, roten, blauen und gelben Haare mit grünen, roten, blauen und gelben Kämmen und machen sich ans Tagwerk.
Dann gehen sie nach Hause wie die anderen Leute auch und beten ihr Tischgebet.
„Lieber gelber Gott", beten sie in Gelb, „wir danken dir, dass wir gelb sind. Beschütze uns."
Und in Rot und Grün und Blau beten sie zum roten, grünen und blauen Gott.
Und alle beten nur für sich selbst.

Nun ist es aber nicht so, dass es im Viertelland keine Verbindung untereinander gibt. Man kann telefonieren. So kann man in Rot zum Beispiel Blau wählen. Man kann auch in Blau Grün wählen. Weil aber die Telefonleitungen durchgeschnitten sind, kriegt man keinen Kontakt. Und weil die Kinder das wissen, versuchen sie es gar nicht erst.

Eines Tages geschieht etwas Überraschendes: Mitten in Grün wächst eine gelbe Rose: Es ist eine schöne Rose, aber die Leute verziehen angeekelt das Gesicht, als sei es ein Mistkäfer.
Und es dauert nicht lange, da haben fünfunddreißig Polizisten die Rose mit fünfunddreißig grünen Spaten niedergeschlagen,
Das ist der Tag, an dem Erbs seinen Löffel in den Spinat fallen lässt. Der Spinat spritzt meterweit in der Gegend herum. Aber das macht nichts, denn das Zimmer ist ja sowieso grün. Und die Eltern auch.
Nur der Teller zerspringt.
Dann geschieht weiter gar nichts mehr. Jedenfalls sieht und hört man nichts Besonderes. Aber in den Kindern vom Viertelland ist eine Unruhe. In allen Kindern – seit der Teller zersprungen ist.

Da laufen die Kinder aus Rot zum Mittelpunkt des Landes, wo sich die Grenzen treffen, die Kinder aus Blau gehen dahin, die aus Gelb und die aus Grün.
Sie blicken einander an und sind stumm.
Bis Erbs etwas tut. Einfach so. Er spuckt näm-

lich auf die Kreidestrichgrenze. Dann scharrt er ein bisschen mit dem Fuß in der Spucke herum, und die Kreide ist weg.
Sofort machen alle anderen Kinder mit! Sie spucken und scharren, bis es keine Grenzen mehr gibt. Und dann lachen sie und fassen einander vorsichtig an. Die grünen die gelben, die gelben die blauen, die blauen die roten, die grünen die blauen, ja und immer so weiter, bis jedes jeden angefasst hat.

Zuerst merken sie weiter nichts. Sie fangen an miteinander zu spielen und sie vergessen, was der Lautsprecher, die Plakate, der Roboter und die Schriftbänder sagten.
Ganz langsam aber geschieht es, dass sie aufhören, nur eine Farbe zu haben. Die Kinder werden bunt. Die grünen kriegen zu Grün noch Rot, Blau und Gelb hinzu, die gelben Grün, Rot und Blau, die blauen Rot, Gelb und Grün und die roten Gelb, Grün und Blau.
Und nachdem nun jedes Kind jede Farbe hat, kann es auch in jeder Farbe denken, fühlen, träumen und wünschen. Jedes versteht das andere und allen gehört das ganze Land. Nie zuvor waren sie so fröhlich. Sie singen gemeinsam den Zitronenblues, spielen Kaktusspringen, denken sich blauen Schnee und werfen Tomaten in den Sonnenuntergang.

Die Erwachsenen machen große Augen. Aber weil bunte Kinder richtiger sind als einfarbige, können sie nichts dagegen tun. Ja, manche Eltern wünschen plötzlich selbst, bunt zu werden. Einige bemühen sich so sehr, dass sie tatsächlich ein paar kleine, andersfarbige Tupfer kriegen. Zum Beispiel die Eltern von Erbs. Aber wirklich bunt sind nur die Kinder.

1 Wenn ihr „Im Viertelland" aufmerksam gelesen habt, könnt ihr auf die folgenden Fragen und Aussagen bestimmt antworten; gebt dazu die betreffenden Zeilen an:
  ☐ Welche Form hat das Viertelland?
  ☐ Welche Farbe haben die Neugeborenen im Viertelland?
  ☐ Im Viertelland gibt es strenge Schulpflicht.
  ☐ Man kann ungehindert zwischen den Landesteilen telefonieren.
  ☐ Am Ende sind alle Bewohner/innen von Viertelland bunt.

2 Beschreibt in einem oder zwei Sätzen, worin es nach eurer Meinung „Im Viertelland" geht:
  Die Erzählung handelt von ...

3 a) Gliedert „Im Viertelland" in einzelne **Handlungsschritte**.
   Formuliert Zwischenüberschriften.
   b) Prüft, welche Handlungsschritte sich auf der Bühne besonders gut darstellen lassen.
   c) Legt eine spielbare Szenenfolge fest:
   Wo bahnen sich **Konflikte** an? Wo ist der **Höhepunkt**? Gibt es eine überraschende **Wendung**? Zu welcher **Lösung** kommt es am Schluss?

4 a) Im „Viertelland" kommen Figuren und Gruppen vor, die in einem Theaterstück Rollen übernehmen können. Notiert sie: *Erbs, die Menschen aus Grün ...*
   b) Sucht euch eine Textstelle aus, wo zwei Figuren aufeinandertreffen.
   Spielt die Szene. Achtet auf ▷ Mimik, Gestik und Sprechweise.   ▷ S. 144

5 Beurteilt eure Spielszenen: Welche eignen sich besonders für ein Theaterstück?

9.2 „Unruhe im Viertelland" – Szenen schreiben

In der Disco

Blauer Planet

Alles ist in blaues Licht getaucht. Auf der Tanzfläche tanzen blau gekleidete Jugendliche zu dem Lied „Blue" von „Eiffel 65". Manche sitzen auf blauen Stühlen und haben Gläser mit Blaubeersaft in der Hand. Zwei Mädchen, Himmel und Heidelbeer, unterhalten sich:

Himmel *(sieht Heidelbeer aufmerksam an):* Hast du einen neuen Lippenstift?
Heidelbeer: Ja, gefällt er dir?
Himmel *(nickt heftig):* Na klar! Er ist richtig schön blau.
Heidelbeer: Darum hab ich ihn ja auch gekauft. In der Werbung hieß es: Wenn Sie einen Heidelbeermund wünschen, dann kaufen Sie diesen Lippenstift, denn himmelblauer geht es nicht.
Himmel: Toll! – Hast du eigentlich schon meine neue Hose gesehen?
Heidelbeer *(mustert Himmel von oben bis unten; begeistert):* Super, das ist ja eine echte „Blue Jeans"!
Himmel *(nickt):* Natürlich! Du glaubst doch nicht, dass ich etwas anderes tragen würde?
Heidelbeer *(lacht):* Nein, ohne Blue Jeans kann man sich wohl nicht in den „Blauen Planeten" trauen. Nur wer eine Blue Jeans trägt, gehört dazu.
Himmel: Wollen wir tanzen? „Blue" ist ein tolles Lied.
Heidelbeer *(fröhlich):* Au ja!
Die beiden stehen auf und mischen sich unter die Tanzenden.
Discjockey *(unterbricht die Musik; zeigt zum Eingang):* Seht mal da, das gibt es doch nicht!
Erbs *(ganz in Grün; geht zögernd Richtung Tanzfläche, sieht sich fragend um):* Gibt es hier keine Musik? Das ist doch eine Discothek!
Discjockey: Musik ja, aber nicht für dich. Was willst du hier, du Grünling?
Alle: Iiiii, ein Grüner! Du hast hier nichts verloren.
Erbs: Doch, ich hab was verloren: die Freude am Leben! Mein ganzes Leben ist grün, grün, grün, grün. Das kann doch nicht alles sein. Grün kann doch nicht das Leben sein – doch nicht nur grün allein!
Alle: Nein, nur blau ist das wahre Leben. Blau bedeutet Leben, nicht grün. Also geh!
Erbs: Dabei würdet ihr gut zu uns in Grün passen. Ihr denkt genau wie wir – nur eben in einer anderen Farbe. Ich bin auf der Suche nach Abwechslung, darum bin ich heute einmal in eine blaue Disco gegangen. Aber ich sehe schon, hier finde ich auch keinen Spaß.
Discjockey *(stellt sich drohend vor Erbs):* Du verschwindest sofort, sonst ruf ich unsre blaue Polizei!
Erbs *(lachend):* Die mich dann an der Grenze bei unsrer grünen abliefert? Keine Panik, ich geh schon von allein!
Er macht eine verächtliche Handbewegung und geht.
Discjockey: So, Leute, hoffen wir, dass nicht noch mehr ungebetene Gäste aus anderen Landesteilen auftauchen. Musik!

65 *Die Musik erklingt wieder, alle tanzen, Vorhang*
Erbs *(taucht vor dem Vorhang auf):* Ich kann es einfach nicht glauben: Es kann doch nicht sein, dass es außer mir niemanden in diesem Land gibt, dem seine eigene Farbe nicht auch langweilig ist! Es ist doch nicht möglich, dass nur *eine* Farbe die wahre ist, dass man nur Kleidung *einer* Marke tragen und nur eine ganz bestimmte Musik hören darf! 70

Geht ratlos und achselzuckend ab.

Schülerinnen und Schüler der Realschule in Espelkamp haben sich von der ▷ Erzählung „Im Viertelland" zu dem Theaterstück „Unruhe im Viertelland" anregen lassen. Die Disco-Szene haben sie selbst geschrieben.   ▷ S. 138

1 *Lest die Szene mit verteilten Rollen.*

 2 *Versucht die Szene zu spielen. Welche Angaben helfen euch dabei?*

Figuren und Schauplätze

Ihr wollt – wie die Realschule Espelkamp – „Im Viertelland" in ein Theaterstück umschreiben.

> Die handelnden Personen in einem Theaterstück heißen **Figuren**. Sie sprechen und handeln an verschiedenen **Schauplätzen**.

 1 *Im „Viertelland" von G. Ruck-Pauquèt kommen verschiedene Figuren und Gruppen vor, die in eurem Theaterstück auftreten können. Schreibt sie auf:* Erbs – die Menschen aus Rot …

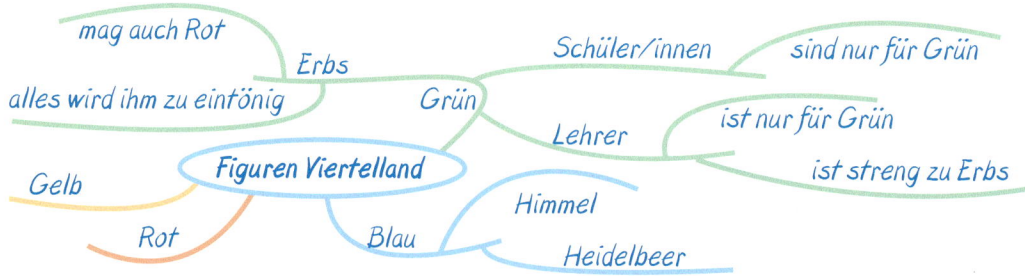

 2 *Legt eine ▷ Mind-Map an:*   ▷ S. 243
 a) *… mit allen Figuren und Figuren-Gruppen aus „Viertelland"; haltet alle Informationen über sie fest.*
 b) *… mit Figuren, die euch selbst für eine Theaterfassung von „Viertelland" einfallen; notiert auch hier wichtige Informationen.*

9.2 „Unruhe im Viertelland" – Szenen schreiben

 3 An welchen Schauplätzen spielen die Ereignisse im „Viertelland"?

Schauplätze	Figuren
Park in Grün	Roboter, Erbs, Parkbesucher, Erwachsene, Kinder

a) Notiert alle Schauplätze im „Viertelland".
   Dazu die Figuren, die dort auftreten.
b) Erfindet interessante neue Schauplätze
   und Figuren, Tiere …

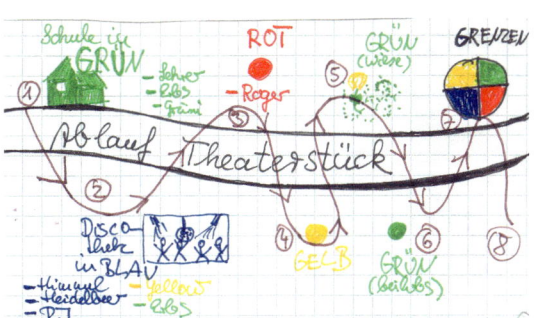

 4 Gestaltet ein großes Plakat mit der
Handlung eures Theaterstücks „Viertelland":
☐ Zeichnet einen Handlungs-Weg
☐ mit allen Stationen und Schauplätzen.
☐ Malt und notiert dazu wichtige Figuren,
   Gegenstände …

Die Handlung – Monologe und Dialoge schreiben

Ihr habt euch auf die Schauplätze, Stationen und Figuren eures Theaterstücks *Viertelland* geeinigt. Jetzt geht es darum, die Figuren handeln und sprechen zu lassen.

1 Nennt in der ▷ Disco-Szene
„Blauer Planet" Beispiele für
Dialog und Monolog.

▷ S. 141 f.

! Ein **Dialog** ist eine Wechselrede, bei der sich – im Gegensatz zum **Monolog** – zwei oder mehrere Figuren auf der Bühne unterhalten.

Ich bin Erbs, ein ganz normaler, bunter Junge. Aber das war nicht immer so. Früher war ich grün und unser buntes, rundes Land war eingeteilt in vier Viertel …

2 Untersucht diesen Monolog von Erbs:
☐ Wann spricht er ihn wohl im Verlauf des Stücks?
☐ Welche Aufgabe erfüllt der Monolog?

9 „Im Viertelland" – Wir spielen Theater

> **TIPP**
> In eurem Theaterstück könnt ihr Ereignisse und Vorgänge, die ihr nicht spielen wollt, durch eine/n **Kommentator/in** – es kann auch ein Paar sein – sprechen lassen.

3 Verteilt die verschiedenen Schauplätze von „Viertelland" auf einzelne Gruppen. Entwerft zu jedem Schauplatz Dialoge und Handlungen; zum Beispiel:

Das ist der Tag, an dem Erbs seinen Löffel in den Spinat fallen lässt. Der Spinat spritzt meterweit in der Gegend herum. Aber das macht nichts, denn das Zimmer ist ja sowieso grün. Und die Eltern auch.
Nur der Teller zerspringt.

→ *Erbs wird wütend.*

→ *Erbs zerbricht Teller.*
Streitgespräch mit Eltern

Erbs und seine Eltern beim Mittagessen. Kleidung, Tisch, Stühle, Teller – alles grün.

Erbs *(rührt lustlos mit seinem Löffel im Teller):* Schon wieder Spinat!
Mutter *(erstaunt):* Sonst hast du ihn doch immer so gern gegessen. Junge, der Spinat ist heute doch besonders grün!
Erbs *(laut):* Grün, grün, grün, immer nur grün!
Lässt seinen Löffel in den Spinat fallen, der Spinat spritzt nach allen Seiten.
Vater *(springt auf):* Erbs, jetzt reiß dich zusammen! Was ist nur los mit dir?
Mutter *(erschrocken):* Das gute Tischtuch!
Vater *(genervt):* Das sieht man doch gar nicht. Die Tischdecke ist doch genauso grün wie der Spinat.
Erbs *(steht wütend auf, der Teller ...):* ...

4 Untersucht, worin sich die Theaterszene von dem Erzähltext unterscheidet.

> **!**
> **Regieanweisungen** geben an,
> ☐ wie das **Bühnenbild** gestaltet ist: *Alles ist in grünes Licht getaucht.*
> ☐ welche **Requisiten** benötigt werden: *grüne Stühle, Gläser mit grünem Saft ...*
> ☐ wo und wohin sich die Figuren auf der Bühne bewegen **(Gänge):** *Steht auf, ...*
> ☐ wie sich die Figuren verhalten **(Gestik und Mimik):** *Rührt lustlos ...*
> ☐ in welcher Weise die Figuren sprechen **(Sprechweise):** *wütend, genervt ...*

5 Überprüft die Regieanweisungen der ▷ Disco-Szene: Sind sie ausführlich genug?   ▷ S. 141 f.

Improvisieren

Ideen für gute Dialoge und Handlungen bekommt man beim **Improvisieren**.

Zweigeteiltes Bühnenbild, rechts ist das Land Rot mit roten Requisiten, links das Land Blau mit blauen Requisiten. In Rot steht auch eine rote Bank.

Himmel *(kommt von links auf die Bühne):* Mann, es ist schon spät und jetzt hab ich mich auch noch verlaufen. Und das ist auch noch die Grenze.

Roger *(ein Roter, kommt von rechts auf die Bühne):* Hat da nicht eben jemand gesprochen? Hallo?

Himmel: Wer spricht da?

Roger: Ich. *(stockt, zu sich selbst)* Oh, eine Blaue.

Himmel: Ach so. Hallo! *(stockt, dann zu sich selbst)* Oh, ein Roter.

Beide gehen in entgegengesetzter Richtung zum Bühnenrand. Dann drehen sie sich um und gehen langsam und zögernd wieder aufeinander zu.

Roger *(vorsichtig):* Kann ich dir irgendwie helfen?

Himmel: Hm, ich …

1 *Besetzt die beiden Rollen und spielt die Szene spontan – „aus dem Stegreif" – weiter; mehrmals und in verschiedener Besetzung.*

> **TIPP**
> Nehmt eure Stegreifspiele auf Kassette oder mit dem MP3-Player auf.

2 *Schreibt aus euren verschiedenen Improvisationen eine Szene mit Dialogen und Regieanweisungen.*

> **Improvisieren** bedeutet, sich zu einem bestimmten Thema oder einer bestimmten Situation **spontan** etwas auszudenken.
> Beim Theaterspielen spricht man vom „Spielen aus dem Stegreif": Jemand schlüpft in eine bestimmte Rolle, versucht sich die Situation vorzustellen und spielt und spricht dann, was er/sie gerade passend findet.

9.3 Das Stück inszenieren – Tipps, Tricks, Übungen

Reden ist Silber – Atmen ist Gold

Wie weit eure Stimme trägt, hängt von ihrem Umfang ab.
Mit den folgenden Übungen könnt ihr euer Stimmvolumen vergrößern und eure Atmung trainieren.

- Stellt euch fest auf beide Beine, lasst eure Schultern locker herunterhängen, als wären die Arme aus Blei. Atmet tief und ruhig, ohne die Schultern dabei anzuheben.

- **Luftballon:** Stellt euch vor, euer Bauch ist ein großer, aufgeblasener Luftballon. Langsam lasst ihr beim Ausatmen mit einem „Schschsch…" die Luft heraus. Beim Einatmen legt ihr die Hand unterhalb des Nabels auf den Bauch und atmet in die Hand hinein. Mehrfach wiederholen!

- **Treppensprechen:** Beginnt ein mehrsilbiges Wort oder einen Satz ganz leise zu sprechen. Steigert die Lautstärke von Silbe zu Silbe. Dabei geht die Stimme aber nach unten.

> **TIPP FÜR DAS BÜHNENSPRECHEN**
> - Nicht schreien.
> - Endungen deutlich aussprechen.
> - Zum Publikum gewandt sprechen.
> - Für die letzte Reihe sprechen.

9.3 Das Stück inszenieren – Tipps, Tricks, Übungen

Wortlos sprechen

Manchmal sagt der Gesichtsausdruck (die **Mimik**) oder eine Bewegung mit dem Kopf, der Schulter, den Armen (die **Gestik**) genauso viel wie Worte.

1 *Sucht in der ▷ Disco-Szene oder euren selbst geschriebenen Szenen zu „Viertelland" Stellen, wo der Gesichtsausdruck (die Mimik) und eine bestimmte Bewegung (eine Geste) neben den Worten besonders wichtig sind. Übt und verbessert euch vor dem Spiegel, in Partner- oder Gruppenarbeit.* ▷ S. 141f.

2 *a) Spielt den zweiten Teil der ▷ Disco-Szene als wortlose Pantomime.* ▷ S. 141f.
*b) Die übrigen Schülerinnen und Schüler beobachten das Spiel und machen sich Notizen. Wenn jemand etwas besonders gelungen findet, ruft er „Stopp!". Die Spieler/innen erstarren in ihrer Bewegung, sodass sich die Beobachtenden zu dem **Standbild** leicht Notizen machen können.*
c) Sprecht über eure Erfahrungen während der Pantomime.
d) Übernehmt die Ergebnisse in eure Regieanweisungen im ▷ Textbuch zum „Viertelland". ▷ s. u.

Das Textbuch zum „Viertelland"

Szene: In Grün wächst eine gelbe Rose

Grit: Wollen wir ein paar Grasbüschel pflücken? Ich möchte meiner Mutter einen Grasstrauß mitbringen.
Gaby: Eine gute Idee, ich pflücke einen für meine Oma.
5
Grit *(hält Gaby fest):* Gaby, bleib stehen!
Gaby *(unwillig):* Was hast du denn?!
Grit: Da, schau doch, da wächst etwas Gelbes!
10 **Gaby** *(hysterisch):* Es ist eine gelbe Rose. Eine gelbe Rose bei uns in Grün. Hilfe, Hiiiiiiilfeeee!
Beide: Hiiiiiiiiiiilfeeeee!

Die Bühne ist grün beleuchtet.
Kulisse: grüne Bäume, ein grüner Zaun.
In der Mitte eine gelbe Rose; gelber Lichtstrahl darauf gerichtet.
Zwei grüne Mädchen von links auf die Bühne. Klettern über den Zaun.

Gelber Lichtstrahl stärker.

Sie klammern sich aneinander und halten sich die Augen zu.

1 *Vergleicht diese Theaterszene mit der entsprechenden Stelle in der ▷ Erzählung von G. Ruck-Pauquèt.*   ▷ S. 139

2 *Dieser Auszug aus dem Textbuch ist am PC entstanden.*
 a) *Untersucht ihn:*
  ☐ *Wie ist die Seite eingeteilt?*
  ☐ *Welche Schriftarten werden verwendet? Wofür?*
 b) *Habt ihr weitere Ideen für eine Textbuch-Gestaltung?*

TIPP
Verwendet nicht zu viele Schriftarten und Farben – das verwirrt!

3 *Setzt die Szene fort.*

Bühne – Kostüme – Technik

Um eure Szenen wirkungsvoll darzustellen und ins „rechte Licht zu setzen", haben Bühnenbilder, Beleuchtung und bestimmte technische Effekte eine große Bedeutung.

Mit verschiedenen **Bühnenbildern** werden die einzelnen Schauplätze dargestellt.
Für den Hintergrund, die **Kulisse,** gibt es unterschiedliche Möglichkeiten, z. B.:
 ☐ Bemalen von großen Plakaten.
 ☐ Bemalen von OH-Folien, die (von hinten) auf eine Leinwand projiziert werden.
 ☐ Bemalen von leeren Diascheibchen (Folienstifte) zur Projektion auf eine Leinwand.

9.3 Das Stück inszenieren – Tipps, Tricks, Übungen

1 a) Beratet, wie viele verschiedene Bühnenbilder und Kulissen ihr braucht.
   b) Besprecht – am besten auch im Kunstunterricht –, wie ihr sie gestaltet.

2 a) Besprecht für jeden Schauplatz und für jede Szene,
   ☐ welche Kostüme,
   ☐ welche Requisiten (Möbelstücke, Gegenstände …)
   passen.
   b) Überlegt, wer und wie sie besorgt oder hergestellt werden können.

> **TIPP**
> Für die einzelnen Schauplätze in Grün, Blau, Rot und Gelb könnt ihr bei der Beleuchtung prima mit Farbscheinwerfern arbeiten!

3 *Macht verschiedene Beleuchtungsproben.*
Haltet die Ergebnisse an den entsprechenden Stellen im Textbuch fest.

> **TIPP**
> Der Musikunterricht ist der richtige Ort, um über die passende Musik, die Geräusche und ihr Hervorbringen zu sprechen.

4 a) Bestimmt eine „Musik-und-Geräusche-Gruppe", die für die „Hörerlebnisse" jeder Szene verantwortlich ist.
   b) Vermerkt Musik und Geräusche in eurem Textbuch.

Probieren und soufflieren

Ist das Textbuch geschrieben? Sind die Rollen verteilt? Sind Bühnenbild, Kostüme, Beleuchtung und Musik in guten Händen?
Dann können die Proben beginnen – wenn ihr noch zwei Posten verteilt habt:

 *Beobachter/in*   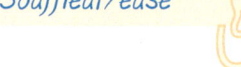 *Souffleur/euse*

TIPP BEOBACHTEN UND SOUFFLIEREN

Besonders zu Beginn der Proben ist es für die Darsteller/innen wichtig, Hinweise über ihre Fortschritte beim Rollenspiel zu bekommen. Ordnet wichtigen Darsteller/inne/n eine/n eigenen Beobachter/in zu.

Für den Fall, dass ein/eDarsteller/in den Text vergisst, braucht ihr reaktionsschnelle „Stichwort-Flüsterer".
Auch hier könnt ihr mehrere Souffleure und Souffleusen einsetzen: für wichtige Darsteller/innen, für einzelne Szenen …

„Unruhe im Viertelland" – Ein Mehr-Fach-Projekt

Ihr werdet schon gemerkt haben: Bis zur Uraufführung von *Viertelland* vergeht einige Zeit, nicht nur mit Textlernen und Proben. Am sinnvollsten führt ihr euer Projekt im Zusammenspiel mehrerer Fächer, vielleicht auch mehrerer Klassen oder AGs durch. Dafür müsst ihr unbedingt einen „Fahrplan" anlegen – am besten in Form eines großen Plakats:

Projekt-Fahrplan – Unruhe im Viertelland

Aufgaben und Arbeiten   *Verantwortliche*   *Termine*

WÖRTERLISTE   ▷ S. 208

Fahrplan	das Hüpfen	improvisieren	Dialog	Bühnenbild
Kostüme	das Springen	begrüßen	Szene	Regieanweisung
Requisiten	das Spielen	ausdrücken	Figur	Atmung
Publikum	das Soufflieren	Monolog	Termin	Theater

LESEN · UMGANG MIT TEXTEN UND MEDIEN

10 „Das fliegende Klassenzimmer" – Roman und Film im Vergleich

10.1 Figuren und Handlung im Roman untersuchen

1 Was erwartet ihr, wenn ihr den Romantitel „Fliegendes Klassenzimmer" lest?

2 a) Beschreibt, was auf den Bildern zu sehen ist.
b) Worum geht es wohl in dem Roman von Erich Kästner?

Kamera-Blick in den Speisesaal

Das erste Kapitel

Zweihundert Schemel wurden gerückt. Zweihundert Gymnasiasten standen lärmend auf und drängten zum Portal des Speisesaals. Das Mittagessen im Kirchberger Internat war zu Ende.
„Teufel, Teufel!", sagte der Tertianer Matthias Selbmann zu seinem einen Tischnachbarn. „Hab ich einen Hunger! Ich brauche dringend zwanzig Pfennige für eine Tüte Kuchenränder. Hast du Moneten?"
Uli von Simmern, ein kleiner blonder Junge, kramte das Portmonee aus der Tasche, gab dem immer hungrigen Freund zwei Groschen und flüsterte: „Da, Matz! Lass dich aber nicht klappen. Der schöne Theodor hat Gartenwache. Wenn der sieht, dass du aus dem Tore rennst, bist du geliefert."
„Lass mich doch mit deinen albernen Primanern zufrieden, du Angströhre", sagte Matthias großartig und steckte das Geld ein.
„Und vergiss nicht, in die Turnhalle zu kommen! Wir haben wieder Probe." [...]

Vor der Turnhalle standen schon drei Jungen. Johnny Trotz, der Verfasser des Weihnachtsstücks mit dem spannenden Titel „Das fliegende Klassenzimmer", Martin Thaler, Primus und Bühnenmaler in einer Person, und Matthias Selbmann, der immer Hunger hatte, besonders nach den Mahlzeiten, und der später Boxer werden wollte. [...]

Das Stück, das Johnny geschrieben hatte und das man zur Weihnachtsfeier in der Turnhalle aufführen wollte, hieß, wie gesagt, „Das fliegende Klassenzimmer". Es bestand aus fünf Akten und war gewissermaßen eine fast prophetische Leistung. Es beschrieb nämlich den Schulbetrieb, wie er in Zukunft vielleicht wirklich stattfinden wird. Im ersten Akt fuhr ein Studienrat, den Sebastian Frank mit Hilfe eines angeklebten Schnurrbarts naturgetreu darzustellen hatte, samt seiner Klasse im Flugzeug los, um den Geografieunterricht jeweils an Ort und Stelle abzuhalten. [...]

Heute probten sie also den letzten Akt. Petrus, nämlich Matthias, saß auf einem Stuhl vor einem gemalten Lichterbaum und die anderen – [...]

In diesem Augenblick wurde die Tür der Turnhalle stürmisch aufgerissen! Matthias blieb der Vers im Halse stecken. Die andern drehten sich erschrocken um und Uli blickte neugierig aus der gemalten Wolke heraus, hinter der er seinen Auftritt erwartet hatte.

Im Rahmen der Tür stand ein Junge. Er blutete im Gesicht und an einer Hand. Sein Anzug war zerrissen. Er schmiss die Schülermütze wütend auf den Fußboden und brüllte: „Wisst ihr, was passiert ist?"

„Woher sollen wir das denn wissen, Fridolin?", fragte Matthias freundlich.

„Wenn ein Externer nach dem Unterricht wieder in die Schule kommt und noch dazu so verprügelt aussieht wie du", meinte Sebastian, „dann –"

Aber Fridolin schnitt ihm das Wort ab. „Lass jetzt deinen Quatsch!", rief er. „Die Realschüler haben mich und den Kreuzkamm auf dem Nachhauseweg überfallen. Den Kreuzkamm haben sie gefangen genommen. Und die Diktathefte, die wir seinem Alten zum Korrigieren bringen sollten, haben sie auch!" (Kreuzkamms Vater war nämlich Deutschlehrer am Johann-Sigismund-Gymnasium.)

„Teufel, Teufel! Die Diktathefte haben sie auch?", fragte Matthias. „Gott sei Dank!"

Martin sah seinen Freund Johnny an. „Sind wir genug?"

Johnny nickte.

„Dann los!", rief der Primus. „Über den Zaun in die Schrebergärten! Aber ein bisschen plötzlich! Wir sammeln uns beim Nichtraucher!"

Sie rasten aus der Halle. Uli rannte neben Matthias her. „Wenn uns jetzt der schöne Theodor erwischt, sind wir hin", keuchte er.

„Dann bleib doch hier", meinte Matthias.

„Du bist wohl verrückt?", fragte der Kleine beleidigt.

Die sechs Jungen waren am Rand des Parks angelangt, erkletterten den Zaun und schwangen sich hinüber.

3 Das sind nur zwei Seiten aus dem ersten Kapitel des „Fliegenden Klassenzimmers".
Lest sie aufmerksam und beantwortet folgende Fragen:
- ☐ Wo spielt der Roman?
- ☐ In welcher Jahreszeit spielt er?
- ☐ Wer spielt darin eine Rolle?
- ☐ Worum geht es?

4 Formuliert selbst Fragen zum Text.
Lasst sie von der Klasse beantworten.
Wer hat das Weihnachtsstück geschrieben?

5 Wann hat Erich Kästner „Das fliegende Klassenzimmer" wohl geschrieben:
heute – vor längerer Zeit schon?
Begründet eure Vermutung.

6 Schlagt unbekannte Wörter im ▷ Wörterbuch oder Lexikon nach.   ▷ S. 242

7 a) Welche Figuren werden hier im ersten Kapitel eingeführt?
b) Notiert in Stichpunkten, was man über jede einzelne Figur erfährt.

8 Fasst die Handlung des Kapitels mit eigenen Worten kurz zusammen.   ▷ S. 251

9 Worauf macht euch dieses erste Kapitel neugierig?

Das zweite Kapitel –
Ulis Angst vor der Angst

[...] Matthias und Uli blieben vor dem Tor stehen. „Da ist, scheint's, wieder mal eine feierliche Keilerei fällig", bemerkte Matthias voller Genugtuung.
Und Uli sagte: „Vor allem müssen wir schauen, dass wir die Diktathefte wiederkriegen."
„Bloß nicht!", entgegnete Matthias. „Ich hab das dunkle Gefühl, als hätte ich furchtbaren Stuss zusammengeschmiert. Hör mal, Kleiner, schreibt man Provinz mit tz?"
„Nein", antwortete Uli. „Nur mit z."
„Aha", sagte Matthias. „Das hab ich also schon falsch gemacht. Und Profiand? Mit f?"
„Nein, mit v."
„Und hinten?"
„Mit t."
„Teufel, Teufel!", meinte Matthias. „In zwei Wörtern drei Fehler. Die reinste Rekordhascherei! Ich bin dafür, die Realschüler sollen uns den Kreuzkamm herausgeben und die Diktathefte behalten."
Sie schwiegen eine Weile. Uli trat, weil er fror, von einem Fuß auf den andern. Schließlich sagte er: „Trotzdem würde ich sofort mit dir tauschen, Matz. Ich mache zwar nicht so viele Fehler im Diktat. Und im Rechnen auch nicht. Aber ich hätte furchtbar gern deine schlechten Zensuren, wenn ich außerdem deine Courage hätte."
„Das ist ja nun kompletter Quatsch", erklärte Matthias. „An meiner Dummheit ist nicht zu rütteln. Da kann mir mein Alter Nachhilfestunden geben lassen, soviel er will. Ich kapiere den Kram ja doch nicht! Es ist mir, offen gestanden, auch ganz egal, wie man Provintz und Profiand und Karrusel schreiben muss. Ich werde später mal Boxweltmeister, und da brauche ich keine Orthografie. Aber dass du ein Angsthase bist, das kannst du doch, wenn du willst, ändern!"
„Hast du 'ne Ahnung", meinte Uli niedergeschlagen, und er rieb sich die klammen Finger. „Was ich schon alles angestellt habe, um mir die Feigheit abzugewöhnen – das geht auf keine Kuhhaut. Jedes Mal nehm ich mir vor, nicht davonzulaufen und mir nichts bieten zu lassen. Felsenfest nehm ich mir's vor! Aber kaum ist es so weit, dann reiß ich auch schon aus. Ach, ist das ekelhaft, wenn man spürt, dass einem die andern absolut nichts zutrauen!"
„Na, du müsstest eben einmal irgendwas tun, was ihnen Respekt einjagt", sagte Matthias. „Etwas ganz Tolles. Dass sie denken: Donnerwetter, ist der Uli ein verfluchter Kerl. In dem haben wir uns aber gründlich getäuscht. Findest du nicht auch?"
Uli nickte, senkte den Kopf und stieß mit den Stiefelspitzen an eine Zaunlatte. „Ich friere wie ein Schneider", erklärte er schließlich.
„Das ist ja auch kein Wunder", meinte Matthias streng. „Du isst zu wenig! Es ist geradezu eine Schande. Man kann es kaum mit ansehen. Heimweh hast du wahrscheinlich außerdem, was?"
„Danke, es geht", sagte Uli leise. „Nur abends manchmal, oben im Schlafsaal, wenn sie drüben in der Infanteriekaserne den Zapfenstreich blasen." Er schämte sich.
„Und ich hab schon wieder einen Hunger!", rief Matthias, über sich selber empört. „Heute früh beim Diktat auch. Am liebsten hätte ich den ollen Professor Kreuzkamm gefragt, ob er mir 'ne Stulle borgen könnte. Stattdessen muss man überlegen, ob sich so blöde Wörter mit tz oder mit v schreiben!" [...]

1 *Warum möchte Matthias die von den Realschülern gestohlenen Diktathefte gar nicht unbedingt wiederhaben?*

2 *Nennt die Probleme, die Uli hat.*

3 a) Wie versucht Matthias seinem Freund zu helfen?
b) Was haltet ihr von Matthias' Vorschlag? Begründet eure Meinung.

4 Schreibt Textstellen heraus, an denen von den Gefühlen von Uli und Matthias die Rede ist.

5 a) Listet Eigenschaften auf, die Uli und Matthias haben.
b) Gebt die Textstellen an, an denen diese Eigenschaften deutlich werden.

Das achte Kapitel –
Warum Uli einen Schirm mitbrachte

[...] Uli hatte sich, ohne dass die anderen es gemerkt hätten, aus der Turnhalle gestohlen. Er fürchtete, dass sie ihn an seinem Vorhaben hindern könnten. Und das durfte nicht geschehen.

Über fünfzig Jungen standen neugierig auf der verschneiten Eisbahn und erwarteten ihn. Es waren lauter Unterklassianer. Den Älteren hatte man nichts erzählt. Die Jungen hatten gleich das Gefühl gehabt, dass etwas Außergewöhnliches und Verbotenes bevorstehe. Sie hatten die Hände in den Manteltaschen und äußerten Vermutungen. „Vielleicht kommt er überhaupt nicht", sagte einer.

Aber da kam Uli schon. Er ging wortlos an ihnen vorüber und schritt auf die eisernen Kletterstangen zu, die am Rande des Platzes standen. „Wozu hat er eigentlich einen Schirm mit?", fragte jemand. Aber die anderen machten „Pst!".

Neben den Kletterstangen erhob sich eine hohe Leiter. Eine der üblichen Turnleitern, wie sie in allen Schulen zu finden sind. Uli trat an die Leiter heran und kletterte die eiskalten Sprossen hinauf. Auf der vorletzten Sprosse machte er halt, drehte sich um und blickte zu der großen Jungenmenge hinunter. Er schwankte ein bisschen, als ob ihm schwindle. Dann riss er sich zusammen und sagte laut: „Die Sache ist die. Ich werde jetzt den Schirm aufspannen und einen Fallschirmabsprung machen. Tretet weit zurück, damit ich niemandem auf den Kopf fliege!"

Einige Jungen meinten, Uli sei komplett verrückt. Aber die meisten drängten stumm rückwärts und konnten das angekündigte aufregende Schauspiel nicht erwarten.

Die vier Tertianer, die in der Turnhalle arbeiteten, hatten die Bühnenbilder und den Barren für heute endgültig in die Ecke geschoben. Sebastian schimpfte auf Professor Kreuzkamm, weil dieser ihn den Satz „über die Schuld am Unfug" fünfzig Mal aufschreiben ließe. „Und so was einen Tag vor der Weihnachtsfeier!", meinte er gekränkt. „Der Mann hat kein Herz."

„Du doch auch nicht", sagte Johnny.

Da drehte sich Matthias suchend um und fragte: „Wo ist denn eigentlich der Kleine? Er ist weg!"

Johnny sah auf die Uhr. „Es ist kurz nach drei", sagte er. „Uli hatte doch um drei Uhr irgendetwas vor."

„Freilich", rief Martin. „Auf dem Turnplatz draußen. Da bin ich aber neugierig."

Sie verließen die Halle und liefen zu dem Platz hinüber. Sie bogen um die Ecke und blieben wie angewurzelt stehen. Der Platz war voller Schüler. Und alle schauten zu der hohen Turnleiter hinauf, auf der Uli mühsam balancierte. Den aufgespannten Regenschirm hielt er hoch über sich.

Martin flüsterte: „Um Gottes willen! Er will herunterspringen!" Und schon rannte er über den Platz, und die anderen drei folgten ihm. Der Turnplatz war, trotz des Schnees, höllisch kalt. Johnny fiel hin.

„Uli!", schrie Matthias. „Tu's nicht!"
Doch in diesem Augenblick sprang Uli ab. Der
Schirm stülpte sich sofort um. Und Uli sauste
auf die verschneite Eisfläche hinab. Er schlug
dumpf auf und blieb liegen. [...]

1 Beurteilt Ulis Verhalten. Ist er „mutig"?

2 Matthias hat ein Problem.
   a) Gebt an, in welchem Zwiespalt er sich
       befindet: *Einerseits möchte er....,*
       andererseits ...
   b) Überlegt, welche Gefühle Matthias bei
       Ulis Sprung hat.

3 Nach Ulis Sprung wird Matthias von den Lehrern befragt.
   Versetzt euch in seine Lage und schreibt seine Antwort auf.

4 Johnny schreibt einen Bericht über Ulis „Fallschirmsprung" für die Internatszeitung.
   Schreibt diesen ▷ Bericht   ▷ S. 250

Sicher möchtet ihr jetzt wissen, was sich sonst noch im Kirchberger Internat ereignet!

5 Verteilt jedes Kapitel des „Fliegenden Klassenzimmers" an eine Gruppe.
   a) Jede Gruppe stellt ihr Kapitel vor:
       ☐ *Findet eine kurze Überschrift.*
       ☐ *Erzählt den Inhalt mit eigenen Worten nach.*   ▷ S. 249
       ☐ *Lest wichtige Stellen und Dialoge vor. Übt den Vortrag.*
   b) Wer zuhört, macht sich Notizen:
       ☐ *Was ist mir unklar? – Nachfragen!*
       ☐ *Was ist besonders interessant? Worüber möchte ich mehr wissen?*

6 Denkt euch
Quizfragen zum
„Fliegenden
Klassenzimmer"
aus.

Das Fliegende-Klassenzimmer-Quiz
☐ *Wie wird Dr. Bökh von seinen Schülern genannt?*
☐ *Wie heißt der Nichtraucher?*
☐ *Wie viele weibliche Wesen gibt es im „Fliegenden Klassenzimmer"?*
☐ *Wie heißt das Lokal, in dem der Nichtraucher abends Klavier spielt?*

ARBEITSTECHNIK HANDLUNG + FIGUREN UNTERSUCHEN

☐ **Die Handlung:** Welche **Handlungsstränge** gibt es? Welche **Ereignisse** finden
statt? Wo ist der **Höhepunkt**? Zeichnet einen **Spannungsbogen**, in den ihr eigene
Überschriften einfügt.

☐ **Die Figuren:** Wie sehen sie aus? Wie verhalten sie sich? Welche Beziehungen
haben sie? – Beurteilt sie.

Erich Kästner und seine Romane vorstellen

Zur Vorstellung des „Kinderromans" von Erich Kästner gehören natürlich auch Informationen über den Autor.
Erste Auskünfte findet man meistens im Buch selbst; z. B. im Buchdeckel vorn oder auf der Rückseite als so genannten „Klappentext".

Der Autor vieler weltbekannter Kinderbücher, ausgezeichnet u. a. mit dem Büchner-Preis und der Hans-Christian-Andersen-Medaille, hat einmal gesagt: „Die meisten Menschen legen ihre Kindheit ab wie einen alten Hut. Sie vergessen sie wie eine Telefonnummer, die nicht mehr gilt. Früher waren sie Kinder, dann wurden sie erwachsen, aber was sind sie nun? Nur wer erwachsen wird und Kind bleibt, ist ein Mensch."

1 *Was erfahrt ihr hier aus dem Klappentext zum „Fliegenden Klassenzimmer" über Erich Kästner?*

2 *Sucht möglichst viele Informationen über Erich Kästner und präsentiert seinen Lebenslauf mit*
- *Jahreszahlen*
- *Fotos*
- *Buchumschlägen, Illustrationen*
- *Zitaten*
- *…*

> **TIPP**
> - Schlagt im ▷ Lexikon nach. ▷ S. 242
> - Sucht in der Bücherei nach Büchern von und über Erich Kästner.
> - Schreibt einen Brief oder eine E-Mail und bittet um Auskunft: ▷ S. 248
>   Erich-Kästner-Museum, Antonstraße 1, 01097 Dresden
>   info@erich-kaestner-museum.de
> - www.erich-kaestner-museum.de

3 *Stellt in einem ▷ Kurzvortrag Kästner und einen seiner Jugendromane vor.* ▷ S. 244

> **ARBEITSTECHNIK JUGENDROMAN VORSTELLEN**
> - Geht in der **Einleitung** auf
>   - Autor/in,
>   - Titel, Verlag, Erscheinungsjahr
>   des Buches ein.
> - Nennt im **Hauptteil** das Thema und die Hauptfiguren.
> - Manche Kapitel ▷ fasst ihr kurz zusammen. ▷ S. 251
>   Ein besonders spannendes Kapitel könnt ihr ▷ nacherzählen. ▷ S. 249
>   Den Höhepunkt ▷ lest ihr wirkungsvoll vor. ▷ S. 79
> - Zum **Schluss** äußert ihr eure persönliche Meinung über den Roman.

10.2 Die Verfilmung des Romans – Mit der Kamera erzählen

Der Film und sein Inhalt

Dies sind Plakat und Bilder aus der Verfilmung des *Fliegenden-Klassenzimmer*-Romans von Erich Kästner.

1 *Was ist hier zu sehen?*
Erinnert ihr euch dabei an Szenen aus dem Roman?

10.2 Die Verfilmung des Romans – Mit der Kamera erzählen

Acht Mal ist Jonathan schon wegen einiger „Vorkommnisse" aus verschiedenen Internaten geflogen. Jetzt schickt ihn sein Adoptivvater, ein Kapitän zur See, auf das berühmte Thomaner-Internat in Leipzig. Jonathan glaubt zunächst nicht, dass er in der Schule, die unter der Leitung des schrulligen Rektors Kreuzkamp steht, eine neue Heimat finden wird. Aber es kommt anders.

Da ist zunächst der Chorleiter Dr. Johann Bökh, den alle Justus nennen. Er nimmt sich des Jungen an, so wie er für alle seine Schützlinge eine Vertrauensperson darstellt. Schnell wird Jonathan auch in die Gemeinschaft der Thomaner aufgenommen. Der besonnene Martin, Uli, der Kleine und Ängstliche, dann dessen Beschützer Matz, ein tatkräftiger und starker Junge, und der experimentierfreudige Rektorssohn Kreuzkamp junior werden Jonathans Freunde.

Weihnachten steht vor der Tür. Die Thomaner sollen das Weihnachtsoratorium von Johann Sebastian Bach in der Thomaskirche singen. Kantor Bökh ist nervös, schließlich will das ZDF die Aufführung filmen. Die Jungen hingegen haben andere Sorgen: Die „Externen" mit ihrer Bandenchefin Mona entführen einen der Chorsänger samt Noten. Die Freunde organisieren eine Befreiungsaktion, die in einer riesigen Schneeballschlacht endet.

Und dann ist da noch das Geheimversteck der Jungen: ein alter, als Wohnung eingerichteter Eisenbahnwaggon auf einem brachliegenden Grundstück. Eines Tages erscheint hier ein geheimnisvoller Fremder, der „Nichtraucher", der einst den Waggon bewohnte und nun aus jahrelangem Auslandsaufenthalt zurückkehrt. Aus Andeutungen erfahren die Jungen, dass den Mann einst eine enge Freundschaft mit ihrem Lehrer Justus verband.

Als die Schüler ein Manuskript zu dem Theaterstück „Das fliegende Klassenzimmer" im Eisenbahnwaggon aufstöbern, haben sie damit einen Weg gefunden, die beiden Erwachsenen wieder zusammenzuführen. Doch es gibt noch viele Hindernisse auf dem Weg dorthin.

Zwischen diesen Haupterzählsträngen liegt zudem die erste zarte Liebe zwischen Jonathan und Mona und die große Mutprobe von Uli, der allen im Schulhof zeigt, dass er im Stande ist, Außergewöhnliches zu wagen …

2 Lest diese Inhaltsangabe zum Film.
Was fällt euch auf, wenn ihr mit dem Inhalt des Romans von Erich Kästner vergleicht?

3 „… das berühmte Thomaner-Internat in Leipzig" (Z. 5).
Schlagt im ▷ Lexikon nach, was dort über den Thomanerchor steht. ▷ S. 242

4 Leiht euch den Film „Das fliegende Klassenzimmer" aus und stellt die wichtigsten Informationen darüber zusammen:
- ☐ Wann wurde der Film gedreht?
- ☐ Wer führt Regie?
- ☐ Wer schrieb das Drehbuch?
- ☐ Wer sind die Hauptdarsteller/innen?
- ☐ Wie lange dauert der Film?

5 *Sehr euch den Film gemeinsam an.*
Da nicht jede/r auf alles gleichzeitig achten kann, verteilt ihr am besten Beobachtungsaufgaben:
- *Die **Hauptfiguren**/-darsteller/innen verfolgen.*
- *Die **Handlung** beobachten:*
  - *Was ist besonders interessant – überraschend – langweilig – unverständlich?*
  - *Werden die Ereignisse in der gewohnten zeitlichen Reihenfolge dargestellt?*
  - *Gibt es Rückblicke in die Vergangenheit?*
  - *Was wird besonders ausführlich dargestellt? Was wird kurz zusammengefasst?*
  - *An welchen Stellen ist der Film besonders spannend?*
- *Die **Unterschiede** zum Roman festhalten.*
- *Die **Filmtechnik** beobachten:*
  - *Besondere Bilder, Aufnahmen, ▷ Blickwinkel beachten.*   ▷ S. 163
  - *Passen Musik und Geräusche gut zur Handlung?*

> **TIPP FILMNOTIZEN**
> - Benutzt möglichst große Papierbögen und kräftige Filzstifte.
>   Ihr müsst ja im Dunkeln schreiben!
> - Notiert nur ganz kurze Stichpunkte.
>   Ihr wollt ja den Film nicht verpassen!

Der Film in der Kritik

Der Film ist zu Ende, das Licht geht wieder an.

1 *Was ist euer erster Eindruck?*

> *Spannend! Am Ende geht ja zum Glück alles gut aus.*

> *Mir hat an manchen Stellen das Buch besser gefallen. Den „Nichtraucher" hatte ich mir zum Beispiel ganz anders vorgestellt als im Film.*

> *Manches hab ich im Film nicht richtig verstanden. Warum war Justus gegen die Aufführung des Theaterstücks?*

> *Wie der Film gemacht war, fand ich toll: In der Szene, wo Uli springen will, fühlt man richtig mit. Man kann durch die Kameraeinstellung erkennen, dass er Angst hat. Vorm Absprung wird sein Fuß gezeigt. Man wartet dann richtig darauf, dass er abspringt.*

10.2 Die Verfilmung des Romans – Mit der Kamera erzählen

2 Vergleicht eure Notizen, die ihr während der Filmvorführung gemacht habt.

3 Stellt die Ergebnisse eurer Beobachtungen auf einer Wandzeitung oder einem Plakat zusammen.
Geht dabei besonders auf die Unterschiede zwischen Film und Roman ein:
☐ Was wurde verändert in der Handlung, bei Handlungsorten, bei Figuren?
☐ Was wurde im Film weggelassen?
☐ Was wurde hinzugefügt?

4 „Ist Tomy Wigands ‚Fliegendes Klassenzimmer' eine gute Verfilmung von Erich Kästners Kinderroman?"
Führt darüber ein Gespräch oder eine ▷ Diskussion mit   ▷ S. 246
Diskussionleiter/in.
☐ Ihr könnt Gruppen bilden, die für oder gegen den Film sind.
☐ Notiert euch Gründe und Beispiele für eure Position.

5 Schreibt eine Filmkritik zum „Fliegenden Klassenzimmer" für eure Parallelklasse oder die Schülerzeitung.

ARBEITSTECHNIK FILMKRITIK SCHREIBEN

☐ Nennt einleitend die wichtigsten „technischen Daten":
- Titel
- Regisseur/in
- Drehbuch-Autor/in
- Darsteller/innen
- Erscheinungsjahr
- (literarische) Vorlage

☐ Gebt eine ▷ Inhaltsangabe der Filmhandlung.   ▷ S. 251

☐ Bewertet den Film und
- die Darsteller/innen,
- die Handlung,
- die Unterschiede zur Romanvorlage,
- die Bilder,
- ▷ die Kamera,   ▷ S. 162 f.
- die Musik.

Die Kamera – Einstellungsgrößen und Perspektiven

Hier sehr ihr, wie sich die Filmkamera ganz unterschiedlich auf ihre „Gegenstände" – hier die Schüler – einstellen kann: total – nah – groß.

1 a) Ordnet diese drei „Einstellungsgrößen" den drei Filmbildern zu.
b) Welche Wirkung haben die verschiedenen Einstellungsgrößen?

Einstellungsgröße heißt der Bildausschnitt, den eine Kamera zeigt. Je nachdem, wie nah die Kamera an das Geschehen heranführt oder wie weit sie entfernt bleibt, entstehen unterschiedliche Wirkungen.
- **Totale:** Gibt einen Überblick über den ganzen Schauplatz, die Figuren, das Geschehen.
- **Halbnah:** Figuren werden etwa vom Knie an aufwärts gezeigt. Die unmittelbare Umgebung ist erkennbar.
- **Nah:** Man sieht Kopf und Schultern von Personen. Diese Einstellung wird häufig bei Dialogen genutzt.
- **Groß:** Ein Objekt (z. B. ein Kopf) füllt das ganze Bild aus.
- **Detail:** Ein bestimmter Ausschnitt wird groß dargestellt (z. B. Augen, Mund, eine Schuhspitze).

10.2 Die Verfilmung des Romans – Mit der Kamera erzählen

Hier seht ihr, dass die Kamera drei verschiedene Blickwinkel („Perspektiven") einnimmt: Normalsicht – Froschperspektive – Vogelperspektive.

2 a) Ordnet diese drei „Kameraperspektiven" den drei Filmbildern zu.
b) Welche Wirkungen haben die verschiedenen Perspektiven?

> Die **Kameraperspektive** beschreibt den Blickwinkel, aus dem Personen, Gegenstände, ein Raum oder die Landschaft gezeigt werden:
> - Als **Normalsicht** empfindet man eine Kameraposition auf Augenhöhe der handelnden Figuren.
> - Die **Froschperspektive** führt den Blick von unten nach oben. So kann man etwa Filmfiguren besonders hervorheben. Oft wirkt diese Perspektive bedrohlich.
> - Bei der **Vogelperspektive** blickt die Kamera von oben und ermöglicht zum Beispiel einen Überblick über eine Situation.

 3 Wählt eine Filmszene aus – z. B. die Prügelei im Park oder die Theaterproben – und untersucht Einstellungsgrößen, Perspektivewechsel und ihre Wirkung.

10.3 Projekt: Ideen rund um „Das fliegende Klassenzimmer"

Eine Romanszene für die Bühne gestalten

„... Dann folgte die Uraufführung des *Fliegenden Klassenzimmers*. Um es gleich zu sagen: Die Aufführung klappte großartig."

Vielleicht seid ihr auf der Suche nach einer schönen Spielvorlage für den Elternabend oder das nächste Schulfest oder ...?
Wie wäre es mit dem „Fliegenden Klassenzimmer" von Johnny Trotz?
Ihr müsst ja nicht alle fünf Akte spielen; müsst auch keine gereimten Verse sprechen – es geht auch in Prosa!

1. *Sucht im Roman von Erich Kästner alle Stellen, die sich mit dem Stück von Johnny beschäftigen; besonders in Kapitel 1:*
   - *Welcher **Akt** reizt euch am meisten?*
   - *Was soll alles passieren? Habt ihr noch mehr Ideen als Johnny?*
     *Notiert die **Handlung** erst einmal in Stichpunkten.*
   - *Wer übernimmt welche **Rolle**?*
   - *Schreibt die **Dialoge** für eure Rollen.*
     Das können Stichpunkte sein. Die Schauspieler/innen können sie auf der Bühne ergänzen.
   - *Wollt ihr **Kulissen** basteln und bemalen?*
     Welche Kostüme braucht ihr?
     Welche Requisiten eignen sich für die Szenen?

> **TIPP**
> Viele nützliche Hinweise zum Theaterspielen bietet Kapitel 9! ▷ S. 137 ff.

„Das fliegende Klassenzimmer" – Ein Rap

Vielleicht ist euch „Das fliegende Klassenzimmer" für das Schulfest zu aufwändig. Wie wäre es mit dem Rap aus dem Film?

Wer ist schon gern allein?

Hilfe, ich hass dich
Das Leben schafft mich
Niemandem mach ich's recht – echt
Hör auf zu jammern
5 Tu dir bloß nicht leid
Damit kommst du nicht weit
Denn schuld sind nicht die anderen
Schieb's keinem in die Schuh
Am Ende bist nur du allein der Reim
10 Auf dein Unzufriedensein

Wie man's auch macht
Kommt der Verdacht
Man macht es keinem recht
Doch man bemüht sich echt
15 Und das ist ungerecht
Alle reden auf dich ein
Wollen schlauer sein
Keiner nimmt dich ernst
Und das ist hundsgemein
20 Was soll man tun
Wenn diese Welt sich gegen einen stellt
Wenn die Decke kracht
Und auf den Deckel fällt

Wer ist schon gern allein
25 Viel besser ist zusammen sein
Du bist der größte Held
Bist du nicht bloß auf dich selbst gestellt
[...]

Steck den Kopf nicht in den Sand
Schau der Wahrheit ins Gesicht
30 Und versteck dich nicht
Das Gejammer, lass es stecken
Musst den Tiger in dir wecken
Neue Wege für dich checken
Und die Welt für dich entdecken
35 Zeig, wer du bist, und lass dich nicht verbiegen
Bleib Optimist, lass dich nicht unterkriegen
Macht nicht schlapp
Wenn ihr Pech habt
Denn wer fällt, steht wieder auf
40 Und ist besser drauf
Und wenn du glaubst, dass es keinen gibt
Auf dieser Welt
Der mit dir tut, was dir gefällt
Hör auf dein Herz und glaube mir

[...]

45 Wer ist schon gern allein ...

1 Was ist ein „Rap"? Woher kommt die Bezeichnung? Seit wann kennt man das?

2 Worum geht es in „Wer ist schon gern allein?"?

3 Erweitert den Rap. Ihr könnt natürlich auch einen eigenen schreiben!

4 Macht euren Rap zu einer attraktiven Musik- und Bühnenshow!

5 Für einen wirkungsvollen ▷ Vortrag ist es günstig, den Rap-Text zu markieren: ▷ S. 122
- ☐ Setzt Ausrufezeichen, Fragezeichen und Schlusspunkte, auch Kommas.
- ☐ Unterstreicht wichtige Wörter.
- ☐ Markiert Pausen: ||
- ☐ Kennzeichnet das Heben und Senken der Stimme:

Hörszenen gestalten

Erich Kästner
Das fliegende Klassenzimmer

Seite 1: 48'48   Seite 2: 25'44

Erzähler . . . . Heinz Schimmelpfennig
Dr. Bökh, Hauslehrer . . . . Wolfgang Reinsch
Der Nichtraucher . . . . Ludwig Thiesen
Professor Kreuzkamm . . . . . . Hannes Tannert
Frau Egerland . . . . Maja Scholz
Mutter Thaler . . . . Irene Marwitz

Die Tertianer:
Martin . . . . G. Noebel
Matthias . . . . Rainer Baudisch
Johnny . . . . Lutz Hochstrate
Uli . . . . Thomas Rosengarten
Sebastian . . . . Tim Elstner
Rudi . . . . Karl-Heinz Butzen
Fridolin . . . . Herbert Dardel

Die Realschüler:
Egerland . . . . Andreas Dahlmeyer
Heinrich . . . . Johannes Siege
Kurt . . . . Lothar Dahlmeyer

1 Sucht euch Szenen aus dem „Fliegenden Klassenzimmer" aus, die ihr aufnehmen könnt:
- ☐ Welche Textstellen werden von einer Erzählstimme gesprochen?
- ☐ Welche Dialoge könnt ihr direkt aus dem Buch übernehmen?
  Welche müsst ihr ändern?
- ☐ Welche Geräusche, welche Musik lassen sich einsetzen?

10.3 Projekt: Ideen rund um „Das fliegende Klassenzimmer"

Eine Romanszene verfilmen

**Achtes Kapitel –
Warum Uli einen Schirm mitbrachte**

<u>Uli hatte sich, ohne dass die anderen es gemerkt hätten, aus der Halle gestohlen.</u> ~~Er fürchtete, dass sie ihn an seinem Vorhaben hindern könnten. Und das durfte nicht geschehen.~~
<u>Über fünfzig Jungen standen neugierig auf der verschneiten Eisbahn und erwarteten ihn.</u> ~~Den Älteren hatte man nichts erzählt. Die Jungen hatten gleich das Gefühl gehabt, dass etwas Außergewöhnliches und Verbotenes bevorstehe.~~ Sie hatten die Hände in den Manteltaschen und äußerten Vermutungen. „Vielleicht kommt er überhaupt nicht", sagte einer. Aber da kam Uli schon. Er ging wortlos an ihnen vorüber und schritt auf die eisernen Kletterstangen zu, die am Rande des Platzes standen. „Wozu hat er eigentlich einen Schirm mit?", fragte jemand. Aber die anderen machten „Pst!". Neben den Kletterstangen erhob sich eine hohe Leiter. Eine der üblichen Turnleitern, wie sie in allen Schulen zu finden sind. <u>Uli trat an die Leiter heran und kletterte die eiskalten Sprossen hinauf.</u> Auf der vorletzten Sprosse machte er halt, drehte sich um und blickte zu der großen Jungenmenge hinunter. Er schwankte ein bisschen, als ob ihm schwindle. Dann riss er sich zusammen und sagte laut: „Die Sache ist nämlich

Halle, halbnah

Eisbahn, Totale

Dialog, nah

Froschperspektive

Groß

„Das fliegende Klassenzimmer" ist mehrmals verfilmt worden.
Könnt ihr mit einer Digital- oder Videokamera umgehen?
Dann versucht doch, eine geeignete Romanszene zu verfilmen!

1 *Überprüft, wie oben Kapitel 8 für eine Verfilmung vorbereitet wurde.*

2 *Sucht euch eine Romanszene aus, die ihr gerne verfilmen möchtet.*
  a) Kopiert sie und markiert und notiert alle „Filmstellen".
  b) Schreibt ein „Drehbuch" der Szene.

Drehbuch *Fliegendes Klassenzimmer*

Szene: Kapitel 8 – Ulis „Fallschirmsprung"

Handlung Orte	Ton Dialoge, Musik, Geräusche	Kamera
1. Turnhalle Uli schleicht sich weg		Halbnah
2. Eisbahn	Stimmengewirr der Jungen Dialog von 2 Jungen:	Totale Nah

167

> **TIPP**
> Das ▷ Theaterkapitel 9 enthält viele praktische (Spiel-)Hinweise, die auch für eine Verfilmung nützlich sind.   ▷ S. 137 ff.

Den Film beurteilen – Lerntagebuch

Thema: Eine Filmkritik (FK) schreiben

Das habe ich gelernt:
- ☐ Eine FK ist mehr als „Echt geil!" – „Cool!" oder „Ätzend!".
- ☐ Notizen machen im Dunkeln und bei laufendem Film – schwierig!
- ☐ Nur auf ganz bestimmte, wichtige Punkte im Film achten. Nicht zu viel!
- ☐ Auch an die Kamera („Perspektive"), Tempo, Musik und Ton denken. Nicht nur auf Handlung und Hauptdarsteller/in achten.
- ☐ Eine knappe Inhaltsangabe machen – verdammt schwer!

So hab ich's gelernt:
- ☐ Den Film einmal betrachtet.
- ☐ Alles notiert, was mir aufgefallen ist: Gutes, Schlechtes, Unklares ...
- ☐ Dann überlegt, worauf ich besonders aufpassen will; z. B. die Unterschiede zum Roman.
- ☐ Den Film nochmal gesehen; jetzt ganz gezielte Notizen gemacht.

Noch unklar:
Wenn sich ein Film über einen Roman nicht genau an die Vorlage hält: Ist das verboten?

Das nehme ich mir vor:
- ☐ Die Frage oben in der nächsten Deutschstunde stellen.
- ☐ Einen anderen Literaturfilm anschauen (Harry Potter, Ronja Räubertochter, Hexen hexen ...) und für die Schülerzeitung eine FK schreiben.
- ☐ Der Schülerzeitung vorschlagen, in jeder Nummer eine Kritik zu einem Kino- oder Fernsehfilm abzudrucken.

> **WÖRTERLISTE**   ▷ S. 208
>
> | | | | | |
> |---|---|---|---|---|
> | Klappentext | Figur | Regie | Musik | Totale |
> | Internat | Lektüre | Perspektive | Detail | Szene |
> | Gymnasium | Illustration | Kritik | Geräusch | Einstellung |

NACHDENKEN ÜBER SPRACHE

11 Grammatiktraining

11.1 Alte Bekannte – Die wichtigsten Wortarten

Eierraupe

Du brauchst:
weißen, *grünen* und *schwarzen Tonkarton*, *Eier*, *grüne Plakafarbe*, *Pinsel*, *schwarzen Filzstift*, *Klebestift*, *Schere*, *Locher*, etwas *Blumenerde*, *Kressesamen*

So *geht* es:
Zwei *Eier ausblasen* und *sie* vorsichtig halbieren.
Die vier *halben Eierschalen* mit *grüner Plakafarbe* bemalen. Aus *dem grünen Tonkarton* einen *Kreis* für *den Kopf* und *ein kleines Schwänzchen* ausschneiden. *Die Teile* mit *einem Klebestift* an *den bunten Eiern* befestigen. Für *die Füße* acht *Kreise* aus *grünem Ton*karton in *der Größe eines Zwei-Euro-Stückes* anfertigen. Je zwei so *zusammenkleben*, dass *sie* etwa zur *Hälfte überlappen*.

Für die Augen zwei kleine Kreise ausschneiden und mit schwarzen Locherpunkten als Pupillen bekleben. Den Mund mit einem schwarzen Filzstift aufmalen. Die Raupenfühler aus schwarzem Tonkarton schneiden und sie an den Kopf kleben. In die Eierschalen der Raupe etwas Blumenerde mit Kressesamen füllen und an ein Fenster stellen. Die Erde leicht feucht und warm halten, damit deiner Raupe schnell ein buschiges Fell wächst.

1 Nicht nur zu Ostern ist diese Eierraupe ein lustiges Geschenk. Probiert sie anhand der Bastelanleitung aus.

2 a) Übertragt die Tabelle in euer Heft und füllt sie mit den schräg gedruckten Wörtern aus der Bastelanleitung:

Nomen	Artikel	Pronomen	Adjektive	Verben
Eierraupe	die	du	weißen	brauchst
...	dem	...	...	...
	einen			

b) Ordnet weitere Wörter aus dem Rest der Anleitung in die Tabelle ein.
c) Welche Wortart kommt am häufigsten vor, welche am seltensten? Warum ist das so?

3 Veranschaulicht die Angaben in der Tabelle durch ein Balkendiagramm.

4 *Drei Verben (brauchst, geht, wächst) stehen in der 2. Person Präsens, die anderen im* *? Wie heißt diese Verbform, die in Wörterbüchern und oft in Bastelanleitungen und Rezepten steht?*

Nomen – Große Worte im Poesiealbum

1. Welcher Spruch gefällt euch besonders gut?
   Mit welchem könnt ihr nicht viel anfangen?

2. a) Sammelt andere Sprüche dieser Art.
   b) Gestaltet mit ihnen schöne Blätter für eine Pinnwand.

3. a) Die wichtigen Wörter der Sprüche oben gehören alle zu einer ganz bestimmten Wortart – zu welcher?
   b) Sammelt sie in folgender Tabelle:

Personen, Namen	andere Lebewesen	Gegenstände	Gedanken, Gefühle

   c) Ergänzt die Tabelle mit passenden Wörtern aus euren Sprüchen.

4. Woran erkennt man Nomen in einem Text?

5. a) Es gibt bestimmte Endungen (Suffixe), die nur zu Nomen gehören.
   Drei findet ihr in den Sprüchen oben.
   b) Sammelt weitere Endungen, die typisch für Nomen sind.

6. Veranstaltet ein Gruppen-Wettspiel: Welche Gruppe findet in fünf Minuten die meisten Beispiele zu den Nomen-Endungen?

7. Fertigt ein Lernplakat an, auf dem ihr erklärt:
   ☐ Was benennt man mit Nomen?
   ☐ Woran erkennt man sie?
   ☐ Welche Endungen sind bei Nomen häufig?

11.1 Alte Bekannte – Die wichtigsten Wortarten

 8 *Hier könnt ihr neue Nomen bilden!*

Adjektiv	Endung (Suffix)				
	-ung	-schaft	-heit	-keit	-nis
berühmt			Berühmtheit		

Verb	Endung (Suffix)				
	-ung	-schaft	-heit	-keit	-nis
kennen					Kenntnis

a) *Bildet mit folgenden Adjektiven und Verben neue Nomen:*

schön   dichten   hindern   gemein   bewegen   sauber   beobachten   leiden

traurig   ausstellen   frei   finster   gesund   entscheiden   bekannt   leisten

verbessern   wirklich   bedeuten   aufmerksam   erzeugen   erzählen   zufrieden

gleichgültig   erfahren   ereignen   pünktlich   erkälten   erlauben   kostbar

b) *Ergänzt die Tabelle mit eigenen Beispielen.*

> Viele Nomen bestehen aus mehreren **Wortbausteinen.**
> Fügt man an ein(en) **Wort(stamm)** eine **Endung** (Suffix) an, so entsteht ein neues Nomen, eine **Ableitung:**
>
> geheim   + -nis   → Geheimnis
> wirk(en)   + -ung   → Wirkung
>
> Wort(stamm)   Endung (Suffix)   Ableitung

Early to bed
and early to rise
makes the man healthy,
wealthy and wise.

Little drops of water,
little grains of sand
make the mighty ocean
and the pleasant land.

 9 a) *Im Englischen werden Nomen im Allgemeinen kleingeschrieben.*
      Schreibt alle Nomen aus diesen englischen Poesiesprüchen heraus.
   b) *Welche Nomen müssen auch im Englischen großgeschrieben werden? Nennt Beispiele.*
   c) *Kennt ihr typische Nomen-Endungen im Englischen?*

11 Grammatiktraining

KAMELUCHSCHAFOHLENTELEFANTILOPELIKANINCHENGSTIERPELSTERRIER

10 Diese Riesenschlange hat 14 Tiere verschlungen!
Schreibt die Tiernamen mit ihrem bestimmten Artikel heraus.

11 Erklärt an diesen Beispielen, dass das „natürliche" Geschlecht der Tiere und das grammatische Geschlecht der Nomen nicht übereinstimmen müssen.

> Der häufigste Begleiter eines Nomens ist der **Artikel**.
> An ihm erkennt man das grammatische Geschlecht – das Genus – des Nomens:
>
> **Maskulinum** (männlich)   **Femininum** (weiblich)   **Neutrum** (sächlich)
> *der* Kater   *die* Katze   *das* Kätzchen

12 Wie heißt das weibliche Tier dieser Tierart und wie das männliche?

13 Wer kann einen Satz bilden, in dem *der Ziege* vorkommt?

14 Vervollständigt die vier Sätze mit

Ziege   Ziegenbock   Zicklein

⚅ meckert.
Das Fell ⚅ ist struppig.
Der Bauer gibt ⚅ Futter.
Wir streicheln ⚅.

11.1 Alte Bekannte – Die wichtigsten Wortarten

> Das **Nomen** ändert im Satz oft seinen Artikel und seine Endung.
> Es gibt vier Fälle – vier **Kasus**[1] – in denen es stehen kann:
>
> | | Nominativ (1. Fall) Wer? oder Was? | Genitiv (2. Fall) Wessen? | Dativ (3. Fall) Wem? | Akkusativ (4. Fall) Wen? oder Was? |
> |---|---|---|---|---|
> | Singular (Einzahl) | der Adler
die Taube
das Rotkehlchen | des Adlers
der Taube
des Rotkehlchens | dem Adler
der Taube
dem Rotkehlchen | den Adler
die Taube
das Rotkehlchen |
> | Plural (Mehrzahl) | die Adler
die Tauben
die Rotkehlchen | der Adler
der Tauben
der Rotkehlchen | den Adlern
den Tauben
den Rotkehlchen | die Adler
die Tauben
die Rotkehlchen |
>
> 1 **der Kasus** (z. B. Nominativ) – **die Kasus** (z. B. Nominativ und Dativ)

 15 a) Wählt ein Tier mit männlicher Bezeichnung (Maskulinum), weiblicher Bezeichnung (Femininum) und sächlicher Bezeichnung (Neutrum) aus.
b) Bildet mit jeder Bezeichnung Sätze in allen vier Kasus. Ihr könnt auch den Plural verwenden; oder statt des bestimmten Artikels *(der, die, das)* den unbestimmten *(ein, eine)*.

16 brechen auf, bevor es in 🟢 kalt wird, in denen sie ihre 🟢 gebaut und ihre 🟢 aufgezogen haben. Die ersten haben schleswig-holsteinische 🟢 oder die Städte des 🟢 bereits Ende Juli verlassen. Die weiteste Reise macht 🟢. Von Grönland bis zur Antarktis legt sie 38 000 Kilometer zurück. Der charakteristische Keilflug der 🟢 hat 🟢, dass immer ein nachfolgender Vogel in 🟢 des anderen Vogels unterwegs ist.

| Zugvogel // Gebiet // Nest |
| Brut |
| Laubwald // Ruhrgebiet |
| Seeschwalbe |

| Zugvogel // Vorteil |
| Windschatten |

*Füllt die Lücken mit den passenden Nomen (manchmal mit Artikel).
In welchem Kasus stehen sie?*

Nominativ	Genitiv	Dativ	Akkusativ
die Zugvögel	des Ruhrgebietes	(in) den Gebieten	ihre Nester
...	...	...	...

Pronomen – Kleine Wörter, vielseitig verwendbar

Personalpronomen und Possessivpronomen

1. In diesen Sprüchen stehen acht **Personalpronomen**.
   Schreibt sie heraus und gebt an, wen sie jeweils bezeichnen:

   du → Anna-Lena
   wir → ...

2. In den Sprüchen stehen neben den Personalpronomen noch andere Stellvertreter für Nomen:
   die **Possessivpronomen**.
   Sie geben an, wem etwas gehört:

   unser Herz → Anna-Lenas und Hannahs Herz
   deinem Herzen → ...

   Schreibt alle Possessivpronomen aus den Sprüchen heraus und gebt die „Besitzer" an.

3. Ergänzt die Personal- und Possessivpronomen mit Beispielen aus den Sprüchen auf der Seite 170.

4. Formt die Poesiesprüche so um, dass sie sich an mehrere Personen richten:
   Wollt ihr glücklich sein im Leben, ...

11.1 Alte Bekannte – Die wichtigsten Wortarten

> Die **Personalpronomen** (persönliche Fürwörter)
>
> | ich | mir, mich | **wir** | uns |
> |---|---|---|---|
> | du | dir, dich | **ihr** | euch |
> | er/sie/es | | **sie** | ihnen |
>
> ersetzen Nomen und Namen:
>
> *Ich* (= Alexander) *fragte Ines: „Siehst du das Auto dort? Es gehört ..."*
>
> Die **Possessivpronomen** (besitzanzeigende Fürwörter)
>
> | mein | unser |
> |---|---|
> | dein | euer |
> | sein/ihr | ihr |
>
> begleiten Nomen und geben an, zu wem sie gehören:
>
> *Ich habe mein Frühstück vergessen, gibst du mir deinen Apfel, bitte?*

Adjektive – Wörter für Rekorde

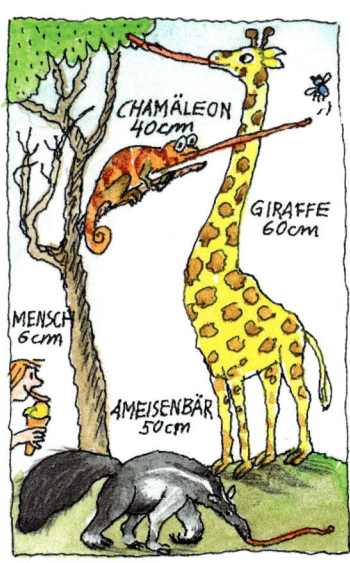

1 *Der Blauwal ist mit 33 Metern Länge das größte Säugetier.*
Der Pottwal kann bis zu 3 000 Meter tief tauchen.
Kennt ihr andere Rekorde im Tierreich?

2 Das Chamäleon hat eine lange Zunge.
Der Ameisenbär hat eine 🌀 Zunge.
Die Giraffe 🌀.

a) Schreibt die Sätze vollständig in euer Heft.

Die Alpendohle kann hoch fliegen.
Der Singschwan 🌀.
Die Nilgans 🌀.

b) Vervollständigt auch diese Sätze.
c) Unterstreicht in euren Sätzen die Adjektive und die Wörter, die sie begleiten: <u>lange Zunge</u>.
d) Welche Wortarten werden von Adjektiven begleitet?

! **Adjektive** (Eigenschaftswörter) beschreiben Lebewesen, Gegenstände usw. genauer.
Sie können Nomen und Verben begleiten:
ein **rosa** Flamingo   Der Sperber fliegt **schnell**.

Bei Vergleichen werden Adjektive **gesteigert**:
Der Pfau hat **lange** Federn. – Positiv
Der Königsfasan hat **längere** Federn. – Komparativ
Das Onagodori-Huhn hat die **längsten** Federn. – Superlativ

Seltsame Rekorde

- Der afrikanische Elefant ist das kleinste Landsäugetier. Er wird 7,5 Tonnen leicht und 3,70 Meter niedrig.
- Moschusochsen haben mit 90 cm das kürzeste Fell aller Tiere.
- Der Schnurwurm kann 30 Meter kurz werden.
- Die Libelle hat die wenigsten Augen. Ihre Linsen bestehen aus 40 000 Einzelaugen.
- Die Stubenfliege ist das unfruchtbarste Tier: Von April bis Mai sorgt sie für 5,6 Billionen Nachkommen.
- Das Faultier ist das schnellste Tier. Auf dem Land bewegt es sich 120 Meter in der Stunde.
- Der Puma kann aus dem Stand 5 Meter tief springen.
- Bakterien können von allen Lebewesen am jüngsten werden: bis 55 Millionen Jahre.
- Boa-Schlangen können am kürzesten hungern. Im Pariser Zoo hat eine Boa 1400 Tage nicht gefressen.

3 a) Was ist an diesen Rekorden seltsam?
b) Welche Wörter müsst ihr austauschen, damit die Rekorde stimmen?

4 a) Stellt die gegensätzlichen Eigenschaften in einer Tabelle zusammen:
b) Ergänzt die Zusammenstellung mit eigenen Beispielen.

klein	groß
leicht	...
...	

11.1 Alte Bekannte – Die wichtigsten Wortarten

Große Leistungen bei Fliegen, Vögeln und Federvieh

Die Stubenfliege hat eine **große** Nachkommenschaft.
Zugvögel vollbringen eine **große** Leistung, wenn sie Tausende von Kilometern über Länder und Meere zurücklegen.
Kaum sind sie **groß**, verlassen Küken auch schon das Nest.

5 *groß – groß – groß*
Das kann man auch anders sagen!
a) Macht aus diesem Buchstabensalat eine Reihe von Adjektiven:

llovskcurdnie	hcilnuatsre	hcilbehre	dnefrewmu	tfahneseir	dnegarrovreh
dnekcurdnieeb	hcilnhöwegnu	llenoitasnes	tnasopmi	neshcawre	eggülf
gnal	soidnarg	dnegarrebü	hcilssemrenu	dnetuedeb	hcilthcaeb	githcäm
snemmi	tmhüreb	fier			

b) Welche Adjektive ersetzen „groß" in den Sätzen oben?
c) Schreibt mit jedem Adjektiv einen sinnvollen Satz.

> **!** Wörter mit ähnlichen Bedeutungen bilden ein **Wortfeld**:
> **klein:** *winzig, zwergenhaft, gering ...*
> **schön:** *prächtig, bezaubernd, schick ...*   **frech:** *dreist, flegelhaft, patzig ...*
>
> Mit Wörtern aus einem Wortfeld kann man seine Sätze **abwechslungsreich** und **treffend** formulieren.

In der Werbung klingt das so:

+ die neuesten Modelle +   *für die schönsten Wochen im Jahr ...*

gibt auch kraftlosestem Haar neue Vitalität   **Gemüse: frisch und preiswert**   ... die zarteste Versuchung

Topqualität zu günstigsten Preisen   *Der neue, frische Duft*

Ab sofort: billiger!

6 a) Sammelt weitere Werbesprüche, in denen Adjektive verwendet werden.
b) In welcher Form stehen die Adjektive?

im Positiv	im Komparativ	im Superlativ

7 *am frischsten – aprilfrisch*
Warum erfinden Werbetexter solche neuen Superlative?

8 a) Arbeitet als Werbetexter/innen und erfindet neue Superlative zu

rein   schnell   modern   frei   glatt   lecker   sauber

elegant   gesund   sonnig

 b) Formuliert einen Werbeslogan mit dem neuen Wort.

9 Tierische Vergleiche: ▷ S. 255

flink		*Fuchs*
stumm		*Vogel*
stark		*Wiesel*
frei	*wie ein(e)*	*Esel*
scheu		*Fisch*
stur		*Bär*
schlau		*Reh*

Schreibt die passenden Tiervergleiche auf.

10 *rot wie ..., schwarz wie ..., grün wie ...*
Findet weitere Farbvergleiche.

11 *Mein Häschen ist* **so groß** *wie Annas Kaninchen.*
Mein Häschen ist **größer als** *das Meerschweinchen.*

Wann verwendet man **wie** und wann verwendet man **als** in Vergleichen?

12 Formuliert dazu eine Regel.

Verben – Wörter für alle Zeiten

Präsens – Eine Zeit für viele Fälle

Heute (scheinen) bei vielen Wolkenfeldern selten die Sonne, es (bleiben) aber trocken. Mit 5 bis 7 Grad (werden) es etwas wärmer als zuvor.
Der Sonntag (starten) freundlich mit Sonne. Mittags (werden) es allmählich wolkiger, (bleiben) aber meist trocken. Montag (sein) stark bewölkt, vereinzelt (fallen) Regen.

Wer jetzt im Frühling durch die Stadt geht, der (sehen), dass in vielen Gärten Sträucher und Bäume kräftig zurückgeschnitten (sein). Jetzt (müssen) es nur noch wärmer (werden), damit die Pflanzenpracht sich entwickeln (können)!

Wir suchen dich!

Für eine Ausbildung bei der Gemeinde Hiddenhausen!
Das (können) dein Arbeitsplatz sein:

Verwaltungsfachangestellte/r.

In diesem Beruf (gehen) es nicht nur um Zahlen und Paragrafen, sondern vor allem um Menschen.

 Hallo, schön, dass sie bei **PLANET-WISSEN** vorbeischauen. Es (geben) hier einiges zu entdecken. Ich (wünschen) Ihnen viel Spaß dabei. Wie Planet-Wissen (entstehen), (erfahren) Sie hinter den Kulissen. Jetzt (gehen) es hier hoch her!

In diesen verschiedenen Texten stehen alle Verben in der Grundform (▷ Infinitiv). ▷ S. 253

1 a) Übertragt die Verben in die passende Form.
b) Warum wird in all diesen Texten das Verb im Präsens verwendet?

Der lateinische Fachausdruck **Verb** (kommen) von „verbum" und (heißen) einfach „Wort". Die deutsche Bezeichnung *Zeitwort* (hinweisen) darauf, dass Verben Zeitangaben (machen): Gegenwart, Vergangenheit ... Die Bezeichnungen *Tätigkeitswort* und *Tuwort* (angeben), dass Verben Tätigkeiten nennen.

! Verben im **Präsens** sagen,
- was gerade geschieht: *Draußen regnet es.*
- was in der Zukunft geschieht: *Morgen regnet es nicht.*
- was immer gültig ist: *Im Winter schneit es.*

Präteritum – Die Form fürs Vergangene

Biberfamilie baute Damm mit gestohlenen Dollars

Baton Rouge – Mit ein paar Tausend Dollar Beutegeld baute eine emsige Biberfamilie im US-Bundesstaat Louisiana einen wertvollen Damm.

Ein Kasinoräuber warf einen Geldsack auf der Flucht ins Unterholz. Die Biber fanden den Sack und nutzten die Banknoten als Füllmaterial für ihren Damm.
Die Polizei in Greensbury ermittelte nach dem Überfall auf das Kasino in der vergangenen Woche. Sie fand von der Beute jedoch keine Spur. Der Täter gab dann den entscheidenden Tipp auf den Fundort. Als die Beamten das Unterholz an einem kleinen Bach durchsuchten, entdeckten sie jedoch nur zwei der drei Geldsäcke. Als sie den Biberdamm öffneten, um im Bach zu suchen, fielen ihnen die feuchten, zerknitterten, aber sonst unversehrten Banknoten in die Hände. Der dritte Geldsack lag aufgerissen und noch halb gefüllt nicht weit entfernt.
Die Biber wurden nicht angeklagt, berichtete die Zeitung „The Advocate".

1 a) Was ist hier passiert? Fasst den Inhalt in einem Satz zusammen.
b) Versucht „Biberdamm" aus dem Textzusammenhang zu erklären.
c) Antwortet auf die vier W-Fragen: Wann? Wo? Was? Wer?

2 Welches Tempus (welche Zeitform) wird in dem Bericht verwendet? Warum nicht das Präsens? Begründet.

3 Schreibt folgende Begründung vollständig in euer Heft:
Der Bericht steht im ..., weil ...

4 a) Kürzt die Sätze des Zeitungsberichts mit der Weglassprobe bis auf das ▷ Subjekt und das ▷ Prädikat: ▷ S. 257
Biberfamilie baute ~~Damm mit gestohlenen Dollars~~.
b) Vervollständigt die Tabelle in eurem Heft.

Präteritum	Präsens
Biberfamilie baute	Biberfamilie baut
Eine emsige Biberfamilie ...	...
...	

11.1 Alte Bekannte – Die wichtigsten Wortarten

Präteritum oder Perfekt – Schriftlich oder mündlich: Darauf kommt es an!

Hier ist die Stadtteilredaktion des „Swindon Herald". Hello, Mrs Kennet. Stimmt es, dass Ihnen Eichhörnchen ...

Ja, ja, das stimmt! Sonntag hab ich es das erste Mal bemerkt. Gegen fünf bin ich zum Tee nach Hause gekommen. Ich habe unseren Hund aus dem Wintergarten gelassen und dabei habe ich zufällig nach dem Weihnachtsbaum gesehen. Und da habe ich entdeckt ...

Und so stand es am nächsten Tag im „Swindon Herald":

Eichhörnchen-Bande stahl Weihnachtsbeleuchtung

(London) – Eine vierköpfige Eichhörnchen-Bande stahl einer britischen Familie die komplette Weihnachtsbeleuchtung aus dem Garten.

Nach Aussage der Familie dauerte der dreiste Diebstahl zwei Tage. In dieser Zeit entwendeten die Nager 250 elektrische Kerzen vom Weihnachtsbaum der Kennets.
Sally Kennet (41) sah mit ihrem dreijährigen Sohn vom Wintergarten aus: „Die Tierchen haben das Futter nicht angerührt, das auf der Terrasse extra für sie gelegen hat. Dafür haben sie die roten Leuchten in Windeseile gemeinsam abgeknabbert."
Enttäuscht fügte sie hinzu: „Ich habe immer gedacht, es sind intelligente Tiere, aber sie haben die Kerzen wohl mit Nüssen verwechselt. Wir haben sie verscheucht. Aber das hat nichts genutzt: Die Eichhörnchen sind sofort zurückgekehrt, wenn wir ihnen den Rücken gekehrt haben."

1 a) Schreibt den Zeitungsartikel ab.
b) Unterstreicht alle Verbformen im **Präteritum** rot.

2 Im zweiten Teil des Zeitungsartikels (Z. 10 ff.) stehen die Verben in einer anderen Form. Unterstreicht sie blau.

3 Das **Perfekt** besteht aus zwei Teilen:
  ☐ einer Präsensform von **haben** oder **sein**   ☐ dem **Partizip II**:

  *Sie **haben** das Futter nicht **angerührt**.*   *Sie **sind** sofort **zurückgekehrt**.*

Sortiert die Perfektformen in dem Zeitungsartikel nach der Bildung mit **haben** oder **sein**:

Perfekt	
*Präsens von **haben** + Partizip II*	*Präsens von **sein** + Partizip II*
haben angerührt	sind zurückgekehrt
...	...

181

4 a) Welche Zeitform wird im Telefongespräch auf Seite 181 oben benutzt?
b) Tragt die Verbformen in die Tabelle ein (Aufgabe 3).

5 Ergänzt den Merksatz in eurem Heft:
Wenn wir **mündlich** von Vergangenem erzählen, benutzen wir meist das..., **schriftlich** benutzen wir das ...

6 a) Übernehmt die Tabelle in euer Heft und ergänzt sie mit den richtigen Zeitformen:

Infinitiv	Präsens	Präteritum	Perfekt
gehen	Ich ...	Ich ...	Ich ...
	Du ...	Du ...	Du hast gesehen.
fragen	Er...	Sie ...	Es ...
	Wir fahren.	Wir ...	Wir ...
	Ihr ...	Ihr fandet.	Ihr ...
	Sie laufen.	Sie ...	Sie ...

Kuh fraß Handy: Klingeln im Bauch

Münster (dpa) – Wie die Lokalredaktion berichtete, half eine junge Frau ihrer Mutter im Kuhstall beim Füttern. Danach vermisste sie ihr Handy. Sie wählte ihre eigene Nummer von einem anderen Apparat aus. Tatsächlich vernahm sie ein leises Klingeln. Als sie dem Klingelton folgte, stellte sie fest, dass das Geräusch aus dem Bauch einer Kuh kam.
Zu möglichen Gesundheitsproblemen der Kuh und dem Schicksal des Handys machte die Redaktion keine Angaben.

b) Ergänzt die Tabelle mit den Verben dieses Zeitungsartikels.

7 Die junge Frau erzählt abends ihrem Freund:
Stell dir vor, was ich heute erlebt habe. Ich habe ...
Schreibt weiter und benutzt nur das **Perfekt**.

11.1 Alte Bekannte – Die wichtigsten Wortarten

Plusquamperfekt – Mehr als vergangen

„Robin Hood" gefasst

Straßburg 14. April. Gestern nahm die französische Polizei einen seit sieben Wochen flüchtigen Strafgefangenen fest. Der 49-Jährige war während eines Freigangs nicht
5 mehr ins Gefängnis zurückgekehrt.
Der Mann verbüßte eine 10-jährige Strafe, weil er in den 70er-Jahren durch zahllose Einbrüche aufgefallen war. Er hatte jedoch die gestohlene Beute nie selber behalten, sondern
10 war durch ganz Frankreich gereist und hatte sie in den Elendsvierteln der Großstädte an Bedürftige verteilt. Auch hatte er bei keinem seiner Überfälle von einer Schusswaffe Gebrauch gemacht.

1 Wer kann die „Headline" erklären?

2 In dem Zeitungsartikel kommt außer dem Präteritum eine weitere Zeitform vor.
   a) Schreibt den Text ab und unterstreicht die Präteritumformen rot, die andere Zeitform grün.
   b) Wie wird diese Zeitform, das **Plusquamperfekt**, gebildet?

Plusquamperfekt	
sein + Partizip II	*haben* + Partizip II
war zurückgekehrt	...

3 Wann verwendet man das Plusquamperfekt? Der Zeitstrahl hilft euch bei der Antwort:

```
                    Präteritum    Präsens
   ●─────────●──────────●──────────●──────────●─────▶ · · · ·
70er-Jahre  vor sieben  gestern   heute     morgen
             Wochen
```

> ❗ Wenn etwas berichtet wird, was noch weiter in der Vergangenheit liegt als die Geschehnisse im Präteritum, verwendet man das **Plusquamperfekt**:
>
> *Gestern **fasste** man einen Strafgefangenen, der vor vier Wochen **ausgebrochen war**.*
>   ← Präteritum   Plusquamperfekt →
>
> Das Plusquamperfekt wird mit einer Form von *haben* oder *sein* im Präteritum + Partizip II gebildet.

11 Grammatiktraining

4

		nachdem	
Wir kauften ein.	→	----	Wir fuhren los.
Wir fuhren eine Stunde.	→	----	Wir machten Frühstückspause.
Wir kamen an.	→	----	Wir machten eine Wanderung.
Wir erreichten den Gipfel.	→	----	Wir machten eine längere Pause.
Wir schafften den Abstieg.	→	----	Wir erreichten das Dorf.
Wir aßen zu Abend.	→	----	Wir fielen erschöpft ins Bett.

a) Verbindet jeweils die beiden Sätze zu einem Satzgefüge mit der Konjunktion **nachdem**. Verwendet dabei für die jeweils frühere Handlung das Plusquamperfekt und für die spätere das Präteritum.

b) Versucht die Sätze auch mit der ▷ Konjunktion **bevor** zu verbinden. ▷ S. 200
Wo ist das sinnvoll?

Krokodile ⓖ (halten) Feuerwehr in Atem

Pfullendorf • Zwei Krokodile ⓖ (sorgen) am Donnerstagabend bei Polizei und Feuerwehr in Pfullendorf für Aufregung. Ein
5   Wanderzirkus, der dort sein Winterquartier ⓖ (aufschlagen), ⓖ (melden) der Polizei gegen 17 Uhr, dass die beiden Tiere ausgebrochen seien.
10 Während man das kleinere, 2,5 Meter lange Reptil schnell einfangen ⓖ (können), ⓖ (flüchten) der fünf Meter lange „Santos" in einen nahen Stadtsee. Gemeinsam mit
15 der Krokodil-Dompteurin ⓖ (suchen) Polizei und Feuerwehr mit einem Schlauchboot den kleinen See ab, bis sie das dressierte Tier in Ufernähe ⓖ (entdecken). Da „Santos" auf Zurufe
20 nicht ⓖ (reagieren), ⓖ (steigen) die Tochter des Halters kurz entschlossen ins Wasser, ⓖ (setzen) sich rittlings auf den Rücken des Reptils und legte „Santos" eine Schlinge um den Hals. Wegen des zentnerschweren Gewichts ⓖ (müssen) zehn Mann anrücken, um
25 das Tier abzutransportieren. Gegen Mitternacht ⓖ (können) „Santos" erfolgreich in einen beheizten Zirkuswagen verfrachtet werden.
30

5 Schreibt den Zeitungsbericht ab und tragt die Verben in der richtigen Zeitform ein (Präteritum oder Plusquamperfekt).

6 *Ein Feuerwehrmann erzählt abends am Stammtisch: ...*
Die Dompteurin telefoniert mit ihrem Freund: ...
Nehmt die Rolle von Feuerwehrmann oder Dompteurin ein. Verwendet das ▷ Perfekt. ▷ S. 181 f.

11.1 Alte Bekannte – Die wichtigsten Wortarten

Futur I – Die Form der Zukunft

Wir werden ziemlich früh aufbrechen. Aber wahrscheinlich werden wir trotzdem stundenlang im Stau stehen. Und in Rom werden wir sicher ganze Tage in Museen verbringen. Wegen dieser Reise werde ich bei deiner Party am Samstag leider nicht dabei sein können. Ich werde dich bestimmt vermissen!

1 a) Wann findet die Romreise statt, von der hier die Rede ist?
b) Woran erkennt man das?

Mit dem **Futur I** kann man ausdrücken, was in der Zukunft geschehen wird:
Ich werde (bald) gehen.   Man wird ja sehen.
Es wird gebildet aus einer Form von *werden* im Präsens + Infinitiv.

Auch Peter plant eine Reise:

Am Freitag fahre ich mit meinem Vater nach Bad Godesberg. Dort wohnen wir bei meiner Tante Tilly. Am Samstag gehen wir zum Drachenfels und am Sonntag besuchen wir einen Freund von Papa in Bonn. Dann spiele ich mit seiner Tochter bestimmt wieder Tischtennis.

2 In welcher ▷ Zeitform erzählt Peter von seinen Plänen?   ▷ S.179

3 a) Schreibt die Sätze im Futur I auf.
b) Vergleicht die beiden Fassungen.

4 Macht dasselbe mit Petras Romreise oben.
a) Übertragt die Äußerung ins Präsens.
b) Vergleicht die beiden Fassungen.
c) Mit welchen Zeitformen lässt sich also über Zukünftiges reden?

5 a) Welche Zeitformen werden in Wettervorhersagen verwendet (Fernsehen, Zeitung, Radio)?
b) Schreibt eine Wettervorhersage für morgen. Welche Zeitformen verwendet ihr?

6 Stellt euch vor, wir schreiben das Jahr 3000. Was wird da wohl anders sein?
Im Jahre 3000 werden wir...

Prüft euer Wissen:
Die verschiedenen Zeitformen

Die erste Bibliothek der Welt

Vor 4000 Jahren errichtete ein Herrscher des Landes Sumer eine Schatzkammer des Wissens. Schreibkundige Leute hatten wichtige Gesetze, Texte und auch Märchen und Lieder auf Tontafeln geschrieben. Mehr als 20000 solcher Schrifttafeln sind so entstanden.
Diese Schatzkammer des Wissens ist die erste Bibliothek der Welt.
Das Wort Bibliothek bedeutet Büchersammlung oder Bücherei.
Früher hat nicht jeder Zutritt zu Bibliotheken gehabt. Noch um 1770 brauchte man in Berlin eine Erlaubnis für die Königliche Bibliothek. Heute nutzen Millionen Menschen das Wissen aus den dort gesammelten Büchern. Bibliotheken in der ganzen Welt werden auch in Zukunft Überliefertes und Neues bewahren.

1 *Schreibt den Text ab und unterstreicht die ▷ Prädikate.* ▷ S. 257

2 *Schreibt die Prädikate heraus und bestimmt die Zeitformen. Schreibt jeweils den Infinitiv dazu.*

Auch unter Büchern ⓖ (geben) es Riesen und Zwerge. Zu den Riesen ⓖ (zählen) der Atlas des Kurfürsten von Brandenburg. Der Kurfürst ⓖ (erteilen) im 17. Jahrhundert den Auftrag für den Atlas. Allein für den Ledereinband ⓖ (brauchen) man die Haut von drei Kühen.
Den Zwerg unter den Büchern ⓖ (erkennen) man nur unter der Lupe. Auf jeder Seite ⓖ (finden) man nur einen Buchstaben aus dem Alphabet. Dieses 2,5 mm breite und 3 mm hohe Buch ⓖ (drucken) man 1971 in Leipzig.

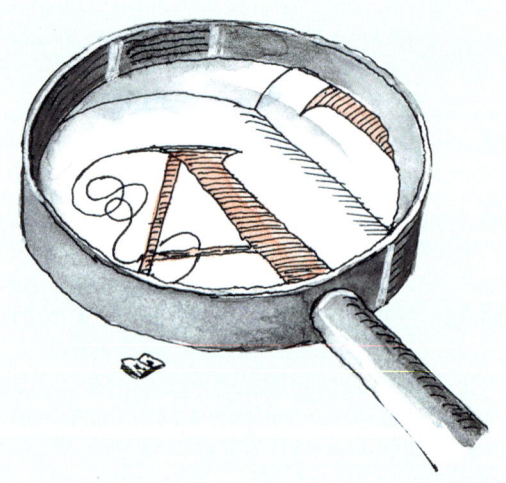

3 *Präsens – Perfekt – Präteritum – Plusquamperfekt?*
Welche dieser Zeitformen kann man in diesem Text verwenden?
Vergleicht eure Ergebnisse.

Präpositionen – Wörtchen für alle Lagen

1 a) Schreibt auf, was die Kätzchen jeweils machen können:
   *Ein Kätzchen kuschelt **im** …*
   *Ein Kätzchen hockt **unter** …*
   ***Zwischen** …*
   b) Wozu dienen die kleinen Wörtchen wie **im, unter, zwischen** im Satz?
   Auf welche Wortart beziehen sie sich?

> **Präpositionen** (Verhältniswörter) geben die Verhältnisse an zwischen Gegenständen und Personen. Sie stehen in der Regel vor Nomen und Pronomen:
> *in der Schule, auf dem Dach, bei Regen, wegen Nebels, für alle, mit dir …*

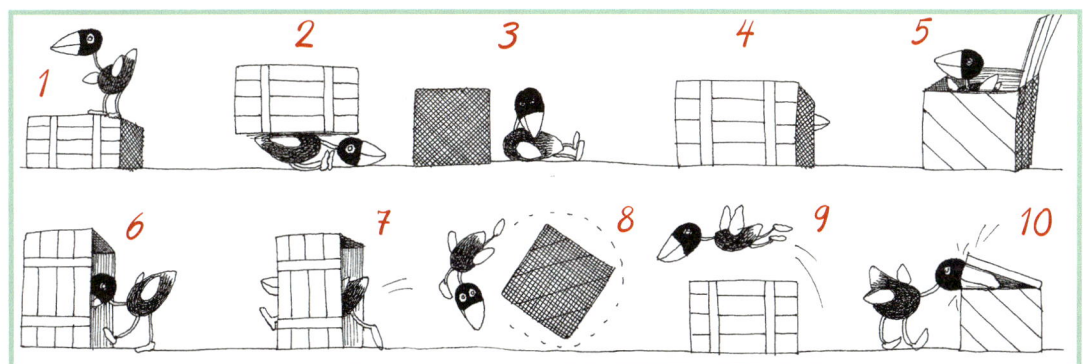

2 Beschreibt, **wo** Rabe Xaver sich bei seinen sportlichen Übungen befindet. Bildet entsprechende Sätze und markiert die Präpositionen.

Die Prager, der Alchimist, das Gold und der große Knall

Unter einer sensationellen Kunde zog **mit** 400 Jahren ein arabischer Alchimist **neben** der Stadt Prag ein. Er versprach, das Gewicht **zwischen** Gold zu verdoppeln und wollte dies **an** aller Öffentlichkeit beweisen.
Die reichen Bürger schleppten ihre Goldmünzen **im** Festsaal, **unter** dem der geheimnisvolle Fremdling eingeladen hatte. Sie liehen ihm ihre Münzen **von** der Hoffnung, ihr Gewicht würde sich schlagartig vergrößern. Der weise Magier begann seine feierliche Prozedur. **Neben** der allergrößten Spannung ereignete sich eine donnernde Explosion **vor** Rauch, Gestank und Flammen. Als sich die Aufregung gelegt hatte, war der Fremde spurlos verschwunden und **ohne** ihn das Gold der Prager.

3 Da stimmt was nicht. Schreibt den Text ab und setzt die Präpositionen richtig ein. Achtung: An einigen Stellen müsst ihr nicht nur die Präposition ändern!

Das Nomen nach einer Präposition steht in einem bestimmten Kasus (Fall):

*Bei **dem** Regen bleib ich hier.*   *Wegen **des** Regens bleibe ich.*

Wem?   *Wessen?*
Dativ   Genitiv

Vorsicht – Frühlingsgarten mit Löchern!

Dieser hübsche Garten wird einem Kartondeckel angelegt. Die Beete sind Wellpappe, die Regentonne dem Haus ist einer Pappröhre und das Frühbeet einer kleinen Schachtel gebaut. Alles wird eine zweite Pappe geklebt. Eine etwa 1 cm dicke Styroporplatte befindet sich dieser Pappe. So kann man die Bäume, Sträucher und Bohnenstangen das Styropor stecken.
Das Haus wird Karton gezeichnet, dann schneidet man es aus und klebt es zusammen. Das Dach wird zum Schluss geklebt.
Den Beeten sprießen die jungen Pflanzen, gedreht und geknüllt kleinen Fetzen Seidenpapier. Frühbeet wachsen Kopfsalat, Lauch und Karotten, Seidenpapier hergestellt und Zahnstocher gespießt.

4 a) Wenn ihr folgende Präpositionen einsetzt, könnt ihr diesen Frühlingsgarten basteln.

in   aus   neben   auf   unter   zu

b) In welchem ▷ Kasus (Fall) stehen die Nomen nach den Präpositionen?   ▷ S. 173

… in einem Kartondeckel … In **wem?/was?** = Dativ

11.2 Sagenhafte Satzglieder

Subjekte und Objekte

Wie Siegfried das Schmiedehandwerk erlernte

Nachdem er die Burg seiner Eltern bei Xanten heimlich verlassen hatte, kam  eines Tages zur Hütte eines Schmiedes tief im Wald.

Am nächsten Morgen nahm Mime, der Schmied,  mit in seine Werkstatt, gab  den schweren Hammer in die Hand und  ihn zum Amboss.

1 Schreibt den Beginn der ▷ Siegfriedsage mit passenden Ergänzungen in euer Heft. ▷ S. 95
a) Welche Wörter habt ihr eingefügt?
b) Um welche ▷ Satzglieder handelt es sich dabei? ▷ S. 257

Wer oder *was*
tut dies oder das?
Du weißt es perfekt:
Es ist das **Subjekt**!

Das **Prädikat** zu jeder Zeit
zeigt uns als *Verb* die Tätigkeit!

Akkusativobjekte stehn
als Antwort auf die Frage *wen?*

Dativobjekte, kein Problem,
antworten auf die Frage *wem?*

Siegfried hat König Gunter im Kampf gegen die Sachsen unterstützt und sie haben einen beeindruckenden Sieg errungen. Man plant ein großes Fest.

Siegfried blieb in Worms, weil er hoffte, die schöne Kriemhild zu sehen.
Inzwischen wurde alles für das Fest vorbereitet und Knechte errichteten Zelte am Ufer des Rheins, denn es sollten viele Gäste kommen.

Auch die Frauen waren nicht müßig. Sie holten Schmuck und Kleider aus den Truhen,
und Frau Ute, die Königinmutter, befahl Festgewänder zu nähen, damit man den Gästen
würdige Geschenke machen könne.
Die Zeit verging rasch und bald ritten die ersten Gäste in die Königsburg von Worms,
willkommen geheißen von Gernot und Giselher. Als das Fest schließlich begann, waren
fünfzigtausend Gäste versammelt.
Da trat Ortwin von Metz zu König Gunther und sprach: „Wenn diese Siegesfeier so glänzend werden soll, wie es Eurem Rang geziemt, so gestattet, dass auch die Frauen des Hofes
daran teilnehmen, und erlaubt Eurer Schwester Kriemhild, sich bei dem Fest zu zeigen."
„Gern will ich diese Bitte erfüllen", erwiderte Gunter, und sogleich sandte er nach Frau
Ute und ließ sie zusammen mit Kriemhild zum Fest bitten.

2 a) Klärt aus dem Textzusammenhang die Bedeutung von „waren nicht müßig" (Z. 4) und
„wie es Eurem Rang geziemt" (Z. 11).
b) Es heißt einmal „Frau ... Ute befahl" (Z. 5) und dann „ließ sie ... zum Fest bitten" (Z. 14).
Was erfahrt ihr daraus über das Ansehen von Ute und Kriemhild am Königshof in Worms?

3 Übertragt die Tabelle in euer Heft und ordnet die unterstrichenen Satzglieder aus dem
Sagentext oben richtig ein:

Subjekt (Wer?/Was?)	Dativobjekt (Wem?)	Akkusativobjekt (Wen?/Was?)
Siegfried	...	...

Inzwischen hatte sich Gernot an seinen Bruder Gunter gewandt: „Erinnert Euch Siegfrieds großer Taten, deshalb rate ich, dass Ihr ihn besonders ehrt und unsere Schwester
bittet, ihn zu begrüßen. Er wird uns immer in Treue verbunden bleiben und wir können
uns seiner Freundschaft rühmen." Es bedurfte keiner weiteren Worte, mit Freuden war
Gunter dazu bereit.
Zum ersten Mal stand nun der stolze Siegfried vor der schönen Königstochter und
glühendes Rot übergoss sein Gesicht, als sie ihn mit freundlichem Gruße ansprach.
Da fasste Kriemhild seine Hand und sie schritten nebeneinander durch den Saal. Die
Gäste konnten sich keines schöneren Paares entsinnen und blickten ihnen bewundernd
nach.
Zwölf Tage währte König Gunters Fest, und Siegfried entbehrte Kriemhilds Gesellschaft
nicht einen Tag.

4 Der Drachentöter Siegfried verhält sich hier überraschend anders: Er benimmt sich „höfisch".
Was meinte man früher damit?

5 a) Mit welchem Fragewort könnt ihr die unterstrichenen Satzglieder erfragen?
b) Im Text gibt es noch zwei dieser Satzglieder!

Das Satzglied, das man mit **Wessen?** erfragen kann, heißt **Genitivobjekt**.

Man klagte ihn   des Diebstahls an.

Wessen?

Sie gedachten   der Toten.

Es wird aber nur noch selten verwendet, meist in gehobener Sprache und nur bei wenigen Verben wie:
sich erinnern, sich entsinnen, sich erbarmen, sich rühmen, gedenken, belehren, sich bedienen, bedürfen, sich enthalten, überführen, beschuldigen, anklagen, sich entledigen sich eines Besseren besinnen, das entbehrt jeder Grundlage

Kitzelfolter auf Burg Schreckenstein

„Schon fast zwölf Uhr! Und wir harren des Boten seit Stunden!" König Wüterich war sichtlich nervös. Er erinnerte sich des Vorfalls im letzten Jahr, als er auch einen Boten zur Burg Schreckenstein entsandt hatte. Graf Fürchterlich, der Burgherr, hatte sich damals des Boten bemächtigt und ihn einer grauenhaften Kitzelfolter unterzogen. Er hatte ihn der Spionage bezichtigt und so war der Bote am Ende eines unrühmlichen Todes gestorben: Er hatte sich totgelacht. Sollte der mächtige König Wüterich auch dieses Mal wieder eines treuen Dieners beraubt worden sein?

König Wüterich sah, wie der Posten auf dem Schlossturm schlief. Erst wollte er den Posten ins Verlies werfen lassen, doch dann besann er sich eines Besseren: Er wollte sich der Sache höchstpersönlich annehmen und bestieg den Turm. Auf halber Strecke hörte der König einen fürchterlichen Lärm, der vom Schlosstor herrührte. Wüterich erschrak: „Man ist ja seines Lebens nicht mehr sicher!"

6 Wessen harrt König Wüterich? Und wessen erinnert er sich?
Die Foltergeschichte steckt voller grausamer Genitivobjekte. Schreibt sie heraus.

7 Versucht die Geschichte zu „modernisieren", indem ihr die Genitivobjekte umformuliert.
Wir warten auf den Boten …

Adverbiale Bestimmungen – Wer nicht fragt, bleibt dumm

> Im Jahr 1284 na Christi gebort
> to Hameln worden uthgevort
> hundert und dreißig Kinder dasülvest geborn
> dorch einen Piper under den Köppen¹ verlorn.

1 **Köppen:** Berg(spitze)

Diese Tafel hing viele Jahre am Rathaus von Hameln, zur mahnenden Erinnerung an die sagenhaften Ereignisse um den ▷ Rattenfänger. ▷ S. 102

 1 *Übersetzt die Zeilen in modernes Deutsch.*

Einige Jahre nach den schrecklichen Ereignissen in Hameln bekam der Stadtschreiber den Auftrag, das Geschehen in der Stadtchronik für künftige Zeiten festzuhalten.
Dazu befragte er Augenzeugen:

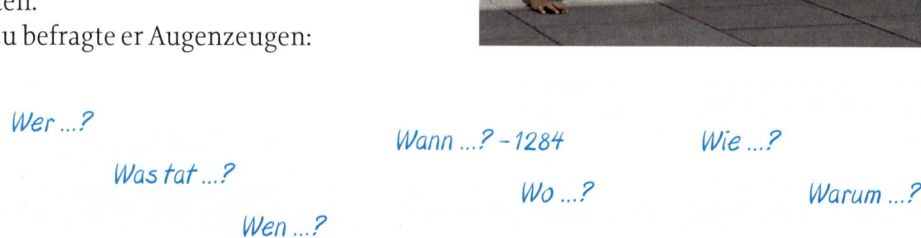

2 *Beantwortet die Fragen des Stadtschreibers von Hameln.* ▷ S. 102

3 Jahrelang sammelten die Brüder Grimm auf langen Reisen unermüdlich Sagen für ihr Buch.

 Die Brüder Grimm haben nicht nur Märchen gesammelt, sondern auch Sagen. Ermittelt mit Hilfe der ▷ Umstellprobe, wie viele Satzglieder die Aussage über die Brüder enthält. ▷ S. 256

11.2 Sagenhafte Satzglieder

> Satzglieder, die auf die Frage antworten
> - **Wann?** – *im Jahre 1284*
> - **Wo?** – *in Hameln*
> - **Womit?** – *mit einer kleinen Pfeife*
> - **Wie?** – *schlau und listig*
>
> heißen **Umstandsbestimmungen** oder **adverbiale Bestimmungen.**
> Sie geben nämlich die einzelnen Umstände für ein bestimmtes Ereignis an.

4 a) Bestimmt in dem Satz über die Brüder Grimm
- das ▷ Subjekt
- das ▷ Prädikat
- das ▷ Objekt

▷ S. 257

b) Der Satz enthält auch drei Umstandsbestimmungen.
Auf welche Fragen antworten sie?

Der Binger Mäuseturm

Zu Bingen ragt mitten aus dem Rhein ein hoher Turm, von dem nachstehende Geschichte umgeht: *Im Jahre 974* ward große Teuerung[1] in Deutschland, dass die Menschen *aus Not* Katzen und Hunde aßen und doch viele Leute Hungers starben.

Da war ein Bischof zu Mainz, der hieß Hatto, ein Geizhals, dachte nur daran, seinen Schatz zu mehren, und sah zu, wie die armen Leute auf der Gasse niederfielen und *in Haufen* zu den Brotbänken liefen und das Brot nahmen *mit Gewalt*.

Aber kein Erbarmen kam in den Bischof, sondern er sprach: „Lasset alle Armen und Dürftigen sammeln in einer Scheune vor der Stadt, ich will sie speisen." Und wie sie in die Scheune gegangen waren, schloss er die Türe zu, steckte *mit Feuer* an und verbrannte die Scheune samt den armen Leuten, jung und alt, Mann und Weib. Als nun die Menschen *unter den Flammen* wimmerten und jammerten, rief Bischof Hatto: „Hört, hört, wie die Mäuse pfeifen!"

Allein, Gott der Herr plagte ihn *bald,* dass die Mäuse *Tag und Nacht* über ihn liefen und an ihm fraßen, und vermochte sich *mit aller seiner Gewalt* nicht gegen sie behalten und bewahren. Da wusste er endlich keinen andern Rat, als dass er einen Turm bei Bingen mitten im Rhein bauen ließ, der noch heutigentags zu sehen ist, und meinte sich darin zu fristen, aber die Mäuse schwammen durch den Strom heran, erklommen den Turm und fraßen den Bischof lebendig auf.

1 die Teuerung: Hungersnot

5 Um welche Art von Text handelt es sich bei dieser Geschichte?
Begründet eure Auffassung.

▷ S. 91

193

6 Welche Aussagen zu der Sage treffen zu? Welche nicht?
- ☐ Die Menschen stehlen Brot, um Geld zu sparen.
- ☐ Der Bischof lässt die Menschen verbrennen, um ihre Not zu beenden.
- ☐ In der brennenden Scheune pfeifen die gefangenen Mäuse.
- ☐ Der Bischof wird wegen seiner ungeheuerlichen Tat von Gott bestraft.

7 Legt eine Tabelle an und ordnet die markierten adverbialen Bestimmungen ein:

adverbiale Bestimmung			
des Ortes (lokal) Wo? Wohin? Woher?	**der Zeit** (temporal) Wann? Wie lange?	**der Art und Weise** (modal) Wie? Auf welche Art und Weise? Womit?	**des Grundes** (kausal) Warum? Wozu?
zu Bingen	...	...	...

8 Verfasst mit Hilfe der Fragen aus Aufgabe 2 eine kurze Inschrift für den Binger Mäuseturm.

Attribute – Schreib treffend!

Die Schlangenkönigin

Ein Hirtenmädchen fand oben auf dem Fels eine *kranke* Schlange liegen, die wollte verschmachten. Da reichte es ihr mitleidig seinen Krug *mit Milch*, die Schlange leckte begierig und kam sichtbar zu Kräften. Das Mädchen ging weg und bald darauf geschah es, dass ihr Liebhaber um sie warb, allein ihrem *reichen, stolzen* Vater zu arm war und spöttisch abgewiesen wurde, bis er auch einmal so viel Herden besäße wie der *alte* Hirt. Von der Zeit an hatte der *hartherzige* Vater *des Mädchens* kein Glück mehr, sondern lauter Unfall. Man wollte des Nachts einen *feurigen* Drachen über seinen Fluren sehen und sein Gut verdarb. Der *arme* Jüngling war nun ebenso reich und warb nochmals um seine Geliebte, die wurde ihm jetzt zuteil. An dem Tag *der Hochzeit* trat eine Schlange ins Zimmer, auf deren *gewundenem* Schweif eine *schöne* Jungfrau saß, die sprach,

11.2 Sagenhafte Satzglieder

20 dass sie es wäre, der einsmals die *gute* Hirtin in der Hungersnot ihre Milch gegeben, und aus Dankbarkeit nahm sie ihre *glänzende* Krone vom Haupt ab und warf sie der Braut in den Schoß. Sodann verschwand sie, aber die *jungen* Leute hatten *großen* Segen in ihrer Wirtschaft und wurden bald wohlhabend.

[1] Was soll man wohl aus diesem Märchen lernen? Diskutiert darüber.

[2] In dem Märchen sind bestimmte Wörter schräg (kursiv) gedruckt. Welche Aufgabe haben sie?

[3] Schreibt alle kursiven Wörter und ihre Nomen in dieser Weise auf:

> Um Nomen genauer und treffender zu machen, kann man ihnen eine nähere Bestimmung voran- oder nachstellen, **das Attribut:**
>
>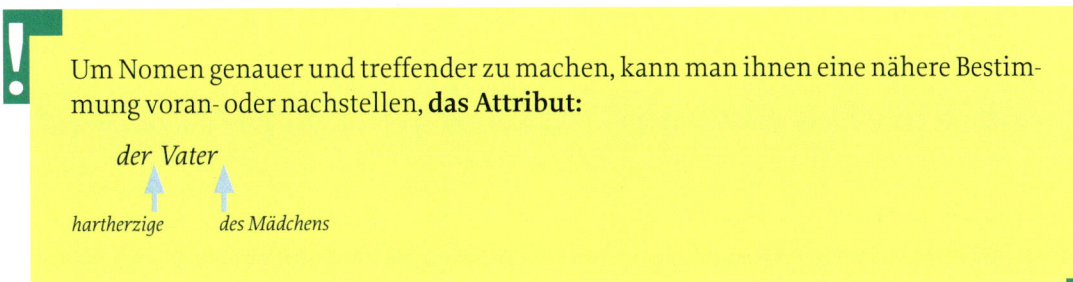

Die Hirtenjungen

Am Johannistag kamen 🟢 Hirtenknaben, indem sie den 🟢 Vögeln nachstellten, in die Gegend 🟢 und erblickten unten an demselben eine 🟢 Türe. Die Neugierde trieb sie hinein; in der Ecke standen zwei 🟢 Truhen 🟢, eine offen, die andere verschlossen. In der offnen lag ein Haufen 🟢, sie griffen hastig danach und füllten ihre Brotsäcklein voll. Drauf kam's ihnen gräulich; sie eilten nach der Türe, glücklich trat der erste durch. Als aber der zweite folgte, knarrten die Angeln fürchterlich, er machte einen jähen 🟢 Sprung nach der Schwelle, die Tür fuhr schnell zu und riss ihm noch den 🟢 Absatz 🟢 ab. So kam er noch heil davon, und sie brachten das Geld ihren 🟢 Eltern heim.

 [4] Schreibt die Sage ab und fügt den Nomen die passenden Attribute aus dieser Liste bei:

| jungen | eiserne | von Geld | erfreuten | geöffnete | mit schweren Deckeln |
| weiten | hölzernen | zwei | des Heilingsfelsen | | seines linken Schuhes |

[5] Vergleicht die „Hirtenjungen" mit der „Schlangenkönigin". Stellt in einer Tabelle Gemeinsamkeiten und Unterschiede zusammen.

Alle Satzglieder in einer Sage

Die Springwurzel auf dem Köterberg bei Holzminden

Einst hütete *ein Schäfer* auf dem Köterberg bei Holzminden seine Herde. Als er sich einmal umdrehte, stand *plötzlich* eine wunderschöne Jungfrau vor ihm und redete ihn an: „Nimm diese Springwurzel¹ und folge *mir* nach!" Sogleich ergriff der Schäfer *die Wurzel*.

Er ließ seine Tiere *frei* umherlaufen, besann sich *ihrer Worte* und folgte dem Fräulein. Dieses führte ihn *durch eine Höhle* in den Berg hinein. Sooft sie zu einer Tür oder einem verschlossenen Gang kamen, musste der Hirt *auf ihren Rat hin* seine Wurzel vorhalten und sogleich wurde geöffnet. Beide schritten immer weiter fort, bis sie etwa in die Mitte des Berges gelangten.

Dort saßen noch zwei Jungfrauen und spannen eifrig. *Der Teufel* befand sich auch in dem Saal, aber er war machtlos. Man hatte ihn *unten am Tisch*, vor dem die beiden Jungfrauen saßen, festgebunden. Ringsum sah man in Körben *gewaltige Mengen von Gold und glitzernden Edelsteinen* aufgehäuft liegen.

Der Schäfer staunte die ungeheuren Reichtümer an, seine Führerin aber forderte ihn lächelnd auf: „Nimm dir, so viel du willst!"

Ohne Zaudern griff der Mann sofort in den glänzenden Haufen und füllte in seine Taschen, was sie fassen konnten. Als er dann, reich beladen, wieder ins Freie treten wollte, *ermahnte* ihn die Jungfrau *zur Sicherheit*: „Aber vergiss das Beste nicht!"

Der Hirt *dachte*, sie rede von den Schätzen, und *glaubte* sich gar wohl mit allem versorgt zu haben. Aber das Fräulein meinte die Springwurzel. Als er nun *ohne die Wurzel* hinausschritt, die er auf den Tisch gelegt hatte, schlug das Tor krachend hinter ihm zu, hart an seinen Fersen, doch ohne ihm *weiteren* Schaden zu tun, obwohl er leicht sein Leben hätte einbüßen können. Die *großen* Reichtümer brachte der Mann glücklich nach Hause, aber den Eingang *zur Schatzkammer* konnte er nicht wiederfinden und auch die *wunderschöne* Jungfrau zeigte sich ihm niemals mehr.

1 **die Springwurzel:** ein Kraut

1 *Für Sagen-Forscher/innen: Notiert (in einer Tabelle) Gemeinsamkeiten und Unterschiede der drei Sagen und des Märchens in diesem Kapitel. Achtet auf Ort, Zeit, Hauptpersonen, Tiere, Belohnung, Strafe.*

2 *Wollt ihr überpüfen, ob ihr euch die verschiedenen Satzglieder der Seiten 189–195 eingeprägt habt? Legt eine Tabelle mit allen Satzgliedern an: Prädikat, Subjekt, Genitivobjekt, Dativobjekt, Akkusativobjekt, adverbiale Bestimmung der Zeit / des Ortes / der Art und Weise / des Grundes; dazu das Attribut:*

Subjekt Wer?/Was?	Prädikat Was tut ...?	☺☺	☺☺	adv. Best. der Zeit Wann? Wie lange?	☺☺	☺☺
ein Schäfer	hütete	...	...	...	...	...

11.3 Krokodile und Götter – Satzreihen und -gefüge

Satzreihen

Zur Zeit der Pharaonen trat der Nil jedes Jahr über die Ufer.
      Die Beamten markierten die Wasserhöhe im Gestein am Ufer.
Im Oktober zog sich der Nil vollständig in sein Bett zurück.
      Eine kostbare Fracht, dunklen Schlamm, ließ er zurück.
Dieser Schlamm schenkte den Ägyptern reiche Ernten.
      Sie nannten ihr Land „*Keme* – schwarzes Land".
Zwar begann es im November überall zu sprießen.
      Die Erntemenge wurde von der Höhe des Wassers bestimmt.
Manchmal stiegen die Fluten zu hoch.
      Die Lehmhäuser wurden weggespült.
Längere Reisen wurden fast immer mit dem Boot gemacht.
      Der Nil war die wichtigste Verkehrsverbindung im Land.
      Die Ägypter kannten anfangs noch kein Rad.
Heute reguliert der große Staudamm bei Assuan die Wasserhöhe.
      Der Nil tritt nicht mehr über die Ufer.
Das führt zu neuen Problemen.
      Die Bauern müssen teuren Dünger kaufen.

(Bindewörter am Rand: *und, aber, deshalb, denn, jedoch*)

1 *Warum nannten die Ägypter ihr Land „Keme"?*
Was war das wichtigste Fortbewegungsmittel im alten Ägypten?

2 *a) Versucht die Sätze mit den Bindewörtern am Rand zu verbinden.*
b) Vergleicht eure Ergebnisse.
c) Welche Wirkung hat diese Sätzeverknüpfung?

Bindewörter **(Konjunktionen)** wie *und, oder, aber, jedoch, sondern, denn* verbinden selbstständige Hauptsätze zu **Satzreihen:**
Erst schwoll der Nil an. Dann trat er über die Ufer. Er ließ fruchtbaren Schlamm zurück.
                   und   *,aber*

Vor den Konjunktionen steht ein **Komma.** Nur vor *und* und *oder* kann man es weglassen.

Vom Nil hing alles Leben in Ägypten ab. Die Ägypter teilten das Jahr in drei Jahreszeiten ein: Flutzeit, Pflanzzeit, Erntezeit. Jedes Jahr nach der Flut mussten die Bauern neue Bewässerungskanäle bauen. Die Beamten mussten das Land neu vermessen. Das Nilwasser wurde in Vorratsbecken aufgefangen. Die Felder konnten auch bei Dürre bewässert werden. Die Bauern leiteten zuerst das Wasser über Kanäle ins Land.

Dann schöpften sie es mit einem „Schaduf" auf die Felder. Ein Schaduf ist ein Gestell mit einem Querbalken. An einem Ende des Balkens hängt ein Gewicht. Am anderen Ende hängt ein Schöpfgefäß. Mit ihm konnte man täglich Tausende von Litern Wasser schöpfen. Heute gibt es natürlich Wasserleitungen. Die Bauern benutzen immer noch den praktischen Schaduf.

3 *Schreibt den Text ab.*
Versucht einzelne Sätze mit den Konjunktionen und, oder, aber, denn zu verbinden.
Vergesst die Kommas dabei nicht!

Satzgefüge

Das Nilkrokodil

Das Nilkrokodil lebt in ganz Afrika. Sein Erkennungsmerkmal sind zwei Einbuchtungen auf beiden Seiten des Oberkiefers zur Aufnahme des jeweils vierten Unterkieferzahns: So bleiben die langen Zähne auch bei geschlossenem Maul sichtbar.
Krokodile leben sowohl auf dem Land als auch im Wasser. Ihr Tagesablauf ist eher gemächlich: Zur Mittagszeit steigen sie aus dem Wasser auf eine Sandbank, um sich mit weit aufgerissenem Maul in der Sonne zu wärmen und zu schlafen. Dabei bleiben sie unbeweglich auf ein und derselben Stelle liegen. Während es dämmert, beginnt ihre Jagdzeit.
Nilkrokodile sind schnelle Schwimmer und Taucher: Der kräftige Schwanz dient als Antrieb, die Vorderbeine werden beim Schwimmen an den Körper gelegt, während die Hinterbeine mit ihren Schwimmhäuten zwischen den Zehen vor allem zum Steuern dienen. Zur Beute des Nilkrokodils gehören Fische, Wasserschildkröten, kleinere Artgenossen und Säugetiere. Ausgewachsene Krokodile über-

wältigen selbst große Antilopen oder Rinder. Dabei schnellen sie blitzschnell aus dem Wasser, packen die Beute und versuchen sie durch kraftvolles Drehen mit den mächtigen Kiefern zu zerreißen.
Nilkrokodile sind ab einer Länge von etwa drei Metern fortpflanzungsfähig. Die Weibchen graben Mulden an Land, legen dort 40 bis 60 Eier ab und bedecken sie mit Sand. Während der ersten 13 Wochen der Eientwicklung bewachen die Weibchen ihre Nester und wehren Nesträuber ab. Die frisch geschlüpften Jungen sind bereits etwa 30 Zentimeter groß.
Früher hatte „Krokoleder" Hochkonjunktur – dadurch stand auch das Nilkrokodil kurz vor dem Aussterben. Durch die Kontrolle des

11.3 Krokodile und Götter – Satzreihen und -gefüge

Handels mit Krokodilleder, die Einrichtung von Krokodilfarmen und ein funktionierendes Schutzmanagement ist der Bestand der Nilkrokodile wieder angewachsen und gilt heute in vielen Teilen Afrikas als stabil.

1 *Lest den Text aufmerksam. Dann fällt euch die Beantwortung der Fragen nicht schwer:*
- ☐ Wieso sind einzelne Zähne des Nilkrokodils auch bei geschlossenem Maul sichtbar?
  Einzelne Zähne sind deshalb sichtbar, weil das Nilkrokodil …

Beantwortet die folgenden Fragen genauso. Verwendet dabei die Bindewörter (Konjunktionen) **weil, damit, indem, seitdem, während, wenn:**
- ☐ Wozu steigen die Krokodile mittags auf eine Sandbank?
- ☐ Wann beginnen sie zu jagen?
- ☐ Wie überwältigen sie große Landtiere?
- ☐ Wann sind Nilkrokodile fortpflanzungsfähig?
- ☐ Warum graben die Weibchen Mulden an Land?
- ☐ Wodurch stand das Nilkrokodil vor dem Aussterben?
- ☐ Seit wann ist der Bestand an Nilkrokodilen wieder angewachsen?

Der Krokodilsgott Sobek

Im alten Ägypten wurde dem Krokodil hohe Verehrung zuteil, weil es als Träger göttlicher Kraft galt. Der krokodilsköpfige Gott trug den Namen Sobek. Sümpfe, Seen, Flüsse und Kanäle standen unter seinem Schutz, da er der Herr des Wassers war. Allerdings wurden Krokodile nicht in ganz Ägypten verehrt, weil sie nicht in allen Landesteilen beliebt waren.
Die Stadt Krokodilopolis heißt so, weil hier besonders bemerkenswerte Heiligtümer dieses Tieres standen. In einem See wurde ein Krokodil verehrt, solange es lebte. Das Tier trug sogar Ohrgehänge und Fußschmuck, damit sich der Krokodilsgott Sobek geschmeichelt fühlte. Und nach seinem Tod wurde die Echse mumifiziert und bestattet, da sie die Ägypter weiter schützen sollte.

Der griechische Reisende Strabo berichtet: „Während ich bei meinem Gastfreund wohnte, ging er mit uns an den See. Weil er dem Krokodil opfern wollte, nahm er einen kleinen Kuchen, gebratenes Fleisch und Honigwein mit. Da es am Ufer ruhte, fanden wir das Tier bald. Indem einige Priester ihm den Rachen öffneten, steckte einer den Kuchen und das Fleisch hinein. Nachdem er das getan hatte, goss er den Met hinterher. Anschließend schob sich das Tier in den See. Während es sich im Wasser tummelte, kam ein anderer mit einer Opfergabe. Nachdem die Priester sie in Empfang genommen hatten, gingen sie suchend um den See herum. Als sie das Krokodil gefunden hatten, reichten sie ihm die Opferspeise auf die gleiche Weise."

1 *Der Text enthält viele Satzgefüge, die durch ein Komma und Bindewörter **(Konjunktionen)** wie* **weil, nachdem, da, während** *und* **damit** *verknüpft sind.*
Schreibt die beiden Absätze ab und markiert die Konjunktionen mit ihren Kommas.

2 *Stellt die Satzgefüge im zweiten Absatz so um, dass der Satz mit der Konjunktion am Anfang steht. Vergesst das Komma nicht am Ende!*

11 Grammatiktraining

> **Konjunktionen** (Bindewörter) wie *weil, da, während, wenn, als* und *dass* verbinden selbstständige Hauptsätze und abhängige Nebensätze zu **Satzgefügen**:
>
> Satzgefüge
> Hauptsatz — Nebensatz
> *Wir fanden das Tier,* *da es am Ufer ruhte.*
> Prädikat Komma Konjunktion Prädikat
>
> Der **Hauptsatz** enthält die Grundinformation; das Prädikat steht an zweiter Stelle.
> Der **Nebensatz** (Gliedsatz) enthält zusätzliche Angaben, er wird von einer Konjunktion eingeleitet; das Prädikat steht am Schluss.
> Zwischen Haupt- und Nebensatz steht ein **Komma**.

 3 a) Stellt fest, worin sich die beiden Satzgefüge unterscheiden:
  ☐ Die Ägypter trugen Krokodilsfiguren, weil sie den Träger schützten.
  ☐ Die Ägypter trugen Krokodilsfiguren, weil sie schützten den Träger.
b) Richtig ist nur Satz 1. Vervollständigt die Regel:
  Die Konjunktion weil leitet einen 🌀🌀satz ein. Deshalb steht das Prädikat 🌀🌀.

Anch-en-Amun und Ay – Den eigenen Großvater heiraten?

Mit dem Pharao Echnaton hatten die Ägypter das Problem 🌀 er nur an einen einzigen Gott – Aton – glaubte 🌀 sonst die alten Götter weiter verehrt würden. Der eigenwillige Pharao beschäftigte sich so sehr mit Aton 🌀 er völlig vergaß, das Land gegen Feinde zu verteidigen. Seine Wesire tobten 🌀 einige beschlossen 🌀 er verschwinden müsse.
Echnaton starb 🌀 sein Onkel Ay der höchste Staatsbeamte war. Ay sorgte dafür 🌀 Tutanchamun neuer Pharao wurde. 🌀 dieser gerade erst neun Jahre alt war, brauchte er einen Vertreter. Ay sprang gerne ein 🌀 er so zu großer Macht kam. Im Grunde regierte er das Land allein 🌀 Tutanchamun mit seiner jungen Gemahlin Anch-en-Amun am liebsten zur Jagd ging.
Tutanchamun starb 🌀 er gerade einmal 18 Jahre alt war. Er starb wahrscheinlich eines natürlichen Todes 🌀 vielleicht wurde er auch ermordet.
Nun wollte Ay die junge Witwe Anch-en-Amun heiraten 🌀 sie seine Enkelin war. Anch-en-Amun liebte einen Hethiterprinzen 🌀 die Hethiter Erzfeinde der Ägypter waren. Der Hethiterkönig sandte seinen Sohn zur Hochzeit 🌀 der Ärmste kam nie an 🌀 er unterwegs ermordet wurde.
🌀 das bekannt wurde, blieb Anch-en-Amun keine Wahl 🌀 sie heiratete ihren Großvater. Ay wurde Pharao. Aber er konnte die Macht nur kurz genießen 🌀 er schon nach vier Jahren starb.

 4 a) Schreibt den Text ab und ersetzt die 🌀 durch passende Konjunktionen:
  aber, denn, obwohl, und, auch, deshalb, als, dass, weil, während, jedoch, da
b) Vergleicht eure Lösungen: Habt ihr die Kommas nicht vergessen?

NACHDENKEN ÜBER SPRACHE

12 Rechtschreibtraining

12.1 Kinder in aller Welt – Tipps zum Rechtschreiben

Kinder schreiben überall auf der Welt ...

1 *Ist das so? Was wisst ihr darüber?*

2 a) *Neben dem Inhalt eines Textes ist für die Verständlichkeit auch das fehlerfreie Schreiben wichtig. Nennt Tipps und Tricks, die euch helfen Fehler zu vermeiden.*
b) *Stellt sie entweder in Form eines ▷ Clusters* ▷ S. 267
oder einer ▷ Mind-Map der Klasse vor. ▷ S. 243

TIPP 1 – PILOTSPRECHEN

Übt beim Schreiben von Wörtern das **deutliche Mitsprechen**.
Wie ein Pilot sein Flugzeug sicher steuert, so steuert die deutliche Aussprache eines Wortes die richtige Schreibung.
Nicht alle, aber viele Wörter werdet ihr mit Pilotsprechen richtig schreiben.

1 a) Benennt die farbigen Bestandteile der Zeichnung oben.
b) Schreibt sie auf und übt dabei das Pilotsprechen.
c) Überprüft die Schreibung der Wörter mit dem ▷ Wörterbuch. ▷ S. 242

Buntes Europa

In den meisten Ländern Europas sprechen die Menschen eine andere Sprache. Auch die Landschaften sind nicht gleich. Die Natur hat Meere, Berge, Felder und Wälder unterschiedlich verteilt.
Das Essen ist ebenfalls verschieden: Die beste Pizza und das leckerste Eis gibt es vielleicht in Italien. Die Schweiz ist für ihre gute Schokolade bekannt. In Deutschland kann man die meisten Brotsorten kaufen. In Frankreich finden wir die größte Vielfalt an Käse.
In einigen Ländern besuchen die Kinder nur vormittags den Unterricht, in anderen verbringen sie den ganzen Tag in der Schule. Als Fremdsprache lernen Schülerinnen und Schüler meistens Englisch, Spanisch, Französisch und Italienisch.

1 Kennt ihr verschiedene Länder in Europa, in denen **dieselbe** Sprache gesprochen wird?

12.1 Kinder in aller Welt – Tipps zum Rechtschreiben

2 a) Diktiert euch diesen Text langsam Satz für Satz.
Wer diktiert, übt das Pilotsprechen, spricht also besonders deutlich.
b) Überprüft das Geschriebene. Verbessert Fehler.

> **TIPP 2 – ELEKTRISCHES EIGENDIKTAT**
> Pilotsprechen geht auch ohne Partner/in:
> ☐ Sprecht den Text oder die Wörter, die ihr üben wollt, langsam und deutlich auf Kassettenrekorder, MP3-Player oder Handy.
> ☐ Schreibt den Text oder die Wörter nach eurem eigenen Diktat auf.
> ☐ Kontrolliert die richtige Schreibung mit der Vorlage oder einem Wörterbuch. Verbessert Fehler.

Durch deutliches Sprechen („Pilotsprechen") kann man viele Wörter richtig schreiben. Wo das Pilotsprechen nicht hilft, gibt es andere Tipps und Regeln für das Rechtschreiben. Ihr lernt sie auf den folgenden Seiten kennen.

Ein Tag mit Lupita

So wie Lupita leben Tausende Familien in El Salvador. Die Kinder leben bei den Großeltern, während die Eltern in den USA arbeiten. Lupita und ihr Bruder Tito stehen um fünf Uhr morgens auf. Sie waschen sich mit dem Wasser aus dem Wassertank und ziehen sich an. Ihre Großmutter hat schon Kaffee gekocht. Gelegentlich gibt es ein Stück Brot. Der Schulweg dauert eine Stunde, dabei durchqueren sie eine wunderschöne Landschaft mit Pinienbäumen. Lupita ist eine gute Schülerin. Um zwölf Uhr ist Schulschluss. Zum Mittagessen gibt es eine warme Mahlzeit aus Reis, Eiern und frischen, selbst gemachten Tortillas. Nachmittags hütet sie ihre Ziege „Peluda" und ihre Kuh. Am späten Abend erzählt der Großvater noch Geschichten aus der Gemeinde. Danach geht sie ins Bett.

1 Schaut im Atlas nach, wo das Land El Salvador liegt. Wer findet es zuerst?

12 Rechtschreibtraining

 2 *Beherrscht ihr die Silbentrennung der Wörter am Zeilenende?*
a) *Trennt jedes Wort in diesem Bericht in seine Silben.*
b) *Vergleicht eure Ergebnisse.*

> **TIPP 3 – SILBENTRENNUNG**
>
> Mehrsilbige Wörter trennt man nach Sprechsilben:
> *Fra ge bo gen, Schmet ter lin ge, Ku gel schrei ber, Haus tür.*
>
> Sprecht die Wörter
> ☐ langsam und deutlich,
> ☐ klatscht dabei in die Hände oder
> ☐ schwingt mit den Armen.

3 *Legt eine Folie über den Lupita-Bericht und tragt die Silbenbögen unter den Wörtern ein.*

4 a) *Schreibt diese Wörter ab:*

Trillerpfeife (4), Pflaumenkuchen (4), bequem (2), Quelle (2), Steine (2), Speiseplan (3), Sprossen (2), Kartenspiele (4), telefonieren (5), kriechen (2), Straßenlaterne (5), außerirdisch (4), Ostergrüße (4), Fußball (2), Linienrichter (5), Elfmeter (3), Kopfballtor (3), Spielfeldrand (3), Gegenspieler (4)

b) *Setzt die Silbenbögen darunter.*

> **TIPP 4 – VERWANDTE WÖRTER SUCHEN**
>
> Wenn man unsicher ist, wie ein Wort geschrieben wird, hilft oft die Suche nach einem verwandten Wort.
>
> Das gilt z. B. für Wörter mit *ä* oder *e*:
> Wer unsicher ist, ob ein Wort mit *ä* oder *e* zu schreiben ist,
> suche ein verwandtes mit *a*. Gibt es eins, schreibt man *ä*:
> *St⬚ngel → Stange → Stängel.*
>
> Gibt es kein verwandtes Wort mit *a*, schreibt man mit *e*:
> *B⬚ngel → ? → Bengel*   *ausw⬚ndig → ? → auswendig*
>
> Dasselbe gilt für Wörter mit *äu* und *eu*:
> *r⬚⬚men → Raum → räumen*   *K⬚⬚le → ? → Keule*

1 *Versucht ein verwandtes Wort mit **a** zu finden. Ergänzt den fehlenden Buchstaben.*
tats⬚chlich   sch⬚dlich   Gel⬚chter   n⬚hen   B⬚ckerei   f⬚tt   Bettgest⬚ll   Hundegeb⬚ll

2 *Sucht ein verwandtes Wort mit **au**. Ergänzt die fehlenden Buchstaben.*
l⬚⬚ten   Ger⬚⬚sch   tr⬚⬚men   K⬚⬚zchen   ⬚⬚ßerlich   h⬚⬚fig   k⬚⬚flich
h⬚⬚te Morgen   viele L⬚⬚te   große B⬚⬚te   Fr⬚⬚de   Lederb⬚⬚tel

204

12.1 Kinder in aller Welt – Tipps zum Rechtschreiben

TIPP 5 – WÖRTER VERLÄNGERN

Am Wortende klingt
- *b* wie *p*:   lie⊙ → liebe
- *-g* wie *k* oder *ch*:   Sie⊙ → Siege   richti⊙ → richtige
- *-d* wie *t*:   Hel⊙ → Helden

Erst wenn ihr die Wörter um eine Endung verlängert und deutlich sprecht, hört ihr, welchen Buchstaben ihr schreiben müsst („Verlängerungsprobe").

1 *Ergänzt die Wörter. Verlängert sie und sprecht deutlich:*

a) *b* oder *p*:   Trie⊙   Sta⊙   trü⊙   Gra⊙   Stau⊙

b) *g* oder *k* oder *ch*:   Ber⊙   staubi⊙   Sie⊙   Erfol⊙   We⊙   weni⊙

c) *d* oder *t*:   Han⊙   Wir⊙   Wal⊙   Kin⊙   Gel⊙   Hau⊙   Wel⊙

2 *Bildet Sätze mit den einzelnen Wörtern.*

Die eigenen Rechtschreibkenntnisse testen

VORSICHT FEHLER!

„Pausenbrot" heute

Es knistert im Ranzen. Mirko pakt aus. Dreimal Milchschnite, zwei Kinder-Hörnchen. Es ist Pause und Mirkos Augen glenzen. Er schiebt seinen süsen Schatz auf dem Tisch zu einem kleinen Berk zusammen, denn seine Klassenkameraden schauen interessirt herüber. „Das esse ich gern", sagt der Junge. Er reißt die erste Packung
5   auf, beißt in die weiche Mase. Schnell weggeputzt. Ratsch, die zweite. Na ja, er ist ja nicht so. Jetzt, der erste heißhunger ist gestillt, spendet Mirko einen der zuckrigen Snacks an Gabriel. Der Schulfreund war one „Pausenbrot" gekommen. Und Mirko leidet ja keine Nod.

Mittlerweile nimt Mirko an einem Test in einem Labor teil. Geschmack, Geruch, Tastsinn und Sehen werden hier getestet. Der ursprüngliche Geschmack lässt sich wieder lernen. Auch
10   Mirkos Zunge kann sich auf gesunde natürliche Kost umstellen.

1 *Warum ist „Pausenbrot" in der Überschrift in Anführungszeichen gesetzt?*

 **2** *Der Text enthält elf Fehler.*
Sucht sie heraus. Schreibt die Wörter richtig in euer Heft.

3 *Ordnet die elf Fehler in dem auf der nächsten Seite folgenden „Fehlerbogen" den acht Fehlerarten in der linken Spalte zu.*

Mit einem Fehlerbogen arbeiten

Fehlerart	Beispiele	Was du gegen solche Fehler tun kannst
1 Doppelte Konsonanten vergessen	ba_cken_ begi_nn_en Mi_tt_e Ma_nn_	Auf den kurzen Vokal davor achten: b**a**cken, M**i**tte In Silben sprechen: begin|nen Verlängerungsprobe: Mä**nn**er
2 Lange Vokale vergessen	B**oh**ne S**aa**l M**ee**r r**ie**sig	Mit einer Wörterliste oder Wörterkartei üben. Gleich geschriebene verwandte Wörter suchen: ri⊙sig – R**ie**se
3 Gleich oder ähnlich klingende Konsonanten verwechselt *b* und *p* *g* und *k* *d* und *t*	Kru**g** Abstan**d**	Verlängerungsprobe machen: Kru⊙ – Krü**g**e Gleich geschriebene verwandte Wörter (Wortfamilie) suchen: Abstan⊙ – Zustan**d** – Verstan**d** – verstän**d**lich
4 Verwechslung von *ä* und *e* *äu* und *eu*	**ä**lter F**äu**lnis	Verwandte Wörter mit *a* oder *au* suchen: ⊙lter – **a**lt F⊙⊙lnis – f**au**l
5 Wörter mit *s*, *ss* oder *ß*	rei**s**en zerrei**ß**en Fu**ß** äu**ß**erlich kü**ss**en	Auf „stimmhaft" – „stimmlos" achten. Auf den langen Vokal davor achten: F**u**ß Auf den Diphthong davor achten: **äu**ßerlich Auf den kurzen Vokal davor achten: k**ü**ssen
6 Großschreibung	**H**aus, **G**arten, **E**rwachsene, **E**igenschaften, beim **L**ernen, der **G**rößte	Artikelprobe machen: **das H**aus, **der G**arten Pluralprobe anwenden: **die E**rwachsenen Nomen-Wortbausteine kennen: Eigen**schaft**, Klug**heit** Auf Begleiter achten: **das L**achen, **nichts N**eues
7 Kleinschreibung	**g**eduldig **s**parsam **b**ärenstark	Adjektiv-Wortbausteine beachten: be**weglich**, spar**sam**, **b**ärenstark Mit einer Wörterliste oder Wörterkartei üben.
8 Komma ☐ bei Aufzählungen ☐ bei Nebensätzen	Igel**,** Hase**,** Hund und Katze … Sie sagt**,** dass morgen …	Auf Satzmelodie und Pausen achten. Auf „Komma-Wörter" wie **dass**, **weil** achten.

 1 *Kopiert diesen Fehlerbogen oder erfasst ihn am PC, sodass ihr ihn immer griffbereit habt.*

12.1 Kinder in aller Welt – Tipps zum Rechtschreiben

> **TIPP**
> ☐ Immer wenn ihr eine Klassenarbeit oder einen Text zurückbekommt, ordnet eure Rechtschreibfehler den acht Fehlerarten zu. So merkt ihr, wo ihr üben müsst.
> ☐ Passende Übungen findet ihr in diesem „Rechtschreibtraining".

Rechtschreibung am Computer

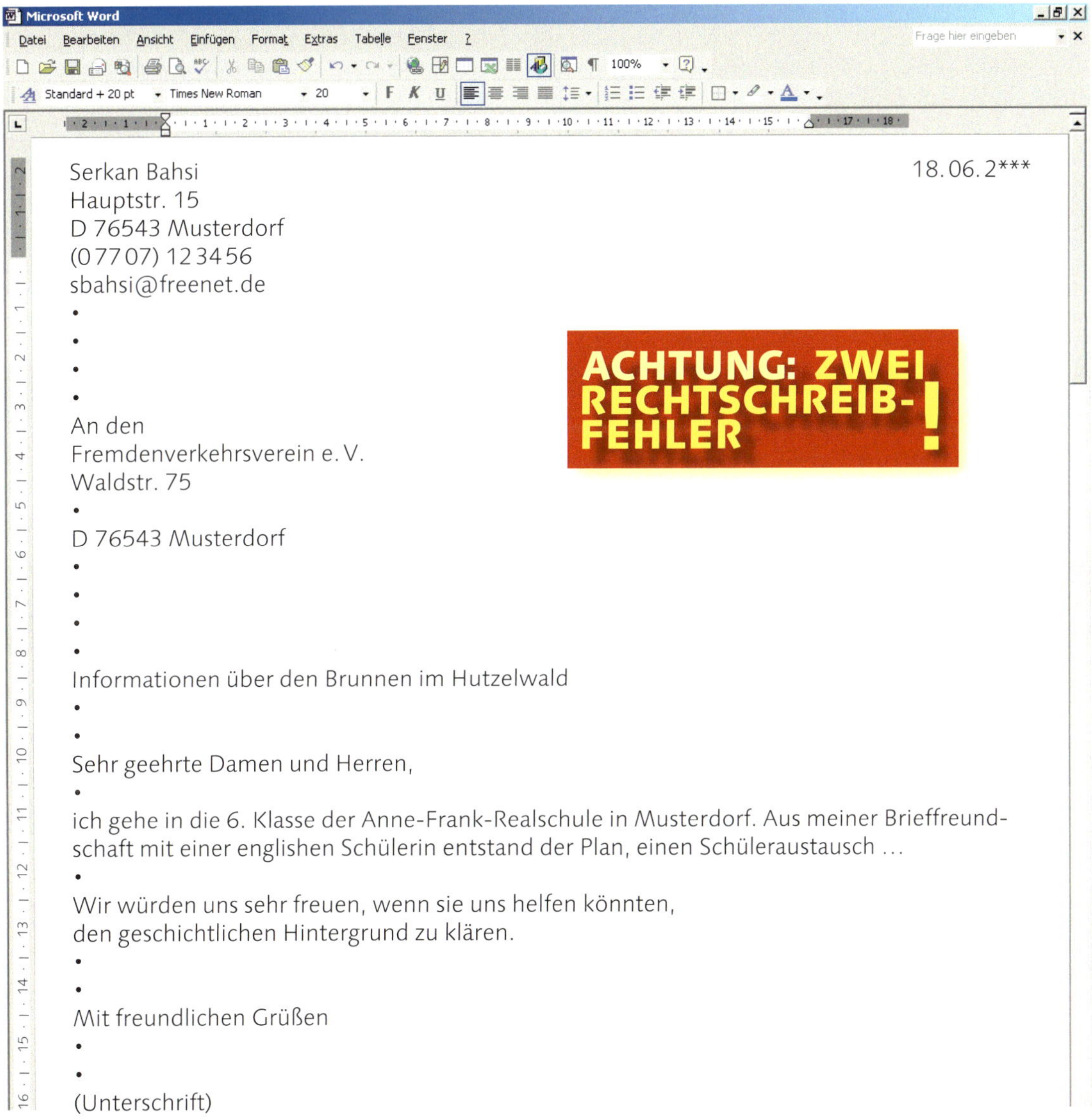

```
Serkan Bahsi                                                          18.06.2***
Hauptstr. 15
D 76543 Musterdorf
(0 77 07) 12 34 56
sbahsi@freenet.de




An den
Fremdenverkehrsverein e. V.
Waldstr. 75

D 76543 Musterdorf



Informationen über den Brunnen im Hutzelwald


Sehr geehrte Damen und Herren,

ich gehe in die 6. Klasse der Anne-Frank-Realschule in Musterdorf. Aus meiner Brieffreund-
schaft mit einer englishen Schülerin entstand der Plan, einen Schüleraustausch …

Wir würden uns sehr freuen, wenn sie uns helfen könnten,
den geschichtlichen Hintergrund zu klären.


Mit freundlichen Grüßen


(Unterschrift)
```

ACHTUNG: ZWEI RECHTSCHREIBFEHLER!

Texte und Briefe, die ihr am Computer geschrieben habt, könnt ihr mit seinem automatischen „Rechtschreibprogramm" auch korrigieren lassen.

1 *Serkans Briefentwurf am PC enthält zwei Rechtschreibfehler! Findet ihr sie über*  *oder* Extras Rechtschreibung… *?*

207

12 Rechtschreibtraining

Die automatische Rechtschreibprüfung am PC ist **nicht** fehlerlos!
- Sie unterschlängelt Wörter, die gar nicht falsch sind: Serkan, Hutzelwald
- Sie übersieht Fehler:
  … wenn sie uns helfen könnten, …
       Sie

Merke: Auch wenn der Computer meldet „Die Rechtschreibprüfung ist abgeschlossen.", kann der Text noch Fehler enthalten (besonders bei Groß-/Kleinschreibung)!

Mit Wörterlisten üben

Im „Deutschbuch" findet ihr – meist am Ende eines Kapitels – Wörterlisten, mit denen ihr ganz unterschiedlich üben könnt:

1 Faltblatt
- Faltet ein Blatt Papier der Länge nach zweimal, sodass vier Spalten entstehen.
- Schreibt die Wörter, die ihr üben möchtet, untereinander in die 1. Spalte.
- Prägt euch drei Übungswörter ein,
- klappt die erste Spalte um und schreibt die Wörter in die 3. Spalte.
- Deckt auf und vergleicht die Wörter.
- Ist das Wort richtig geschrieben, bekommt es ein Häkchen. Ist es falsch, wird es durchgestrichen und korrekt in die 2. Spalte geschrieben.
- Nutzt die 4. Spalte (und die Rückseite) für weitere Übungen.

2 Silbentrennung
Schreibt die Wörter mit der richtigen Silbentrennung ab.
Schlagt im Zweifelsfall im ▷ Wörterbuch nach.
Ge|burts|tag, spie|len, fröh|lich, Haus|auf|ga|be

▷ S. 204

▷ S. 242

3 Andere Wörter mit derselben Schreibung finden
Findet zu einem Wort mit bestimmter Schreibung – z. B. mit **tz** – weitere Beispiele:
Ka*tz*e – kra*tz*en, pu*tz*en, Hi*tz*e, Schu*tz*

4 Wortfamilien bilden
Sucht zu einem Wort so viele Verwandte wie möglich. (Wörterbuch!)
Den Wortstamm könnt ihr farbig markieren: *erzählen, Erzähler, Erzählung* …

5 Reimwörter finden
Baum – Traum – Schaum   lachen – Sachen – machen
Die Reimbuchstaben werden in der Regel gleich geschrieben.
▷ Schlagt im Zweifelsfall im Wörterbuch nach.   ▷ S. 242

6 Plural bilden
Zu welchen Wörtern aus der Liste lässt sich der Plural bilden?
Geheimnis – Geheimnisse   Freundin – Freundinnen
Wörter mit ▷ Plural sind Nomen und werden immer großgeschrieben.   ▷ S. 252

7 Begleiter finden
der Füller, mein Mäppchen, diese Schultasche
Wörter mit ▷ Begleiter sind Nomen und werden immer großgeschrieben.   ▷ S. 252

8 Nach Wortarten ordnen
Schreibt die Wörter aus der Liste nach ▷ Wortarten getrennt untereinander.   ▷ S. 251
Achtet auf die Groß- und Kleinschreibung. Ergänzt weitere Beispiele:
erschien   gruselig   das Gespenst
näherte sich   seltsam   ein Stöhnen
…   …   …

9 Zusammensetzungen bilden
Zu welchen Wörtern könnt ihr Zusammensetzungen bilden?
Haus – Haustür, Hausschlüssel …   vor – vorkommen, vorschlagen …
Butter – butterweich …

10 Sätze bilden
Mit welchen Wörtern der Liste könnt ihr Sätze bilden?

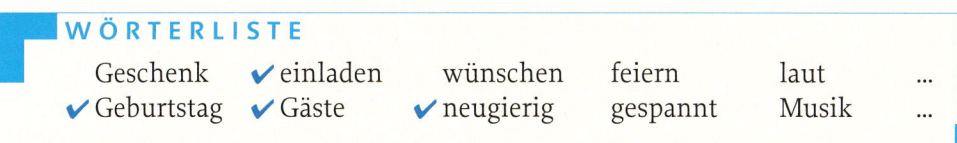

WÖRTERLISTE					
Geschenk	✓ einladen	wünschen	feiern	laut	…
✓ Geburtstag	✓ Gäste	✓ neugierig	gespannt	Musik	…

Zu meinem Geburtstag hatte ich viele Gäste eingeladen.
Ich war ganz neugierig, …

11 Partnerdiktat   ▷ S. 259
☐ Lest die Wörterliste gemeinsam.
☐ Eine/r diktiert die erste Hälfte.
☐ Anschließend diktiert der/die andere die zweite Hälfte.
☐ Zum Schluss vergleicht ihr mit der Ausgangsliste. Korrigiert, wenn nötig.

12.2 Feste feiern – Rechtschreibregeln beherrschen

Karneval – Kurze Vokale, doppelte Konsonanten

Die Ursprünge des Karnevals reichen weit ins Mittelalter zurück und haben mit Ostern zu tun, dem Fest, an dem die Christen der Kreuzigung und Auferstehung Jesu gedenken. Vor Ostern aber, so wollte es die Kirche, sollten die Gläubigen fasten, zum Beispiel kein Fleisch essen! So taten Christen Buße und stellten ihren Glauben unter Beweis. Anfangs dauerte die Fastenzeit nur wenige Tage, wurde bis zum elften Jahrhundert dann auf fast sieben Wochen ausgedehnt, vom Aschermittwoch bis zum Ostersonntag.
Irgendwann kam jemand auf den Einfall, es noch einmal richtig krachen zu lassen, bevor das Fasten begann. Von Italien aus verbreitete sich dieser neue Brauch. Von dort stammt auch sein Name: „Carnevale" bedeutet so viel wie „Fleisch, leb wohl".

1 Woran denkt ihr bei „Karneval"?

2 Lest den Text deutlich vor. Achtet auf die kurzen Vokale.

! Nach **kurzem, betontem Vokal** und **Umlaut** folgen sehr oft **zwei Konsonanten**. In den meisten Fällen kann man sie beim Hören und deutlichen Sprechen gut unterscheiden:
giftig, Kind, Katze, Blick, Sprünge
Auch wenn nach einem kurzen Vokal nur ein Konsonant zu hören ist, wird der beim Schreiben meist **verdoppelt:**
offen, Sonntag, gegrillt

---

3 Füllt die Tabelle mit passenden Wörtern aus dem Karneval-Text aus. Markiert den kurzen Vokal und die folgenden Konsonanten.

kurzer Vokal + zwei Konsonanten	kurzer Vokal + Doppelkonsonant
Ursprünge	Mittelalter
...	...

12.2 Feste feiern – Rechtschreibregeln beherrschen

4 Hu◎◎e   Wi◎◎er   Sti◎◎e   Gri◎◎e   sto◎◎en   begi◎◎en   nu◎◎erieren

Bre◎◎er   Gewi◎◎er   He◎◎st   Kra◎◎heit   Ki◎◎er   Elefa◎◎en   Wu◎◎e

Ergänzt die Wörter um   u◎◎en   Kle◎◎e
☐ zwei verschiedene oder   ☐ einen Doppelkonsonanten.
Achtung: Der Vokal davor ist **kurz** zu sprechen!   pa◎◎en

5 Bildet zusammengesetzte Wörter mit kurzem Vokal und zwei oder doppelten Konsonanten.
Der zweite Teil des Wortes wird der erste des neuen:
Maskenba_ll_ – Ba_ll_kleid – Kleidersta_ng_e – Sta_ng_en...
Holz...
Karneval(s)...
Fasten...

Huhn oder Hase – Lange Vokale mit *h*

Das Osterfest war früher ein heidnisches Fest, bei dem die Germanen fröhlich den Sieg des Frühlings über den kühlen Winter gefeiert haben. Später wurde das Fest allmählich in
5 ein christliches Gewand gekleidet, wo Christi Auferstehung gefeiert wurde.
Da die Frauen, die das offene Grab des Gottessohnes gefunden haben, wohl nach Osten schauten (in den Sonnenaufgang), leitete man
10 „Ostern" von der Himmelsrichtung Osten ab. Schon immer gab es zum Osterfest Geschenke wie das Osterei. Schnell gewöhnten sich die Kinder daran. Die Eltern erzählen noch heute, dass der Hase und nicht das Huhn die Eier
15 bringt. Der Hase gilt auf Grund seiner Vermehrung von bis zu zwanzig Jungen pro Jahr als Zeichen der Fruchtbarkeit.

1 Was erfahrt ihr hier über das Osterfest? Was könnt ihr selbst über dieses Fest erzählen?

2 Schreibt aus dem Text alle Wörter heraus, die einen langen Vokal/Umlaut + *h* enthalten.

> ! In manchen Wörtern mit einem langen Vokal oder einem langen Umlaut folgt ein **h:**
> frü_h_er, Aufers_teh_ung

3 a) In diesem Suchrätsel sind waagrecht 28 und senkrecht 19 Wörter versteckt, die alle ein *h* nach einem langen Vokal/Umlaut haben. Wie viele findet ihr?

b) Schreibt die Wörter heraus. Unterstreicht den langen Vokal/Umlaut und das *h*.

J	Q	W	E	M	A	H	N	U	N	G	R	L	E	H	M	T	Z	A
A	K	E	H	R	E	N	E	U	L	A	H	M	A	I	O	P	Ü	R
H	M	E	H	L	H	A	H	N	A	S	N	A	H	R	U	N	G	M
R	D	F	G	H	J	K	M	L	Ö	D	E	H	N	E	N	Ä	Y	L
V	E	R	K	E	H	R	E	F	S	E	H	N	E	K	A	H	L	E
V	M	E	H	R	W	X	N	E	Y	X	C	B	A	H	N	V	B	H
E	B	N	M	N	A	H	Q	H	V	E	M	P	F	E	H	L	E	N
R	W	E	R	I	H	M	B	L	I	T	Ü	Z	D	R	A	H	T	E
F	A	R	O	H	R	U	E	E	E	I	L	E	H	R	E	O	P	Ü
A	N	A	S	D	F	G	G	R	H	P	L	O	G	H	J	F	K	L
H	G	Ö	Ä	S	D	F	E	S	T	R	A	H	L	G	H	A	J	A
R	E	M	U	H	R	K	H	L	Q	A	B	R	Z	W	Q	H	N	B
E	N	E	W	S	E	H	R	T	Z	H	F	R	A	A	E	R	A	W
N	E	H	M	E	H	L	E	R	T	L	U	G	H	H	V	R	H	E
Y	H	R	F	G	G	H	N	F	F	E	H	X	N	L	F	A	A	H
X	M	L	B	E	F	E	H	L	T	N	R	Z	H	G	F	D	X	R
Z	E	I	N	K	E	H	R	E	N	G	G	E	W	Ö	H	N	E	N
T	U	C	I	O	S	A	H	N	E	V	B	B	E	Z	A	H	L	T

TIPP

Wörter mit *h* nach einem langen Vokal oder Umlaut übt ihr am besten in einer ▷ Wörterliste oder einer ▷ Wörterkartei. ▷ S. 208, ▷ S. 259

Viel Fantasie – Langes *i*

Keine Frage, Schokolade hat den vier Mädchen schon immer geschmeckt! Aber jetzt hatten sie diese tolle Gelegenheit, sich von Kopf bis Fuß mit der Lieblingssüßigkeit einzuschmieren: Karneval in London! Bei dem riesigen Straßenfest im Stadtteil Nottinghill verkleiden sich jedes Jahr Hunderttausende Menschen mit fantasievollen Kostümen und tanzen ausgiebig zu lauter, karibischer Musik. Seit 1964 gehört der beliebte Karneval mit etwa einer Million Besu-

12.2 Feste feiern – Rechtschreibregeln beherrschen

chern zu den größten Straßenfesten Europas. Und die vier Schokomädchen fielen mit den originellen essbaren Kostümen natürlich auf. Wie lange sie nach dem Festzug gebraucht haben, um die braune Soße wieder loszuwerden, ist nicht bekannt. Auf jeden Fall hatten sie einen Riesenspaß. Und wer weiß, vielleicht werden sie beim nächsten Mal als Gummibärchen, Bienenstich oder Lakritzschnecke auftreten.

15

1 *Zum Karneval als Schokolade, Gummibärchen oder Bienenstich – könnt ihr euch das vorstellen?*

 2 *Schreibt aus dem lustigen Text alle Wörter mit langem ie heraus.*

3 *Der Text enthält zwei Wörter mit langem i ohne e. Wer findet sie?*

> **!**
> Für das **lange i** gibt es zwei Schreibweisen:
> □ Am häufigsten ist **ie:** *ziemlich, ich blieb, Liebe*
> □ Selten ist **i:** *mir, dir, Maschine*
> □ Nur bei ▷ Pronomen erscheint **ih:** *ihr, ihm, ihnen*

4 *Für die folgenden Wörter gibt es Beispiele oder bedeutungsgleiche Wörter, die alle langes ie enthalten; die Buchstabenzahl steht in Klammern:*
Insekt (6), Freizeitbeschäftigung (6), Zahl (4), gesungener Text (4), Einbrecher (4), Bahngleise (8), Küchengerät (4), Sehfehler (8), bewaffneter Kampf (5)

5   *braten   steigen   treiben   reiben   bleiben   halten   schreiben*

   laufen   fallen   entscheiden   schreien

a) *Bildet von diesen Verben das Präteritum:*
   ich brate – ich briet
b) *Verwendet die neuen Verbformen in Sätzen. Unterstreicht das ie.*

6 Er bog ab.
Das Wasser floss schnell.
Er bezog seine neue Wohnung.
Sie schob alles zur Seite.
Er schoss ein Tor.
Sie schlossen das Tor.
Wir froren.
Sie lag im Schnee.
Sie erzog das Kind alleine.
Wir flogen in Urlaub.
Die Tiere flohen.
Ich genoss die Wärme.
Ich kroch durch das hohe Gras.

Schreibt die Sätze in euer Heft und setzt dabei die Prädikate ins Präsens:
Er bog ab. – Er biegt ab.

Am Lucia-Tag – Gleich klingende Konsonanten

In Schweden feiert man am 13. Dezember den Lucia-Ta◉. Lucia heißt „Lichtbringerin". Es wir◉ erzählt von einer Frau aus dem vierten Jahrhunder◉, die heili◉ gesprochen wurde und deren
5 Namensta◉ man noch heute feiert.
Zur Lucia-Brau◉ wird in schwedischen Familien häufi◉ die älteste Tochter gewählt. Sie trägt ein weißes Gewan◉ und eine rote Schärpe.
Mit einem Kranz auf dem Kopf, run◉ aus Im-
10 mergrün geflochten, in dem Kerzen brennen◉ stecken, betritt Lucia frühmorgens die Wohnung und singt das Lie◉ von der Lichtträgerin. Wenn die Familie erwacht, steht vor ihr, singen◉, lachen◉ und strahlen◉, Lucia mit dem Frühstück.
15 Sie erhält viel Lo◉, was ihr wichti◉ ist.

1 *Verständlich wird dieser Text, wenn ihr die ◉ durch **b** oder **p**, **g** oder **k**, **d** oder **t** ersetzt.*

> ❗ Am Wortende klingt
> **b** wie **p**: *Kal◉*
> **g** wie **k** oder **ch**: *Krie◉, eifri◉*
> **d** wie **t**: *blon◉*
> Erst wenn ihr die Wörter verlängert **(Verlängerungsprobe)** und deutlich sprecht, hört ihr, welchen Buchstaben ihr schreiben müsst: *Kal◉ – Kälber – Kalb*

2 *der Krie◉   der Sie◉   der Trie◉   der Sta◉   das Lan◉   der Verstan◉   das Pfer◉*

das Kin◉   der Abstan◉   merkwürdi◉   völli◉   lie◉   trü◉   tau◉   mil◉   wil◉

elen◉   er glau◉t   sie pfle◉t   es bewe◉t sich   du fra◉st   ihr lo◉t   sie sa◉t

Welche Buchstaben fehlen bei diesen Wörtern?
a) Bildet von jedem Nomen den Plural und sprecht dabei ganz deutlich. Dann hört ihr, welcher Buchstabe jeweils fehlt:
Krie◉ – Kriege
b) Bei Adjektiven hängt ihr eine Endung an, damit ihr den letzten Buchstaben deutlich hört:
gel◉ – gelbe
c) Bei Verben hilft euch der Infinitiv oder die Ich-Form, den richtigen Buchstaben zu finden: *er glau◉t – glauben, ich glaube.*

Kal◉   Kälber

Süße Delikatessen genießen – *s*-Laute

Chinesen la⊚⊚en es krachen

Wer im „Jahr des Hundes" Glück haben will, mu⊚⊚ immer etwas Rotes tragen.

Peking · H. Maass **Wenn am 29. Januar 2006 gemä⊚ dem chinesischen Mondkalender das Jahr des Hundes beginnt, i⊚⊚t man in Peking traditionell gedämpfte Maultaschen. Schlie⊚lich ist das Kneten und Formen der Maultaschen mit der Familie ein gro⊚er Teil der Festtagszeremonie.**

Wer es sich leisten kann, führt seine Familie neuerdings mit Spa⊚ zum Jahreswechsel aus. In Restaurants kann man Delikate⊚⊚en aus aller Welt genie⊚en. Am lautesten wird der Abschied vom alten Jahr in Peking gefeiert. Dort werden seit 1993 wieder Böller abgescho⊚⊚en, was bislang verboten war. Das Krachen der Böller vertreibt die bösen Geister des alten Jahres, hei⊚t es. Auch wenn Pekings Geno⊚⊚en offiziell nicht an Geister glauben dürfen, haben sie das Schie⊚en von Böllern wieder erlaubt. Der Jahreswechsel löst regelmä⊚ig eine riesige Völkerwanderung aus. Viele Stra⊚en sind überfüllt, da die Menschen von der Küste in ihre Heimatprovinzen reisen.

Was wird blo⊚ das Jahr des Hundes bringen? Die in diesem Jahr Geborenen gelten als ehrlich und manchmal auch als ein bi⊚⊚chen starrköpfig. Damit sie Glück haben, mü⊚⊚en sie immer etwas Rotes tragen – das kann eine rote Unterhose oder ein rotes Band am Fu⊚gelenk sein.

 1 Wenn ihr diesen Artikel über das chinesische Jahr das Hundes „genießen" wollt, müsst ihr alle ⊚ und ⊚⊚ durch *ß* oder *ss* ersetzen. Schreibt die Wörter in euer Heft.

! Der zischende oder **stimmlose *s*-Laut** schreibt sich
  ☐ nach **kurzem Vokal** meist mit *ss*:
   wissen, Biss, Kuss
  ☐ nach **langem Vokal** und **Diphthong** (Doppellaut) meist mit *ß*:
   schießen, Floß, stoßen, ich weiß, außen
  Leider gibt es Ausnahmen (z. B. Zeugnis, Gras).
  Deshalb: Im Wörterbuch nachschlagen!

12 Rechtschreibtraining

lesen	zerreißen	Hase	Preise	heißen	leise	Dose	Kloß
Rasen	fleißig	wissen	hassen	reisen	nieseln	Kessel	Hose
Rose	Speise	grüßen	Käse	Messer	stoßen	Riese	losen

2 Ordnet diese Wörter in zwei Gruppen:

stimmhafter **s**-Laut	stimmloser **s**-Laut
…	…

3 Sprecht die Wörter der beiden Gruppen deutlich aus.
Achtet dabei auf die Aussprache des **s**-Lautes: Welche Unterschiede stellt ihr fest?

> ❗
> - Ein „summender" oder **stimmhafter s-Laut** schreibt sich immer mit **s**: reisen, Bluse, Wiese
> - Ein „zischender" oder **stimmloser s-Laut** schreibt sich entweder mit **ss**: küssen, wissen, Biss oder mit **ß**: groß, ich weiß, beißen
>
> Leider gibt es Ausnahmen von diesen Regeln.
> Deshalb: Im Wörterbuch nachschlagen!

Ein Fest für Leseratten

Meine Schwester ist eine echte Leseratte. Am liebsten liest sie Gruselgeschichten, die so richtig spannend sein müssen. Auch Reisegeschichten dürfen es sein, es muss nur etwas passieren. Sie leiht sich zwar auch Kassetten aus, aber hauptsächlich interessiert sie sich eben für Bücher. Abenteuergeschichten lesen mag sie
5   nur, wenn die einigermaßen glaubhaft sind. Da lässt sie nicht mit sich spaßen!
Ein Buch, das ihr lesenswert erscheint,
hat sie schnell verschlungen. Während
des Lesens ist Katja meist so gefesselt,
dass sie sogar Musikhören und Fernsehen
10   hen vergisst. Auch mit Lissi, ihrer Katze,
will sie dann nicht groß schmusen. Die
mag noch so wild durchs Zimmer sausen.

4 Dieser Text enthält
    ☐ elf stimmhafte **s**-Wörter,
    ☐ neun stimmlose **ss**-Wörter,
    ☐ drei stimmlose **ß**-Wörter.
Schreibt sie in euer Heft.

12.2 Feste feiern – Rechtschreibregeln beherrschen

Die Hochzeit der Eltern (1) – Nomen großschreiben

In Südamerika sind viele Eltern zu arm, um heiraten zu können. Erst nach vielen Jahren ist durch gemeinsame Anstrengung der gesamten Familie eine Hochzeit möglich.

Maria taucht das Leintuch ins Wasser. Sie wickelt es zusammen und legt es auf den flachen Stein. Danach nimmt sie den kleinen Stein und stampft das nasse Tuch fest durch. Das schmutzige Wasser rinnt in den Bach. Neben ihr liegen drei Leintücher, zwei Männerhosen, drei Frauenkleider, zwei Hemden und zwei andere Tücher. Neben Maria wäscht Margerita. Sie ist auch bald fertig. Es ist noch früh am Morgen. Die Hitze kommt erst später.

Maria sagt: „Meine Brüder haben bald das Geld beisammen. Und dann heiraten meine Eltern." Margerita sagt nichts. Auch ihre Eltern sind nicht verheiratet. Eine Hochzeit ist zu teuer. Und ihre Brüder sind noch zu klein. Sie verdienen nichts.
Margerita fragt: „Wissen das deine Eltern?"
„Nein", sagt Maria, „das wird eine Überraschung für Weihnachten."

1 Was erfahrt ihr hier über das Heiraten in Südamerika? Tauscht eure Meinungen darüber aus.

In diesem Text werden – wie in allen Texten – folgende Wörter großgeschrieben:

☐ *das Wort am Satzanfang*

In Südamerika sind viele Eltern zu arm, ...

☐ *ein Eigenname*   ☐ *ein Nomen*

 2 *Schreibt aus dem Text oben alle großgeschriebenen Nomen heraus.*
Setzt den bestimmten Artikel davor.
Schreibt die Nomen nicht in der gebeugten Form, sondern im Nominativ (Wer?):
die Hochzeit, die Eltern ...

> **!** Ein **Nomen** erkennt man sicher am bestimmten **Artikel,** der davorsteht oder den man probeweise ergänzen kann („Artikelprobe"):
>
>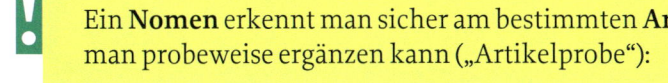
>
> Artikel   *(in)* **das** – Artikel ergänzen
>
> Nomen werden großgeschrieben.

Die Hochzeit der Eltern (2)

Die mädchen packen die nasse wäsche zusammen und schleppen sie ins dorf. Maria geht hinter die lehmhütte und hängt die kleider an den zaun. In der hütte stellt die mutter eine blechtasse mit schwarzem kaffee hin. zucker ist keiner drin. Daneben legt sie für Maria ein stück maisbrot. nach dem frühstück holt Maria wasser vom brunnen, wickelt die zwillinge, füttert sie und legt sie ins bett der eltern.

3 *Welche Wörter sind Nomen und müssen großgeschrieben werden?*
   Das erkennt ihr leicht am
   ☐ *bestimmten Artikel, der davorsteht*
   ☐ *oder den ihr probeweise ergänzen könnt („Artikelprobe").*

4 *Schreibt den Text ab und beachtet die Großschreibung aller Nomen.*

5 *a) Sammelt möglichst viele Nomen zum Thema „Hochzeit".*
   Setzt den bestimmten Artikel davor.
   b) Schreibt einen kleinen Text mit eurem Wortmaterial.

Die Hochzeit der Eltern (3) – Verben nominalisieren und großschreiben

Um die Mittagszeit ist die Mutter mit dem *Kochen* der Bohnen beschäftigt. Das *Hinausbringen* des Essens ist Marias Aufgabe, wie auch das *Schöpfen* des Wassers am Brunnen. Anschließend geht sie aufs Feld. Ihr *Kommen* wird vom Vater und den beiden Brüdern schon sehnsüchtig erwartet. Das *Essen* und das *Trinken* sind für sie eine willkommene Pause, da sie über zehn Stunden täglich für den Besitzer des Feldes arbeiten müssen.
Am Abend hört Maria schon von weitem das *Rufen* und *Schwatzen* ihrer Brüder. Während die Mutter mit dem *Backen* der Maisfladen fürs Abendessen beschäftigt ist, geht Maria den Brüdern entgegen: „Wann sagen wir es den Eltern?", fragt sie. „In drei Wochen gehen wir zum Pfarrer", antwortet der älteste Bruder. Marias fröhliches *Lachen* kann die Mutter sogar am Herd hören.

1 *Beschreibt die Aufgaben der einzelnen Familienmitglieder.*

12.2 Feste feiern – Rechtschreibregeln beherrschen

2 *Zu welcher Wortart gehören die hervorgehobenen Wörter?*

3 *Habt ihr eine Erklärung für ihre Großschreibung?*

> Verben können in ihrer Grundform (Infinitiv) wie ein Nomen gebraucht **(nominalisiert)** werden.
> Man erkennt sie am bestimmten **Artikel,** der davorsteht oder den man probeweise ergänzen kann („Artikelprobe"):
>
> *das Rufen und Schwatzen*
> Artikel   *das* – Artikel ergänzen
>
> Nominalisierte Verben schreibt man **groß.**
>
> Häufige Begleiter von nominalisierten Verben sind ▷ Präpositionen: ▷ S. 187
>
> *beim Backen*   *zum Lachen bringen*   *vom Schwimmen kommen*
> bei dem   zu dem   von dem

Allerlei Hochzeitsvorbereitungen

mit	mein	backen	schenken
durch	der	singen	kaufen
die	bei dem	tanzen	freuen
ihr	das	überraschen	dekorieren
sein	zum	entführen	putzen
gegen			einladen

4 *Stellt euch vor, wie die Hochzeitsvorbereitungen in der Hütte bei Maria, ihren Eltern und Geschwistern wohl vor sich gehen.*

5 *Schreibt über die Hochzeitsvorbereitungen einen kleinen Text. Verwendet dazu das Wortmaterial von oben.*
Achtet auf die Großschreibung, wenn ihr die Verben rechts mit den Begleitern auf der linken Seite verbindet.

Die Hochzeit der Eltern (4) – Adjektive nominalisieren und großschreiben

Das *Erfreuliche* und lange *Erwartete* passiert dann eines Sonntags. Nach dem Frühstück verkündet der ältere Bruder den Eltern das *Überraschende:* „Vater, Mutter, in vier Wochen könnt ihr Hochzeit feiern!" Da geschieht etwas *Rührendes:* Die Mutter weint und auch dem Vater laufen die Tränen über die Backen.
Einen Monat später wird das *Ungewöhnliche* tatsächlich wahr: Die beiden Brüder führen die Mutter, Maria führt den Vater in die Kirche. Großvater und Großmutter tragen die Zwillinge. Im *Wesentlichen* nehmen die Verwandten an der Hochzeit teil, aber auch Freunde und Nachbarn sind gekommen. Die Eltern bekommen meistens etwas *Nützliches* geschenkt: Töpfe, Löffel, zwei Krüge und Teller.
Als der Tag zu Ende ist, sind alle zufrieden, die *Kleinen* wie die *Großen*.

1 *Schreibt alle hervorgehobenen Wörter in der ungebeugten Adjektivform heraus. Achtet auf die richtige Schreibung:* erfreulich, ...

2 *Welcher Wortart gehören die Wörter alle an?*

3 *Habt ihr eine Erklärung für ihre Großschreibung in diesem Text?*

> Adjektive können als Nomen gebraucht **(nominalisiert)** werden.
> Man erkennt sie am bestimmten **Artikel,** der davorsteht oder den man probeweise ergänzen kann („Artikelprobe"):
>
> *Das Erfreuliche sind im Wesentlichen ...*
> Artikel (in **dem**)
>
> Nominalisierte Adjektive schreibt man **groß.**
>
> Häufige Begleiter von nominalisierten Adjektiven sind Mengenwörter wie
> **viel** Schönes, **alles** Gute, **etwas** Rotes, **nichts** Neues, **manches** Kleine, **einiges** Traurige, **allerlei** Leckeres

viel	nichts	wenig	einiges		gut	süß	interessant	lustig
alles	etwas	der, die, das	manches		möglich	neu	aufregend	bunt

4 a) Nominalisiert die Adjektive rechts mit passenden Begleitern von links.
b) Bildet Sätze. Beachtet die Großschreibung.

Alles (lieb) zum Hochzeitstag! *Ich muss manches (unangenehm) sagen.*
Viel (neu) gibt es nicht zu berichten. *Für die Zähne ist etwas (süß) schädlich.*
Ich dachte an nichts (böse). *Es gab nichts (interessant) zu sehen.*
Ferien sind das (schön) an der Schule. *Man soll über andere nichts (schlecht) reden!*

5 Bildet Sätze, indem ihr die Adjektive in Klammern nominalisiert.

Ramadan und Zuckerfest – Kommas bei Aufzählungen

Ist euch schon aufgefallen, dass es bei Familien aus der Türkei, aus dem Iran, aus Marokko oder aus Tunesien normalerweise keinen Weihnachtsbaum gibt? Dafür gibt es bei ihnen ein anderes Fest: Es dauert drei Tage, heißt (im Türkischen) Şeker Bayramı und bedeutet „Zuckerfest". Es wird immer zum Abschluss des Fastenmonats Ramadan gefeiert.

Während des Ramadan dürfen Moslems den ganzen Tag nichts essen, nichts trinken, keine laute Musik hören oder Parfüm benutzen. Das Fasten beginnt früh am Morgen, geht bis zum Abend und darf nicht unterbrochen werden. Im Koran (der moslemischen „Bibel") steht, dass man das Fasten erst dann brechen darf, wenn man einen weißen Faden nicht mehr von einem schwarzen unterscheiden kann.

1 a) Wann findet das „Zuckerfest" statt?
b) Vielleicht habt ihr Klassenkamerad/inn/en, die von Ramadan und Zuckerfest erzählen können.

2 In dem Text findet ihr mehrere unterstrichene Kommas.
Sicher könnt ihr erklären, warum sie da stehen.

Das Abendessen während des Ramadan ist immer sehr umfangreich und schön.
Als Vorspeise gibt es zum Beispiel: Zucchinipuffer gefüllte Schafskäsetaschen gefüllte Weinblätter und Bohnensuppe. Dann folgen als Hauptgericht: Tomaten-Kebap Hähnchenkeule im Gemüsenest oder Tintenfisch aus dem Kessel. Als Gemüsebeilage kann man wählen zwischen gefüllten Paprikaschoten gebratenen Auberginen und Knoblauchjogurt.
Das Dessert bildet den Abschluss. Mandelpudding Rosinenkuchen mit Nüssen oder Spritzkuchen mit Zitronensirup.
Man isst in großer Gemeinschaft mit der Familie mit Freunden und mit Bekannten.

3 *Kennt ihr alle Bestandteile dieses Abendessens?*

4 *Schreibt den Text ab und fügt zwischen den aufgezählten Bestandteilen des Menüs Kommas ein.*

> **!** Aufgezählte Wörter und Satzteile trennt man durch Kommas, wenn sie nicht durch **und** oder **oder** verbunden werden.
> *Familien aus der Türkei, aus dem Iran, aus Marokko oder aus Tunesien*

5 *Beschreibt ein Festessen, an dem ihr teilgenommen habt. Zählt seine Bestandteile auf, gliedert durch Kommas.*

Aqualand oder Kletterwand? – Wörtliche Rede

Stress mit der Geburtstagsparty (1)

Lena und Paul, die Zwillinge, planen ihren zwölften Geburtstag. Lena verkündet: „Ich möchte genau zwölf Freundinnen und Klassenkameraden einladen!" „Du spinnst wohl", protestiert Paul, „ich möchte auch jemand einladen! Dir stehn höchstens sechs zu."

„Hast du eine Idee, was wir mit ihnen unternehmen können?", fragt Lena. „Sollen wir ins Aqualand gehen?" „Bloß nicht", winkt Paul ab. „Das haben wir doch letztes Jahr gemacht. Die Kletterwand ist viel cooler!" „Dann müssen wir getrennt feiern", meint Lena achselzuckend.

Ein heftiger ▷ Dialog, nicht wahr? ▷ S. 265
Ihr sollt ihn fortsetzen.
Dazu ist es wichtig, die wörtliche (direkte) Rede zu beherrschen. Besprecht:

1 *Wo kann der Redebegleitsatz stehen?*

12.2 Feste feiern – Rechtschreibregeln beherrschen

2 *Wie verhält es sich mit der Zeichensetzung und ihrer Reihenfolge?*
  ☐ *Wo und wann steht ein Doppelpunkt?*
  ☐ *Wo stehen die Anführungszeichen?*
  ☐ *Wann und wo stehen Punkt, Komma, Frage- und Ausrufezeichen?*

3 *Wie steht es mit der Groß- und Kleinschreibung?*

4 *Setzt den Dialog fort.*

Wörtliche (direkte) **Rede**
Was jemand redet und denkt, steht in **Anführungszeichen;** voraus geht ein Doppelpunkt:
Er sagte kurz: „Red schon!" – Mir ging durch den Kopf: „Was hat der gerade gesagt?"

Steht der Begleitsatz in der Mitte oder nach der wörtlichen Rede, wird er durch Komma abgetrennt. Dabei verliert ein Aussagesatz den Schlusspunkt! Fragezeichen und Ausrufezeichen bleiben stehen:
„Serkan", fragte ich, „hilfst du mir?"
„Ich muss noch lernen", antwortete er.   (**Achtung:** Der Schlusspunkt der wörtlichen Rede entfällt.)

„Wie lange denn noch?", war meine Frage.
„Stör mich jetzt nicht!", rief er.

Stress mit der Geburtstagsparty (2)

Paul erinnert Lena daran Zwei Feiern kommen nicht in Frage. Hast du vergessen, was Mama gesagt hat? fragt er. Dann lass uns doch alle zusammen ins Kino gehen, schlägt Lena
5 vor. Der neue Harry Potter läuft doch gerade an. Super Idee, meint Paul, Taner hat mich auch schon darauf aufmerksam gemacht. Das machen wir.
Lena überlegt Vielleicht bekommen wir ja
10 von Mama oder Papa noch Geld für Popcorn und Getränke? Und Oma, fällt Paul ein, backt uns abends Pizza!

5 *a) Schreibt diesen Dialog ab.*
   b) Setzt alle Zeichen der wörtlichen Rede.

6 *Setzt den Dialog fort.*

12.3 Unterwegs in fremden Ländern – Übungen

Chirriadas und Zitronen – Kurze Vokale, doppelte Konsonanten

MAISMEHL-CHIRRIADAS AUS BOLIVIEN

In der bolivianischen Stadt Tarija gibt es ein beliebtes Ausflugsziel: die Ufer des nahe gelegenen Stausees. In den kleinen offenen Straßenrestaurants sitzen sonntagmittags Familien mit Kindern und Großeltern und Freundesgruppen und genießen die frisch gegrillten Fische aus dem See. Katzen schleichen um die Tische in der Hoffnung, dass auch für sie etwas abfallen möge. Der Geschmack der knusprigen kleinen Fische ist unbeschreiblich und lässt sich in einer deutschen Pfanne ganz sicher nicht nachahmen. Dafür gibt es aber einen Nachtisch, der so auf die Hand genommen und genossen wird: die Chirriadas. Das sind dünne Pfannkuchen aus Maismehl. Bei jeder Straßenverkäuferin schmecken die Chirriadas etwas anders.

1 Schreibt möglichst viele Wörter heraus mit kurzem Vokal/Umlaut + Doppelkonsonant/zwei Konsonanten. Markiert sie: Chi_rr_iadas ...

2 Schreibt das Rezept ab.
Setzt einen Punkt unter die kurzen Vokale/Umlaute und unterstreicht folgende Doppelkonsonanten/zwei Konsonanten.

3 Probiert das Rezept aus.

Chirriadas

250 gr. Maismehl mit 1 l Milch, 2 Eiern, etwas Salz, Zucker und Zimt zu einem dünnflüssigen Teig verquirlen. Eine halbe Stunde stehen und quellen lassen. Pro Pfannkuchen eine Kelle Teig in eine heiße, gefettete, flache Pfanne laufen lassen und dünn ausbraten. Je nach gewünschtem Bräunungsgrad wenden. Am besten sofort aus der Pfanne servieren – entweder solo oder mit Konfitüre oder Nuss-Nougat-Creme bestrichen.

12.3 Unterwegs in fremden Ländern – Übungen

Johann Wolfgang Goethe
Mignon

Kennst du das Land, wo die Zitronen blühn,
Im dunkeln Laub die Goldorangen glühn,
Ein sanfter Wind vom blauen Himmel weht,
Die Myrte[1] still und hoch der Lorbeer steht.
Kennst du es wohl?
[...]

1 **die Myrte:** südländische Pflanze

1 *Welches Land oder welche Weltgegend könnte in diesen Gedichtzeilen gemeint sein?*

2 *Schreibt die Wörter mit kurzem Vokal/Umlaut + Doppelkonsonanten/zwei Konsonanten heraus. Markiert sie.*

3 *Versucht ein ähnliches Rätsel-Gedicht zu schreiben, mit einer anderen Pflanze, einem Tier …*

Zehn mühsame Kilometer – Lange Vokale mit *h*

Auf den letzten zehn Kilometern drohte Janek Mela schlappzumachen. Mit jedem Schritt wurde es mühsamer, mit den Skiern über das Eis zu gleiten. Vor Müdigkeit fielen dem 16-Jährigen beinahe die Augen zu. Doch kurz darauf näherte sich der Junge aus dem polnischen Malbork seinem Ziel: Als einer der jüngsten Abenteurer aller Zeiten erreichte er am 31. Dezember 2004 den Südpol. Und das, acht Monate nachdem er bereits am Nordpol für ein Erinnerungsfoto fröhlich in die Kamera gelächelt hatte. Beide Pole in einem Jahr zu bezwingen, das ist schon eine wahnsinnige Leistung. Für Janek aber ganz besonders: Ihm fehlen der linke Unterschenkel und der rechte Unterarm. Beide wurden vor zwei Jahren amputiert, nachdem er bei einem Unfall mit Starkstrom in Berührung gekommen war. Mit riesigem Ehrgeiz hat der Junge gezeigt, dass es sich lohnt, nicht aufzugeben.

1 *Schreibt alle Wörter mit langem Vokal/Umlaut + h heraus.*
   Markiert die Buchstaben: Ze**h**n …

2 *Bildet mit den gefundenen Wörtern Zusammensetzungen, sucht verwandte Wörter.*
   Beachtet die Schreibung mit h: fünfze**h**n, Ze**h**nkämpfer …

3 *Nicht immer folgt auf einem langen Vokal/Umlaut ein h!*
   Nennt Beispiele aus dem Text.

Der Uhuru Peak – Mit langem *i*

Anfangs war ihm nicht ganz wohl: „Ob das Mädchen den Aufstieg auf den Kilimandscharo wirklich schafft?", fragte sich Bergführer Charles. Mit ihren Eltern machte Kathinka Goss Urlaub in Tansania und stieg nun mit ihrem Vater und dessen Freunden auf den höchsten Berg Afrikas. Dabei ist Kathinka erst vierzehn!

Ihr war klar, dass dies selbst für viele geübte Bergsteiger eine anstrengende Tour bedeutete. Aber das Mädchen hielt tapfer mit ihnen mit.

Los ging der Marsch im dichten Urwald. Aber nach kurzer Zeit war der Boden so trocken, dass sie eine braune Staubschicht auf ihren Zähnen hatten. Weiter oben lag sogar tiefer Schnee und es war ziemlich kalt. Endlich, nach mehreren schwierigen Tagen, stand ihnen ihr Ziel vor Augen.

Und was schießt Kathinka zuerst, als sie erschöpft, aber zufrieden auf dem Uhuru Peak stehen, 5895 Meter über dem Meeresspiegel? Ein Gruppenfoto.

1 Tragt alle Wörter mit langem *i* in eine Tabelle mit den Spalten *ie* und *ih* ein.

Windi◯, ziemlich windi◯! – Gleich klingende Konsonanten

Richti◯, es sieht ziemli◯ lässi◯ aus, wenn Jamal oben auf dem Zu◯ hockt. Der Fahrtwin◯ bläst ihm ins Gesicht, nur mit einer Han◯ hält er sich fest. So fährt der Zwölfjährige tägli◯ zur Arbei◯: Morgens 23 Kilometer von Narayanganj nach Dhaka, der Hauptstadt von Bangladesch, und am Nachmitta◯ dieselbe Strecke wieder zurück.

Doch was so völli◯ locker aussieht, ist höchst gefährli◯! Immer wieder verunglückt ein Kind in diesem Lan◯, wenn es auf einem Zugdach mitfährt. Die Wagons schwanken wil◯ hin und her. Die Fahrt ist aus diesem Grun◯ ein Balanceakt.

Aber Jamal glaubt keine Wahl zu haben. Sein Vater kutschiert mit einer Rikscha Fahrgäste durch die Gegen◯. Doch was er einnimmt, reicht nicht für die Familie. Jamal arbeitet häufi◯ als Aushilfskellner. Damit möglichst viel von seinem Lohn übri◯ bleibt, darf die Fahrt zur Arbeit nichts kosten. Auf dem Zugdach ist es zwar riskan◯, aber dort fragt nieman◯ nach einer Fahrkarte ...

1 Wisst ihr, wie die unvollständigen Wörter geschrieben werden? Sprecht die Wörter deutlich aus und verlängert sie um eine passende Endung („Verlängerungsprobe"): *richtige, ziemliche ...*

2 Welche Konsonanten fehlen hier? Macht zur Sicherheit die „Verlängerungsprobe".

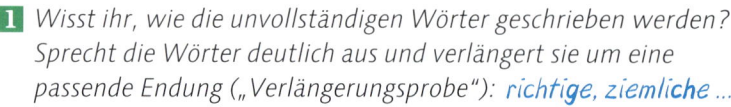

Süße, gelbe Babys – *s*-Laute

Großblättriges Grün hat uns augenblicklich umschlossen. Hier, auf einer der größten Bananenplantagen Ecuadors, dem Äquator schweißtreibend nahe, ist der Mensch nur Helfershelfer. Den Rhythmus bestimmt die Natur. Sie allein ist das Maß aller Dinge.
Im Mittelpunkt steht eine zuerst harte, grüne und dann weiche, gelbe Frucht mit süßlichem Geschmack Schließlich verdanken die Einheimischen diesem „Baby" fast alles. Carlos weiß das, ohne dass es betont werden müsste.
Er kennt auch den Wert des stark fließenden Baches, der Trinkwasser, Kochwasser und Waschwasser liefert, der sein Pferd tränkt und die Reispflanzen gießt. Er weiß, wann der Kakao und der Kaffee geerntet werden müssen, wann die Bohnen reif sind und wann das Korn. Die Natur zu missachten: So dumm sind vielleicht Europäer, nicht aber ecuadorianische Kinder.

1 *Erklärt was die Natur für Carlos bedeutet.*

2 *Schreibt alle Wörter mit ß und ss in eine Tabelle geordnet heraus.*

3 *a) Überprüft: Welcher Laut/Buchstabe geht den beiden s-Lauten voran? Achtet auch auf die Länge.*
  b) Sucht weitere Beispiele.   ▷ S. 215

4 *Führt ein ▷ Eigen- oder ▷ Partnerdiktat mit dem Text durch.*   ▷ S. 203, 209

Rie**ß**enrad und Dino**s**aurier

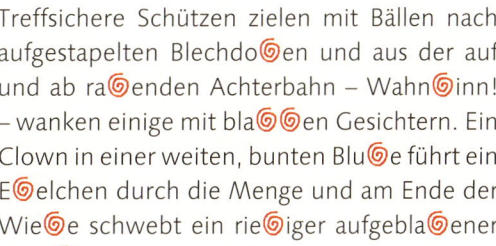

Es ist wieder einmal so weit: Durch verstopfte Stra**ß**en und Ga**ss**en drängen die Menschen zur Festwie**s**e. Schon von weitem grü**ß**t das Rie**ß**enrad die Besucher. Am Eingang bietet ein Marktschreier Luftballons und Papierro**s**en an, gleich daneben verkauft ein Mann im wei**ß**en Kittel Glücklo**s**e und auf dem Boden liegen ma**ss**enhaft die Nieten herum. Treffsichere Schützen zielen mit Bällen nach aufgestapelten Blechdo**s**en und aus der auf und ab ra**s**enden Achterbahn – Wahn**s**inn! – wanken einige mit bla**ss**en Gesichtern. Ein Clown in einer weiten, bunten Blu**s**e führt ein E**s**elchen durch die Menge und am Ende der Wie**s**e schwebt ein rie**s**iger aufgebla**s**ener Dino**s**aurier in der Luft.

5 *Dieser Text enthält*
  ☐ *15 stimmhafte s-Wörter,*
  ☐ *drei stimmlose ss-Wörter,*
  ☐ *drei stimmlose ß-Wörter.*   ▷ S. 216
  Schreibt sie in euer Heft.

Kleine Chinesin, große Leistung – Großschreibung

Morgens um halb sechs beginnt für You Jianing der Tag. Eine Stunde fährt die 14-jährige Pekingerin mit dem Bus von ihrem Zuhause, einer grauen Hochhausanlage, zur Schule in die Stadt. Mit ihren Mitschülern putzt sie erst das Klassenzimmer und bereitet sich dann kurz auf den Stoff des Tages vor. Um 7.30 ist Unterrichtsbeginn. You lernt fünf Stunden am Morgen und vier bis fünf Stunden am Nachmittag. Mathe, Chinesisch, Physik, Chemie, Englisch. Abends um sechs oder sieben kommt das Mädchen nach Hause. „Dann mache ich Hausaufgaben, aber nicht länger als drei Stunden", sagt sie.

1 Was sagt ihr zu diesem „Stundenplan" einer 14-jährigen Chinesin?

2 Schreibt die unvollständigen Wörter mit dem bestimmten Artikel in euer Heft:
der Tag ...

> Hallo!
> Ichheißenasima,binneunjahrealtundkommeausindien.bisvordreimonatenmussteichineinemsteinbrucharbeiten.zwölfstundenlangbohrtenundklopftenwirsteine.amschlimmsten wardervielestaub.erbeißtganzfürchterlichindenaugenundduhastdasgefühl,keineluftzukriegen.
> Aberjetztgeheichendlichindieschuleundkannschonbesserlesenundschreibenalsmeineeltern. dieschuleisteinteilvoneinemprojekt,dassichumfamilienwieunskümmert.
> Schuleistschöneralsarbeiten.dassineuropavielekindergarnichtgernezurschulegehen,kann ichmirgarnichtvorstellen!
>   Nasima

1 Was schreibt Nasima über europäische Schulkinder?
Wie ist eure Meinung dazu?

2 Findet ihr die 18 Nomen und drei Namen in diesem „Brief"?

3 Schreibt Nasimas Brief sauber in euer Heft und achtet dabei auf die Großschreibung der Nomen.
Denkt an die ▷ „Artikelprobe".   ▷ S. 219

Träumen großgeschrieben – Verben und Adjektive nominalisieren

Akilile ist zehn Jahre alt, lebt in Äthiopien und hat einen Traum: Er will Pilot werden! Das Beobachten eines Flugzeugs, das regelmäßig über sein Dorf fliegt, hat ihn auf diese Idee gebracht. Beim Erfüllen seines Traumes spielt die Schule eine wichtige Rolle.
Nach fast anderthalb Stunden Fußmarsch über Felder und Trampelpfade wird sein Ankommen von der Schulglocke begrüßt. Dann üben mehr als 300 Schülerinnen und Schüler im Hof das Aufstellen in Zweierreihen.

Das Hissen der äthiopischen Flagge übernimmt der Rektor. Nach dem Betreten der Klassenzimmer nehmen alle an ihren Tischen Platz. Das ist nicht selbstverständlich, denn das Fehlen von Stühlen und Tischen war bis vor kurzem leider die Regel. Auch das Erscheinen im Unterricht ließ zu wünschen übrig, da das Arbeiten auf dem Feld die Kinder am Schulbesuch hinderte.
Hoffen wir, dass Akililes Traum vom Fliegen einmal Wirklichkeit wird!

1 *Auf welchem Erdteil liegt Äthiopien?*

2 *Wenn ihr aufmerksam lest, findet ihr zehn Verben in ihrer Grundform (▷ Infinitiv), die großgeschrieben werden, weil ihnen ein bestimmter Artikel vorausgeht (oder ergänzt werden kann). Schreibt diese nominalisierten Verben mit Artikel heraus. (Das erste steht in Zeile 3.)*   ▷ S. 253

Eltern in Äthiopien haben im Großen und Ganzen begriffen, dass ihre Kinder ohne Schulbildung niemals etwas Richtiges werden können. Dabei ist das Erfreuliche, dass heute auch immer mehr Mädchen zur Schule gehen.
So wie die kleine Meseker, neun Jahre alt, Traumberuf: Lehrerin. Das Schönste ist für sie daran, dass man anderen Kindern

etwas Nützliches und viel Gutes fürs ganze Leben beibringen kann.
Kerzengerade sitzt Meseker in der ersten Reihe. Das Spannende und Interessante merkt sie sich gut, um es den Geschwistern erzählen zu können. Manches Unbekannte weckt ihre Neugier.
Wäre es nicht etwas Wunderbares, wenn ihr Traum in Erfüllung ginge?

3 *In diesem kleinem Bericht über Meseker stehen elf Adjektive, die großgeschrieben werden, weil ihnen ein bestimmter Artikel vorangeht (oder ergänzt werden kann). Sucht sie heraus.*

4 *Schreibt diese zu Nomen gewordenen Adjektive mit dem bestimmten Artikel auf:*
***das** Große und **G**anze ...*

Kinder in Not – Aufzählungen

Es geschieht an jedem Tag in jeder Stunde in diesem Moment jetzt: Kinder wühlen in den Müllkippen der philippinischen Hauptstadt Manila nach Brauchbarem Verwertbarem Essbarem. Sie marschieren mit Gewehren durch die Berge Kolumbiens sie arbeiten auf den Feldern in Afrika sie waschen alte Plastiktüten in Indien. Überall auf der Welt müssen Kinder Mädchen und Jungen ihr Leben ohne Hilfe Fürsorge Hoffnung meistern.
Die Mitarbeiter/innen des Kinderhilfswerks UNICEF werden nicht müde, gegen die schlimmsten Probleme zu kämpfen – Armut Krieg Krankheit Wassermangel …

1 Der Bericht enthält mehrere Aufzählungen, die durch Kommas voneinander getrennt werden müssen. Legt eine Folie darüber und setzt alle Kommas.

2 Statt eines Kommas könnt ihr manchmal auch **und** oder **oder** einsetzen.

3 a) Gebt mit eigenen Worten schriftlich wieder, was diese Grafik ausdrückt.
b) Ergänzt die fehlenden Aufzählungskommas.

Kinderleid in Zahlen	
Zu kleine, schmutzige, ärmliche Unterkunft	33,9 %
Keine Toilette	30,7 %
Kein Brunnen Trinkwasser	21,1 %
Kein Radio Fernseher Telefon	16,1 %
Zu wenig Eiweiß Fette Vitamine	16,1 %
Kaum Schwestern Ärzte Krankenhäuser	14,2 %
Kaum Schulen Lehrer Unterricht	13,1 %

4 Schreibt einen kurzen Texten zu der Darstellung.
Denkt an die Kommas bei Aufzählungen.

Das Jugendorchester aus dem Regenwald – Wörtliche Rede

In keinem anderen Ort Boliviens sind Kinder so fasziniert von klassischer Musik wie in Urubichà. Mehr als 400 Mädchen und Jungen lernen an der Musikschule ein Instrument.
5 Noch einmal ganz von vorn ruft Lehrer Juan-Carlos und tippt mit dem Fuß den Takt.
Ich fühle die Musik tief in mir sagt Froilán. Ist sie traurig, bin auch ich traurig. Ist sie fröhlich, fühl auch ich mich gut.
10 Sein Lehrer berichtet Dass Froilán erst seit zehn Monaten Cello spielt, kann man kaum glauben.
Was andere in zwei Jahre lernen, kann er schon jetzt lobt Juan-Carlos seinen talentierten Schüler.
Bezahlen können meine Eltern den Unterricht 15 nicht gibt Froilán zu. Wir leben von dem, was wir auf kleinen Gemüsefeldern im Regenwald anbauen.
Sein Lehrer ergänzt stolz Die Schule ist auf Spenden angewiesen Deshalb schicken uns Musiker 20 aus der ganzen Welt ihre ausgedienten Instrumente.

1 Sicher ist euch aufgefallen, dass hier die Satzzeichen der ▷ wörtlichen Rede fehlen: ▷ S. 261
Doppelpunkt, Anführungszeichen, Kommas, Ausrufezeichen …
Schreibt den Bericht ab und tragt die fehlenden Satzzeichen ein.

ARBEITSTECHNIKEN UND METHODEN

13 Das Lernen lernen

13.1 Richtig planen – Klassenarbeiten vorbereiten

Brainstorming um die Klassenarbeit

Sicher habt ihr euch bei der Rückgabe einer Klassenarbeit schon einmal gefragt: Wieso schaffen *die* eine Zwei oder sogar eine Eins und *die* nur eine Vier?

1 Seht euch die Reaktionen der Kinder auf dem Foto an:
   a) Was könnt ihr dabei erkennen?
   b) Berichtet von ähnlichen eigenen Erfahrungen.

2 Setzt die bekannte Situation „Rückgabe der Klassenarbeit" mit der Zeichnung hier in Beziehung.

3 *Veranstaltet ein Brainstorming zum Thema „Klassenarbeit":*
   a) Sammelt alle guten und schlechten Gedanken und Erinnerungen zum Thema auf Zetteln, an der Tafel oder an einer Pinnwand.
   b) Ordnet eure „Geistesblitze" nach Themen: Klassenarbeit-Killer, Klassenarbeits...

> **ARBEITSTECHNIK**
>
> Beim **Brainstorming** („Hirnsturm", Geistesblitz) sammelt ihr wahllos alle Begriffe und Gedanken, die euch zu einem Thema einfallen – auf einzelnen Zetteln oder an der Tafel.
> Es gibt kein „richtig" und kein „falsch", alle Einfälle sind erlaubt!
> Erst ganz am Ende ordnet ihr sie nach einheitlichen Gesichtspunkten.

Den Lernstand testen

Wie lernt ihr am besten?

 1 *Übertragt diesen Lerntest und füllt ihn aus. Ihr könnt eigene Ideen hinzufügen.*

Lerntest	Dabei lerne ich		
	wenig	mehr	viel
☐ Ich teile mir den Stoff in kleine Portionen ein.			
☐ Mit den Übungen beginne ich sofort nach dem Mittagessen.			
☐ Ich nehme mein Heft mit zum Training und übe in der Pause.			
☐ Das Buch lege ich einfach unters Kopfkissen und schlafe eine Nacht darauf.			
☐ Ich verteile den Lernstoff auf verschiedene Tage.			
☐ Nachts kann ich am besten lernen.			
☐ Am Tag vor der Arbeit wiederhole ich noch einmal den Stoff.			
☐ Einen Tag lang lerne ich alles am Stück, das muss reichen.			
☐ Ich nehme den Lernstoff auf Kassette auf und höre mir alles mehrfach an.			
☐ Das Wichtigste schreibe ich in Stichworten auf Karteikärtchen.			
☐ Ich lerne alles auswendig.			
☐ Ich lasse mich von einem Freund/einer Schwester ... abfragen.			
☐ ...			

Lerntypen

Rosella nimmt sich für die Klassenarbeit viel vor. „Ich werde mich diesmal gut vorbereiten. Es ist ja noch genügend Zeit. Heute ist Montag und die Arbeit wird erst in vier Tagen geschrieben. Das müsste reichen."
Am Montag konzentriert sich Rosella auf die Ordnung ihres Schreibtischs. Sie räumt auf und findet dabei einen Brief ihrer Freundin. Der muss natürlich sofort beantwortet werden!
Am Dienstag ruft Karoline an: „Lass uns ins Schwimmbad gehen." Rosella geht mit und verschiebt die Vorbereitung auf den Abend. Doch abends ist sie völlig erledigt. Den Zahnarzttermin hätte Rosella vergessen, wenn die Mutter sie nicht daran erinnert hätte.
Am Donnerstag endlich beginnt sie mit den Vorbereitungen. Sie schlägt das Buch auf und gleich wieder zu. „O Gott, das schaff ich nie. Da geb ich lieber gleich auf." Die ganze Nacht kann Rosella nicht schlafen.

 Johann will diesmal schlauer sein und nicht alles zu Hause nacharbeiten müssen. Er nimmt sich vor, im Unterricht gut aufzupassen. Doch schon nach einer Viertelstunde ist er mit seinen Gedanken ganz woanders. Der Lehrer weckt ihn unsanft aus seinen Träumen: „Schläfst du schon wieder?" Johann wird rot und bemerkt, wie seine Klassenkameraden über ihn lachen. Natürlich kann er sich den Rest der Stunde nun auch nicht mehr konzentrieren. Zu Hause versucht Johann den Stoff nachzubereiten. Doch auch dort schafft er es nicht, das Verpasste aufzufrischen. Die Wörter flattern davon wie seine Gedanken. Johann merkt, wie ihn sein schlechtes Gewissen plagt. Zum konzentrierten Arbeiten kommt er nicht mehr.

Bettina ist deprimiert. „Nicht einmal die einfachsten Vokabeln kann ich mir merken und am Freitag schreiben wir schon wieder einen Test." Mit schlechter Laune setzt sie sich an den Schreibtisch und schlägt das Englischbuch auf. „Wer will denn schon wissen, was ‚langweilig' auf Englisch heißt? Das wird nicht gut gehn mit dem Test, das weiß ich jetzt schon. Aber wahrscheinlich bin ich sowieso zu blöd für diese Sprache. Ich kann einfach kein Englisch. Das werde ich nie können!" Missmutig versucht Bettina die Vokabeln zu lernen.
Dass der Test nicht gut ausfällt – wen wundert es?

Ertan ist ein sehr fleißiger Schüler. Er passt in der Schule immer gut auf, führt seine Hefte und Mappen äußerst ordentlich und gewissenhaft. Wenn eine Klassenarbeit ansteht, paukt er wie ein Verrückter. Am Abend vor der Klassenarbeit geht der Stress dann erst richtig los. Ertan bekommt Bauchschmerzen, zittert, hat feuchte Hände, ihm ist kalt und er vergisst auf einmal alles, was er vorher gelernt hat.

 1 *Rosella, Johann, Bettina und Ertan sind keine Klassenarbeiten-Profis!*
☐ *Wie versuchen sie sich vorzubereiten?*
☐ *Mit welchen Problemen haben sie zu kämpfen?*
☐ *Wie sollten sie ihr Lernverhalten ändern?*
Schreibt Tipps für sie auf.

Sicher in die Klassenarbeit

Der Erfolg einer Klassenarbeit hängt von der Vorbereitung ab.

1 *Berichtet, wann und wie lange ihr für eine Arbeit lernt.*

> **TIPP KLASSENARBEIT VORBEREITEN**
> ☐ Legt fest, wie viele Tage vor der Klassenarbeit ihr mit der Vorbereitung beginnen wollt.
> ☐ Sprecht darüber mit Klassenkamerad/inn/en oder dem/der Lehrer/in.
> ☐ Legt für jeden Lerntag fest, was und wie ihr lernen wollt.

Oktober				
1	So		Ein Tag Pause!	Ich schreibe eine Übungsarbeit mit dem Blick auf die Uhr.
2	Mo			
3	Di		Ich lerne mit jemandem zusammen.	
4	Mi			Ich notiere den Lernstoff auf möglichst wenigen Karteikarten.
5	Do			
6	Fr			
7	Sa		Ich verschaffe mir einen <u>Überblick</u> über den Lernstoff. Was weiß ich? Was muss ich noch lernen? Wo finde ich das?	Heute lerne ich gezielt die „harten Nüsse".
8	So			
9	Mo			Nichts Neues mehr! Nur noch gründlich wiederholen.
10	Di	!Deutschaufsatz!		
11	Mi			

1 *Besprecht in welcher Reihenfolge ihr am sinnvollsten diese neben den Kalender gepinnten sieben „Lern-Etappen" zu einer Klassenarbeit zurücklegt.*

2 *Übertragt die sieben „Lern-Etappen" in euren Kalender.*

> **TIPP**
> ☐ Bereitet euch in mehreren Etappen auf die Klassenarbeit vor.
> ☐ Überprüft:
>   ■ Wie lange dauert eine Etappe: einen Tag, zwei Tage?
>   ■ Wie viele Stunden täglich könnt ihr lernen?
> ☐ Merkt euch das für die Vorbereitung auf die nächste Klassenarbeit.

13.1 Richtig planen – Klassenarbeiten vorbereiten

„Spickzettel" zur Klassenarbeit

Selbstverständlich ist ein Spickzettel **während** der Klassenarbeit verboten; **vorher** aber nicht:

1 *Legt euch einen Klassenarbeits-„Spickzettel" nach folgendem Muster an:*

> **ARBEITSTECHNIK „SPICKZETTEL"**
> - **1. Schritt:** Schreibt den gesamten Lernstoff für die Klassenarbeit in ein Heft.
>   Prägt euch den Lernstoff durch wiederholtes Lesen ein.
> - **2. Schritt:** Schreibt den Lernstoff noch einmal auf.
>   Notiert dabei nur das Wichtigste in Stichpunkten, sodass sich der Umfang verkleinert.
> - **3. Schritt:** Versucht den Umfang des Lernstoffs noch einmal auf das Allerwichtigste zu verkleinern, sodass er auf eine oder zwei Karteikarten (den „Spickzettel") passt.

Die Klassenarbeit auf dem Karussell

Wer gut mit jemandem zusammen lernt, ist auch gut vorbereitet:

 1 *Veranstaltet „Karusselgespräche" über eure Klassenarbeit.*

> **ARBEITSTECHNIK KARUSSELLGESPRÄCH**
> Nachdem ihr euch einzeln gut vorbereitet habt, könnt ihr euer Wissen kurz vor dem Termin austauschen und vertiefen:
> - **1. Runde:** Setzt euch in der Gruppe paarweise gegenüber.
>   Wer außen sitzt, spricht zwei Minuten über den Lernstoff.
> - **2. Runde:** Wer innen sitzt, fasst das Gehörte zusammen und kann Fragen stellen.
>   Ihr habt zwei Minuten Zeit zum Gespräch.
> - **3. Runde:** Auf ein vereinbartes Zeichen rutschen alle im Innenkreis im Uhrzeigersinn zwei Stühle weiter.
>   Diesmal berichten sie den außen Sitzenden über den Lernstoff.

Sicher in der Klassenarbeit

Nachdem ihr euch so gründlich vorbereitet habt, müsst ihr während der Klassenarbeit nur noch die zehn Tipps auf der nächsten Seite beachten, um erfolgreich zu sein.

1 *Sprecht über die zehn Tipps auf S. 236.*
Berichtet von euren eigenen Erfahrungen. Nennt Beispiele. Ergänzt weitere Tipps.

13 Das Lernen lernen

> **TIPP**
> 1. Optimistisch bleiben: Ich habe mich gut vorbereitet und ich weiß, dass ich den Stoff beherrsche. Deshalb kann mich niemand nervös machen.
> 2. Ich habe alle Arbeitsmaterialien griffbereit.
> 3. Bevor ich anfange, lese ich die Aufgaben vollständig und in Ruhe durch.
> 4. Unklarheiten bringe ich gleich zur Sprache.
> 5. Ich beginne mit einer leichten Aufgabe und hake sie zum Schluss als gelöst ab.
> 6. Nach jeweils zehn Minuten mache ich eine 1-Minuten-Pause.
> 7. Wenn ich steckenbleibe, gehe ich die Aufgabe noch einmal konzentriert durch. Stolpere ich wieder, stelle ich die Aufgabe zurück und probiere sie später noch einmal. *Nicht festbeißen!*
> 8. *„Noch 15 Minuten ..."*
>   Ich entscheide ruhig, was ich noch erledigen kann und was ich (leider!) beiseitelassen muss.
> 9. Bleibt mir Zeit, lese ich alles noch einmal prüfend durch.
> 10. Jetzt nur noch bei echten Fehlern eingreifen! Für Zweifel ist keine Zeit mehr.

2 *Gestaltet zwei Plakate:*
- *In 9 Etappen zur Klassenarbeit*
- *Sicher in der Klassenarbeit*

Wie ihr euer Wissen rund um die Klassenarbeit in einem Kurzvortrag präsentieren könnt, erfahrt ihr auf ▷ Seite 243 f.

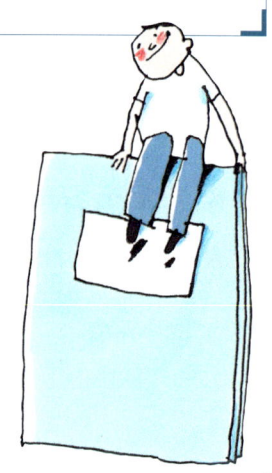

Aus Fehlern lernen

Nach der Klassenarbeit ist – leider! – vor der *nächsten* Klassenarbeit. Deshalb: Lernt aus euren Schwächen und Fehlern!

	Lernstoff beherrscht	Aufgaben verstanden	Text(e) verstanden	Arbeit gegliedert	Rechtschreibung	Zeichensetzung	Grammatik	Satzbau
KA, 3. Mai								
KA ...								

1 *Klebt diese Tabelle hinten in euer Deutschheft.*

2 *Füllt die Spalten nach jeder Klassenarbeit (KA) aus.*

3 *Geht gezielt gegen eure Schwächen vor.*

13.2 Richtig lesen – Lernstrategien anwenden

Lesespaß mit Lesepass

Auf den folgenden Seiten findet ihr drei verschiedene Texte zu *einem* Thema. Dazu einen Lesepass, den ihr euch selbst – am besten am PC – herstellen und von eurem/r Lehrer/in bestätigen lassen könnt.

Lesepass

von

◎◎◎ ◎◎◎

Text	Lesetechnik	sicher	befriedigend	noch unsicher
1 S. 237	Thema erfasst W-Fragen formuliert			
2 S. 239	Thema erfasst W-Fragen formuliert Schlüsselwörter ermittelt			
3 S. 240	Thema erfasst W-Fragen gestellt Schlüsselwörter ermittelt Zwischenüberschriften formuliert Inhalt wiedergegeben			

1 Manfred Mai
Der Müll muss weg!

Es war einmal eine schöne Stadt. Den Leuten ging es gut, sehr gut sogar. Sie hatten alles, was sie zum Leben brauchten – und noch mehr. Und wenn sie etwas Neues wollten, kauften sie es einfach. Was die Leute nicht mehr wollten oder brauchen konnten, warfen sie zum Abfall. Jeden Tag fuhren viele Müllautos durch die Straßen und sammelten den Abfall ein. Draußen vor der Stadt kippten sie ihn auf eine große Wiese. Dort wurde aus dem vielen Abfall langsam ein Hügel und aus dem Hügel wurde ein Berg. Die Leute tauften ihn „Müllberg". Dieser Müllberg wurde von Tag zu Tag höher und war bald der höchste Berg weit und breit.

Wenn am Sonntag schönes Wetter war, fuhren die Leute zum Müllberg und stiegen hinauf, um die herrliche Aussicht auf ihre schöne Stadt zu genießen. Dabei sahen sie, dass auch vor anderen Städten Müllberge in den Himmel wuchsen. Und wer ein Fernglas hatte, konnte sogar die Leute auf den anderen Müllbergen herumklettern sehen.

An einem trüben Montagmorgen stieß der Müllberg vor der schönen Stadt durch die Wolkendecke. Fast gleichzeitig begann die Erde zu zittern und zu beben. Zuerst noch leicht, dann stärker, immer stärker. Die Leute in den Häusern, Fabriken, Büros und Geschäften hielten sich ängstlich an Tischen, Schränken, Türen und aneinander fest oder liefen hinaus auf die Straßen. Dort hörten sie einen Lärm, wie sie noch nie einen gehört hatten. Es krachte, schepperte, klirrte, zischte, polterte, quetschte, gurgelte, puffte, runkelte, knarrte, dass es in den Ohren dröhnte.

„Der Berg kommt!", schrie ein Mann. „Hilfe!", riefen die anderen und rannten weg, so schnell sie konnten. Sie verschwanden in den Häusern, verriegelten die Türen und schlossen die Fensterläden.

Draußen quoll der Müll durch die Straßen, begrub die Autos unter sich, schob sich in die Gärten und drückte bei vielen Häusern Türen und Fenster ein. Die Leute flüchteten in die oberen Stockwerke und zitterten vor Angst.

Es dauerte lange, bis sich die Erde wieder beruhigte und das Krachen, Scheppern, Klirren, Zischen, Poltern, Quietschen, Gurgeln, Puffen, Runkeln und Knarren aufhörte.

Die Leute saßen immer noch ängstlich in den Häusern. Erst als alles schon eine ganze Weile still war, kletterten die ersten zu den oberen Fenstern und zu den Dächern hinaus. Was sie draußen sahen, ließ ihnen den Atem stocken. Nach und nach trauten sich immer mehr Leute hinaus. Sie stolperten über den Müll und sahen einander ratlos an.

„Igitt!", rief eine Frau, als sie in einen Topf mit gelber Farbe trat.

Ein Mann rutschte in eine alte Kloschüssel und steckte fest. Ein anderer fiel in eine Kiste mit faulen Tomaten. Ein Junge riss sich die Hand an einem kaputten Fernseher auf.

„Der Müll muss weg", sagte eine Frau. „Ja, der Müll muss weg!", riefen die Leute. „Aber wie und wohin?", fragte ein alter Mann. „Einfach weg", sagten die Leute. „Einfach weg?" Der alte Mann sah die Leute an und schüttelte den Kopf.

Die Leute ließen den alten Mann stehen. Sie krochen, stiegen, kletterten, wateten durch den Müll bis vor das Rathaus. Dort wurden Stühle, Sessel, Sofas und ein Tisch aus dem Müll gesucht. Der Bürgermeister und die Stadträte setzten sich zusammen und berieten, was zu tun war. Und wenn sie nicht im Müll versunken sind, beraten sie noch heute.

1 *Worum geht es in diesem Text?*
Nennt das Thema.

2 *Formuliert drei W-Fragen zu dem Text.*
Lasst sie vom Banknachbarn/der -nachbarin beantworten.

3 *Um welche Art von Text handelt es sich: Sage, Fabel, Zeitungsbericht …?*
Begründet eure Meinung.

4 *Entscheidet, ob die folgenden Aussagen zum Text richtig oder falsch sind.*
Korrigiert die falschen:
- ☐ *Touristen verursachten riesige Müllberge.*
- ☐ *Der Müllberg wuchs inmitten der Stadt immer höher an.*
- ☐ *An einem schönen Mittwochmorgen berührte der Müllberg die Wolkendecke.*
- ☐ *Die Menschen verriegelten Türen und Fensterläden aus Angst vor dem herannahenden Müllberg.*
- ☐ *Der alte Mann und die Stadträte setzten sich zusammen und berieten, was zu tun sei.*

5 *„Es **krachte, schepperte** … (Z.33ff.) – „Es dauerte lange, bis … das **Krachen, Scheppern** … (Z.47ff.) Erklärt die ▷ Groß- bzw. Kleinschreibung der markierten Wörter.* ▷ S.219

2 Aus Umwelt und Technik

Mehr als zwei Drittel des Mülls werden auf **Mülldeponien**[1] gelagert. Dies kann zum Beispiel in ehemaligen Kiesgruben, aber auch in Form eines Müllberges geschehen.

Unzählige Müllautos transportieren täglich Tonnen von Müll zu den Deponien. Die Müllschüttung eines Tages wird mit schweren Raupen ständig befahren, wodurch das lockere Material zerkleinert und verdichtet wird.

Die Mülllagerungen werden täglich mit Abdeckmaterial zugeschüttet. Dies kann z. B. Bauschutt oder abgetragene Erde sein. Hierdurch wird der Müllberg stabilisiert und befahrbar gemacht. Leichter Müll kann auch nicht mehr durch den Wind weggeweht werden.

Ein großes Problem der Deponien ist der Regen. Durch ihn wird der gelagerte Müll ständig ausgewaschen. Deshalb muss mit großer Sorgfalt gearbeitet werden. Dichtungsfolien und Erdschichten aus Ton oder Lehm, die von Fachleuten vor Beginn der ersten Müllfuhre ausgebracht werden, verhindern das Eindringen von schädlichem Sickerwasser in das Grundwasser. Sollte ein Leck auftreten, könnten giftige Stoffe in das Grundwasser gelangen. Über einen Brunnen wird das Grundwasser regelmäßig kontrolliert.

Oft entweichen schädliche Gase, während sich der Müll zersetzt. Dies stellt eine Belästigung für die Anwohner von Deponien dar, obwohl man versucht, die entstehenden Gase durch Faulgasableitungen zu sammeln.

Hat die Deponie den zulässigen Umfang erreicht, wird der Müllberg mit Erdreich abgedeckt und bepflanzt.

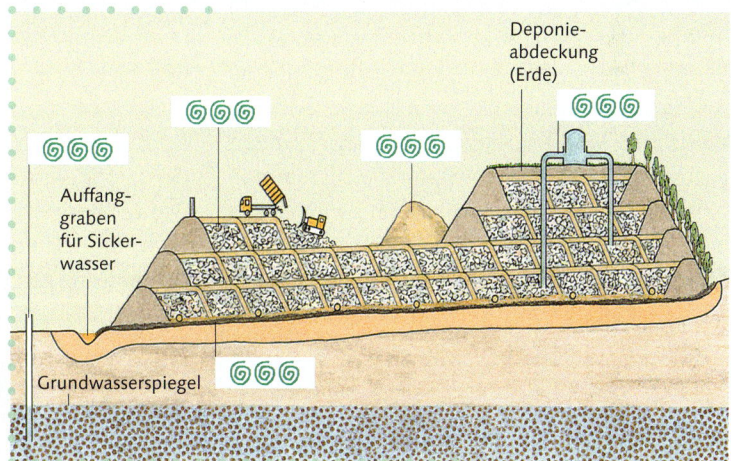

1 die Deponie: der Name kommt von dem lateinischen Verb für „ablegen"

---

1 a) Lest den Text genau.
b) Gebt ihm eine neue Überschrift, die sein Thema auf den Punkt bringt.

2 Um welche Art von Text handelt es sich: Will er informieren oder unterhalten?

3 Formuliert fünf W-Fragen.
Lasst sie vom Banknachbarn/der -nachbarin beantworten.

4 Wenn ihr den Text aufmerksam gelesen habt, könnt ihr in der Abbildung die fehlenden Bezeichnungen angeben. Schreibt sie in euer Heft.

5 Erklärt in einem ▷ Kurzvortrag die Mülllagerung auf Deponien. ▷ S. 244

3 Ich war eine PET-Flasche

Ungefähr 800 Millionen PET-Flaschen[1] (1,5 l, 1 l und 0,5 l) sind pro Jahr in Deutschland im Umlauf. Mit Einführung des Pflichtpfandes auf bestimmte Einweg-Getränke-Verpackungen am 01.01.2003 ist die Umlaufmenge sprunghaft gestiegen: Seit diesem Stichtag recycelt das „duale System" rund 99 % der gesammelten PET-Flaschen.

Vor der Einführung des Pflichtpfandes wurde nur knapp die Hälfte aller PET-Flaschen wieder verwertet.

30 % der PET-Flaschen wandern fast komplett in einen so genannten „sortenreinen Stoffkreislauf". In speziellen Aufbereitungsanlagen werden die PETs in kleine „Flakes" zerhackt, von Fremdstoffen gereinigt und zu Granulat aufbereitet. Aus diesem Material entstehen in einem speziellen Verfahren neue so genannte „Vorformlinge" oder „Pre-Forms" für Getränkeflaschen. Diese wandern in die Abfüllbetriebe, wo sie auf die Flaschengrößen, die wir kennen, aufgeblasen werden.

Seit Anfang 2003 nehmen 70 % der deutschen PET-Flaschen allerdings einen ganz anderen Weg: Etwa 500 Millionen PETs gehen jährlich nach China.

Die chinesische Industrie wächst schnell und die Nachfrage nach Kunststoffen ist immens hoch. Deshalb importiert China Kunststoff aus dem Ausland. Für Discounter wie Plus und Aldi, Lidl & Co. ist das eine wahre Goldgrube. Denn während sie von einem deutschen „Recycler" bis zu 250 Euro pro Tonne bekommen können, zahlen die Chinesen bis zu 400 Euro pro Tonne PET!

Kommen die PETs, schon zerkleinert und schadstofffrei, in China an, werden sie dort gereinigt und nach Farben aussortiert. Die weißen Flakes werden chemisch bearbeitet, geschmolzen und zu Textilfasern verarbeitet. Bunte Flakes dienen eher als Füllstoff für Stofftiere oder werden zu Folien verarbeitet.

Die aus den weißen Flakes gewonnenen Textilfasern finden sich in Deutschland in fast jedem Bekleidungsgeschäft wieder; als Innenfutter in Sakkos, T-Shirts oder als „Fleece-Pullis".

So kaufen deutsche Händler eigentlich deutsche PET-Flaschen zurück, aber für ein Vielfaches des ursprünglichen Wertes.

[1] **PET** = **P**oly**e**thylen**t**erephthalat; glasklarer Kunststoff, vor allem für Flaschen, Folien

---

1 Formuliert in einem kurzem Satz das Thema dieses Textes.

2 Klärt unbekannte Wörter. Benutzt ein (Fremd-)Wörterbuch oder ein Lexikon.

3 Um welche Art von Text handelt es sich: Erzählung, Lexikon-Artikel …? Woran erkennt ihr das?

4 Formuliert fünf W-Fragen. Stellt sie als Quizfragen an die Klasse.

5 Wählt aus den folgenden Zwischenüberschriften die passenden aus und ordnet sie richtig zu:
  a) PET-Recycling in China
  b) Auswirkung des Pflichtpfandes
  c) Billige PETs aus China
  d) PET-Recycling in Deutschland
  e) PETs im Müsli
  f) PETs in Textilien

6 Fertigt einen Stichwortzettel an und haltet einen ▷ Kurzvortrag über PET-Flaschen.   ▷ S. 244

13.2 Richtig lesen – Lernstrategien anwenden

Die Fünf-Schritt-Lesemethode

Für das Verständnis längerer Texte – ob Erzählungen, Schulbuch- oder Zeitungstexte – ist folgende Lesemethode nützlich:

> **ARBEITSTECHNIK FÜNF-SCHRITT-LESEMETHODE**
>
> **1. Schritt: Überfliegen und Thema erfassen**
> ☐ Lest den Text einmal ganz durch.
>   ▪ Um welches Thema geht es?
>   ▪ Was wisst ihr schon darüber?
>   ▪ Was möchtet ihr noch wissen?
>
> **2. Schritt: Fragen stellen**
> ☐ Um welche Sorte von Text handelt es sich?
> ☐ W-Fragen: Wer? – Was? – Wann? – Wo? – Wie? – Warum?
>
> **3. Schritt: Ein zweites Mal lesen und Schlüsselwörter unterstreichen (Folie!)**
> ☐ Unterstreicht die wichtigsten Wörter im Text.
> ☐ Unterstreicht sparsam und verwendet verschiedenfarbige Stifte.
> ☐ Markiert schwierige/unklare Textstellen.
>
> **4. Schritt: Zwischenüberschriften finden**
> ☐ Findet Überschriften für die einzelnen Abschnitte, die ihren Inhalt knapp zusammenfassen.
> ☐ Passt die Überschrift zum Inhalt des Abschnitts und zur Art des Textes?
>
> **5. Schritt: Inhalt wiedergeben** ▷ S. 251
> ☐ Gebt mit Hilfe der Zwischenüberschriften und unterstrichenen Wörter den Inhalt des Textes wieder, in Stichworten oder wenigen, kurzen Sätzen.

1 Wendet diese Fünf-Schritt-Methode beim Lesen kurzer Sachtexte zum Thema „Umwelt" an.

Nachschlagen – Gewusst wo!

Bücher mit ▷ Sagen, Sachbücher zum   ▷ S. 87
Schneemenschen ▷ Ötzi, Zeitschriften,   ▷ S. 53
aber auch Radio- und Fernsehsendungen – immer wieder stoßen wir auf Namen und Wörter, die uns fremd sind. Das ist nicht schlimm, wenn man weiß, wo man sie nachschlagen kann.

Grundsätzlich gibt es **zwei** Möglichkeiten:

13 Das Lernen lernen

De|po|nie die: Schuttabladeplatz, Mülldeponie; de|po|nie|ren lat.: Schmuck im Safe deponieren (hinterlegen, verwahren);

Homer *(Kein Eintrag!)*

Deponie [lat.] *die,* Ablagerungsort von Abfallstoffen und Müll. Die Form der ungeordneten Ablagerung („Kippen") führt zu Missständen (Staubverwehung, Müllbrand, Geruchsbelästigung, Ungezieferplage, Verschmutzung von Grund- und Oberflächenwasser). Für die Anlage geordneter und kontrollierter D. sind Voraussetzungen: Auswahl des Geländes nach geolog., hydrolog., hygien. und ökonom. Bedingungen, feste Zufahrtsstraßen, Verdichtung des in Lagen eingebrachten Mülls, Abdeckung des Lagerplatzes, Abdichtung gegen Abschwemmungen durch Niederschläge und zum Schutz des Grundwassers.

deponieren [lat.], hinterlegen, zur Verwahrung geben.

▷ **Homer,** grch. **Homeros,** lat. **Homerus,** grch. Dichter, lebte im 8. Jh. v. Chr. im ionischen Kleinasien. In der Philologie lange als fiktive Persönlichkeit angesehen, gilt er heute wieder als histor. Person, deren Bild durch die Legende mit den Zügen des wandernden Rhapsoden (z. B. Blindheit) ausgestattet wurde.
Die ihm nach der antiken Tradition zugeschriebenen Epen „Ilias" und „Odyssee" stehen am Beginn der großen epischen Dichtung des Abendlandes …

1 a) Vergleicht die Erklärungen zu den Wörtern „Deponie" einmal im Wörterbuch und dann im Lexikon: Welche Unterschiede stellt ihr fest?
b) Wie verhält es sich mit einem Namen wie „Homer"?

2 Sucht in den Texten „Aus Umwelt und Technik" (▷ S. 239) und „Ich war eine PET-Flasche" (▷ S. 240) verschiedene Wörter heraus – ▷ Nomen, Verben, Adjektive.   ▷ S. 251 f.
a) Schlagt sie nach
  ☐ im Wörterbuch,
  ☐ im Lexikon.
b) Welche Gemeinsamkeiten, welche Unterschiede stellt ihr fest?.
c) Entscheidet: Wann schlagt ihr ein Wort oder einen Namen im Wörterbuch nach, wann im Lexikon?

ARBEITSTECHNIK NACHSCHLAGEWERKE NUTZEN

☐ Ein **Wörterbuch** – meist einbändig – gibt knappe Auskunft über Schreibung, Silbentrennung, Bedeutung, Herkunft und Beugung eines Wortes. (Personen-)Namen fehlen im Allgemeinen.
☐ Ein **Lexikon** – meist mehrbändig – gibt ausführliche Erklärungen und Beschreibungen zu Wörtern und Namen. Dazu kommen Zeichnungen und Fotos.

13.3 Richtig präsentieren – Gut vortragen

Auf Seite 231–236 habt ihr euch zu Expert/inn/en für Klassenarbeiten gemacht. Wie wäre es, wenn ihr euer Wissen in einem kurzen Vortrag präsentiert?

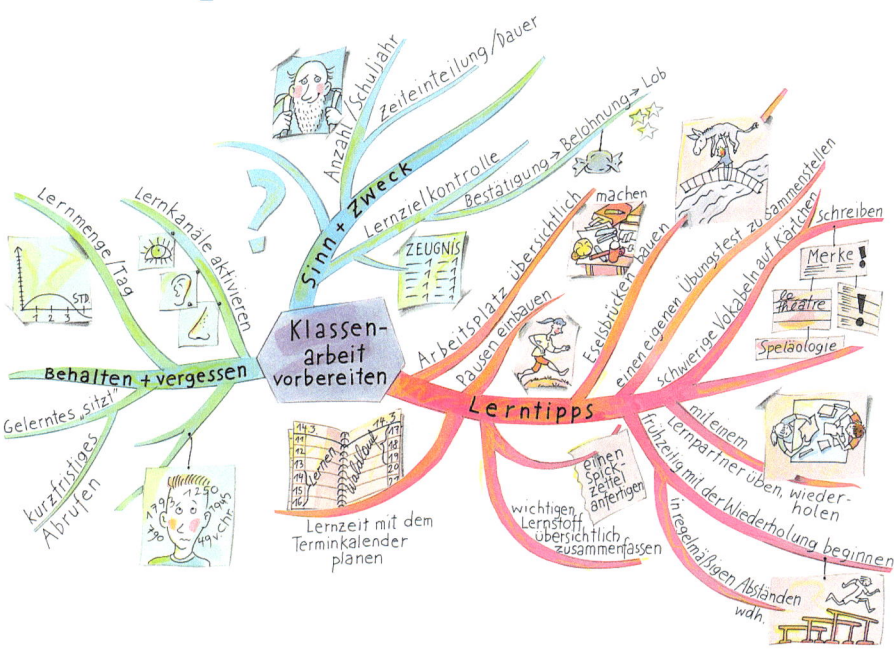

Mind-Map zur Klassenarbeit

Eine Mind-Map („Gedanken-Landkarte") ist wie ▷ Brainstorming und ▷ Cluster eine gute Technik, Gedanken zu einem Thema zu finden und zu ordnen; besonders in der Gruppe.

▷ S. 231
▷ S. 267

1 *Untersucht die hier abgebildete Mind-Map.*
- *Was fällt daran auf?*
- *Wie ist sie gegliedert?*
- *Was leuchtet euch ein – was nicht?*

2 *Legt eine eigene Mind-Map zum Thema „Klassenarbeit" an. (Wenn ihr wollt, könnt ihr dabei neben dem Vorbereiten auch das Schreiben der Klassenarbeit berücksichtigen.)*

ARBEITSTECHNIK MIND-MAP
- Schreibt das Thema in die Mitte eines großen Papierbogens.
- Notiert dazu eure Gedanken in Stichpunkten.
- Beachtet dabei den Unterschied zwischen einem Hauptgedanken, untergeordneten Gedanken und Beispielen.
- Tragt unterschiedlich dicke und farbige Verbindungswege und -pfade ein.
- Ihr könnt eure Ideen auch „bildlich" ausdrücken.

13 Das Lernen lernen

Kurzvortrag zur Klassenarbeit

1 Haltet einen kurzen Vortrag über das Thema „Klassenarbeit":
- Womit wollt ihr beginnen (**Einleitung**)?
- Welche Punkte bilden den **Hauptteil**?
- Welche Reihenfolge ist sinnvoll?
- Womit beendet ihr euren Vortrag (**Schluss**)?

TIPP ZUM KURZVORTRAG
- Verwendet für die verschiedenen Teile eures Vortrags verschiedenfarbige (Kartei-)Karten. Nummeriert sie.
- Notiert in Stichpunkten. Nicht in ganzen Sätzen.
- Hebt Wichtiges hervor. Schreibt nur auf eine Seite.
- Gibt es Anschauungsmaterial, das ihr vorzeigen könnt?

2 Warum ist es sinnvoll, keine vollständigen Sätze aufzuschreiben?

Ein Tipp, wie ihr die Aufmerksamkeit eures Publikums während des Vortrags erhöhen könnt:

TIPP OVERLAY-TECHNIK
Belebt euren Vortrag mit „wachsenden" Folien am Projektor:
- Haltet wichtige Punkte, Tabellen, (Zwischen-)Ergebnisse, Merksätze ... auf verschiedenen Folien fest.
  Verwendet verschiedenfarbige Stifte.
- Legt während eures Vortrags an den geplanten Stellen die vorbereiteten Folien übereinander.
- Achtet darauf, dass sich die Folien **ergänzen** und nicht verdecken.

3 Ihr könnt zum Beispiel die Gliederung eures Vortrags mit den verschiedenen Unterpunkten auf (drei) Folien schreiben und diese zum richtigen Zeitpunkt auf dem Projektor übereinanderlegen.

13.3 Richtig präsentieren – Gut vortragen

Aktiv zuhören

Der beste Vortrag bleibt wirkungslos, wenn das Publikum nicht zuhört!
Zuhörende, die weggucken, vor sich hinstarren oder kritzeln, lange Gesichter machen oder gar die Augen verdrehen, würgen den spannendsten Vortrag ab.
Aktiv zuhören – wie geht das?

1 *Wie kann man einem Redner/einer Rednerin während des Vortrags Interesse zeigen?*

Mit diesem Bogen könnt ihr feststellen, was gut ist an einem Vortrag und was nicht:

 2 a) Bildet pro Vortrag eine Dreier-Beobachtergruppe.
b) Die Mitglieder beobachten jeweils einen Bereich.
c) Nach dem Vortrag besprechen sie mit dem/der Vortragenden ihre Beobachtungen.
   Bedenkt: Nicht nur kritisieren – Verbesserungsvorschläge machen!

WÖRTERLISTE ▷ S. 208

Brainstorming	nummerieren	Karussell	Etappe
präsentieren	festbeißen	notieren	Folie
Schlüsselwort	Mind-Map	Cluster	Pass

ORIENTIERUNGSWISSEN

1 Sprechen – Zuhören – Schreiben

1.1 Miteinander sprechen

Gesprächs- und Diskussionsregeln ▷ S. 27 ff.

Zu einer **Diskussion** gehört eine Frage, bei der man unterschiedliche Ansichten vertreten kann. Das Ziel der Diskussion ist es, möglichst eine gemeinsame Lösung zu finden.

- Jemand übernimmt die Gesprächsführung.
- Er/Sie merkt sich die Reihenfolge der Meldungen und erteilt das Wort.
- Wir melden uns per Handzeichen, wenn wir etwas sagen möchten.
- Wir sprechen erst, wenn wir dran sind, und fallen niemand ins Wort.
- Wir äußern uns nur zu dem Thema, um das es geht.
- Wir hören den anderen Gesprächsteilnehmern/innen aufmerksam zu.
- Wir respektieren ihre Meinung.
- Wir achten auf eine Sprechweise, die dem Thema angemessen ist.

Argumentieren ▷ S. 31 ff.

Viele Äußerungen in Gesprächen und Diskussionen enthalten nur eine
- **Meinung** (Behauptung): *Der Regen ist doof!*

Besser ist es,
- **Begründungen:** *… weil wir nass werden.*

und
- **Beispiele** (Belege): *Da erkältet man sich und wird krank.*

zu nennen.
Eine begründete Meinung – ein **Argument** – ist überzeugender als nur eine Meinung!

Appellieren

Mit einem **Appell** wendet man sich an andere, um sie für etwas zu gewinnen. Häufig wird dabei die Form des Imperativs gebraucht. Man kann u.a. mit einem Plakat, einem Aufruf, einem Leserbrief oder einem Werbetext appellieren. ▷ S. 52

1.2 Briefe schreiben ▷ S. 22 ff.
Persönliche Briefe

Briefkopf
Jeder Brief trägt rechts oben das Datum, an dem er geschrieben wurde. Meist wird auch der betreffende Ort genannt. Zwischen Orts- und Datumsangabe steht ein Komma.

> *Köln, den 15. 08. 20***
>
> *Liebe Anna!*
> *Wir haben schöne Ferien verbracht ...*
>
> *Es grüßt dich herzlich*
> *deine Senay*

Anrede

Nach der Anrede in Briefen kann man

ein Komma setzen,	ein Ausrufezeichen setzen,
danach schreibt man klein weiter.	danach schreibt man groß weiter.

> *Bergheim, den 30. August 20***
>
> *Lieber Herr Meier,*
> *leider sind unsere Ferien schon zu Ende.*
> *Wir danken für Ihre guten Reisetipps ...*
>
> *Mit herzlichen Grüßen*
> *Ihre Familie Fischer*

Das Anredepronomen **Sie** für eine Person, die man siezt, muss man in allen Formen großschreiben *(Ihnen, Ihr* usw.).
Das Anredepronomen **du** und seine verschiedenen Formen *(dir, dich, dein* usw.) schreibt man klein; kann sie aber auch großschreiben *(Du, Dir, Dich, Dein* usw.), wenn man besonders höflich sein möchte.

Briefschluss
Den Brief beendest du mit einer Grußformel, die auch in den Schlusssatz einbezogen werden kann. Die Grußformel und die Unterschrift stehen jeweils in einer eigenen Zeile. Am Ende setzt man weder Punkt noch Ausrufezeichen.

Briefinhalt
- Wähle einen klar gegliederten inhaltlichen Aufbau:
  - Einleitungsteil
  - Hauptteil
  - Schlussteil
- Gehe auf deine/n Briefpartner/in ein:
  - Überlege, was ihn/sie interessiert, beantworte Fragen, stelle Fragen.
  - Rede den Empfänger/die Empfängerin immer wieder direkt an.
  - Baue Anreize ein, die deine/n Briefpartner/in dazu anregen, einen Antwortbrief zu schreiben.
- Schreibe unterhaltsam, abwechslungsreich und natürlich.
- Denke immer daran, an wen du schreibst – damit du dich nicht „im Ton vergreifst"!

E-Mail ▷ S. 26

Orientierungswissen

Offizielle Briefe

▷ S. 104, 157

Offizielle Briefe schreibt man z. B. bei Anfragen, Anträgen, Entschuldigungen, Beschwerden. Sie richten sich an Amtspersonen (z. B. den Schuldirektor, die Bürgermeisterin) oder an Einrichtungen und Leute, die man nicht persönlich kennt (z. B. die Tourist-Information in einer anderen Stadt).
Deshalb hält man sich strenger als im persönlichen Brief an bestimmte Regeln:

- Man bringt sein Anliegen genau, aber knapp und sachlich vor.
- Man verwendet die Anredepronomen der Höflichkeitsform (*Sie, Ihnen* usw.). Sie werden großgeschrieben.
- Wenn man nicht weiß, wer den Brief bearbeitet, verwendet man die Anrede *Sehr geehrte Damen und Herren,* und schreibt nach dem Komma klein.
- Das Schriftbild ist ordentlich, die Seitenaufteilung übersichtlich. Dazu verwendet man in der Regel PC oder Schreibmaschine.
- Der Brief wird handschriftlich unterschrieben.

Statt eines Briefs auf Papier reicht in vielen Fällen auch eine E-Mail.

> Name des Absenders   Ort, Datum
> Straße und Hausnummer
> PLZ und Ort
>
> Name des Empfängers
> Straße und Hausnummer
> PLZ und Ort
>
> „Betreff" in einzelnen Stichworten
>
> Sehr geehrte Frau …,/
> Sehr geehrter Herr …,/
> Sehr geehrte Damen und Herren,
>
> gegliederter Text
>
> Mit freundlichen Grüßen
>
> *Unterschrift*

1.3 Erzählen

Ein Erlebnis erzählen

▷ S. 11 ff.

Eine fesselnde Erzählung braucht einen sinnvollen **Aufbau**:
- Wenn die **Einleitung** neugierig gemacht hat,
- muss der **Hauptteil** wie in einer Fieberkurve die Spannung steigern, bis zum **Höhepunkt**:

Spannungskurve

3. **Erzählschritt**
2. **Erzählschritt**
1. **Erzählschritt**
Erzählschritte steigern die Spannung und bereiten den **Höhepunkt** vor.

Der **Höhepunkt** ist der Kern der Geschichte und wird besonders lebendig und anschaulich erzählt.

Die **Einleitung** führt zum Geschehen hin.

Der **Hauptteil** besteht aus mindestens zwei Erzählschritten und dem **Höhepunkt**.

Am **Schluss** klingt das Geschehen aus.

▸ Neugier   ▸ Spannung   ▸ Lösung

- Wenn man etwas **anschaulich erzählen** will, sollte man sich Ereignisse und Figuren genau vorstellen. Man malt sich aus,
  - wie etwas aussieht, sich bewegt,
  - welche Laute oder Geräusche zu hören sind,
  - wie es riecht oder schmeckt,
  - wie es sich anfühlt oder was auf der Haut zu spüren ist (z. B. ein Luftzug).
- Schreiben kann man mit
  - treffenden Verben, die die Fantasie beschäftigen,
  - anschaulichen Adjektiven,
  - Vergleichen.
- Neben der äußeren Handlung kann man auch das **innere Geschehen** wiedergeben und beschreiben, was jemand denkt und fühlt.
- Eine schriftliche Erzählung steht im **Präteritum**. ▷ S. 254

Die Bildergeschichte ▷ S. 11, 114

- Die Bilder zeigen die wichtigsten Momente im Ablauf der Handlung. Was davor, dazwischen und danach passiert, musst du geschickt ergänzen!
- Aus der Sicht welcher Figur willst du erzählen? Oder willst du in der Ich-Form schreiben?
- Berücksichtige bei den Figuren neben dem Aussehen und Verhalten auch ihre Eigenschaften. Gib ihnen treffende Namen.
- Erzähle, was die Personen fühlen und denken, und füge ▷ wörtliche Reden ein. ▷ S. 261
- Welches Bild stellt den Höhepunkt dar?
- Überlege dir eine Überschrift, die zur Geschichte passt, aber nicht zu viel verrät.

Nacherzählen ▷ S. 95 ff.

Eine Geschichte nacherzählen bedeutet,

- den Inhalt und die Handlung in allen **wichtigen** Punkten wiederzugeben;
- besonders den **Höhepunkt**.
- Nebensächlichkeiten darf man weglassen. Auch wörtliche Reden kann man zusammenfassen.
- Statt Wörter und Wendungen der Vorlage zu übernehmen, sollte man **mit eigenen Worten** schreiben.
- Dabei darf man aber die **Reihenfolge** nicht verändern.
- Auch das ▷ **Tempus** der Vorlage behält man bei. ▷ S. 253

Orientierungswissen

1.4 Beschreiben ▷ S. 53 ff.

Wir beschreiben einer Person etwas, was diese nicht kennt. Deshalb müssen wir genau sein!
- Bei **Tieren** und **Personen** beschreibt man, was man alles sieht und wahrnimmt:
  - Aussehen, Kopfform und Körperbau, Größe, vielleicht Farbe und besondere Merkmale
  - die Situation, in der sich das Tier oder die Person befindet
  - den Gesichtsausdruck oder das Verhalten
- Bei **Gegenständen** sollte
  - neben der äußeren Form und den Eigenschaften (z. B. ob etwas biegsam ist oder nicht, hart oder weich, bunt oder einfarbig ...) noch erwähnt werden,
  - wozu sie dienen,
  - aus welchen Teilen sie bestehen und
  - wie sie vielleicht funktionieren.
- Bei **Vorgängen** (z. B. „Wie pflege ich mein Zwergkaninchen?") solltet ihr auf Folgendes achten:
  - Beschreibt die einzelnen Schritte in der richtigen **Reihenfolge.**
  - Gebt die Vorgänge **genau** und **vollständig** wieder. Lasst aber alles Unwichtige weg, schreibt **knapp** und **sachlich.**
  - **Erklärt** die Vorgänge: Warum muss etwas so gemacht werden, wie ihr es beschreibt?
  - **Fachbegriffe**, die nicht jeder kennt (z. B. „Einstreu"), müsst ihr kurz erläutern.
  - Das **Tempus** ist das **Präsens.**
- Wir können etwas ausführlich, aber auch knapp beschreiben. Eine Verlustmeldung **(Steckbrief)** sollte kurz abgefasst sein und nur die wichtigsten Auffälligkeiten herausstellen.
- Für **genaues** und **anschauliches** Beschreiben braucht man
  - passende ▷ Adjektive (eine *geschmeidige* Katze, ein *stechender* Geruch, ein *lahmendes* Pferd), ▷ S. 253
  - treffende ▷ Vergleiche („... denn schon ein junger See-Elefant ist so groß *wie* ein ausgewachsener Mann ... Andererseits *gleicht* er in seinem Verhalten oft einem kleinen, tollpatschigen Kind ..."), ▷ S. 255
  - häufig auch zusammengesetzte Nomen *(Bärenfell, Pferdekoppel, Sommerwiese).*

1.5 Berichten ▷ S. 39 ff.

Wer berichtet,
- stellt den Ablauf des Geschehens möglichst vollständig dar.
- Nur Wichtiges wird aufgenommen. Nebensächliches lässt man weg.
- Dabei beantwortet der Bericht folgende W-Fragen:
  - **Wann** geschah es?
  - **Warum** geschah es?
  - **Wie** geschah es?
  - **Was** geschah?
  - **Wo** geschah es?
  - **Welche** Folgen hatte es?
  - **Wer** war beteiligt?
- Der Bericht steht gewöhnlich im ▷ Präteritum. ▷ S. 254
- Seine Sprache ist sachlich. Gefühle bleiben unberücksichtigt.
- Die ▷ wörtliche Rede gehört nicht in einen Bericht. ▷ S. 261
- Im Allgemeinen enthält der Bericht keine persönliche Meinung.

1.6 Inhalte zusammenfassen

▷ S. 87 ff.

Gibt man den Inhalt einer Geschichte, eines Gedichts, einer Reportage wieder,
- nennt man in der **Einleitung**
  - Autor/in, Titel und Textsorte,
  - Erscheinungsort und -zeit,
  - Ort und Zeit der Handlung,
  - Hauptperson/en und Thema (Kernaussage).
- Im **Hauptteil** fasst man mit eigenen Worten die wichtigsten Ereignisse in der richtigen Reihenfolge zusammen und
- kann im **Schlussteil** Stellung nehmen: Welche Wirkung hat der Text?

Dabei verwendet man das ▷ Präsens. ▷ S. 253
Direkte (▷ wörtliche) Reden werden zusammengefasst. ▷ S. 101, 261

2 Nachdenken über Sprache

2.1 Wortarten

Wortarten im Überblick

▷ S. 169 ff.

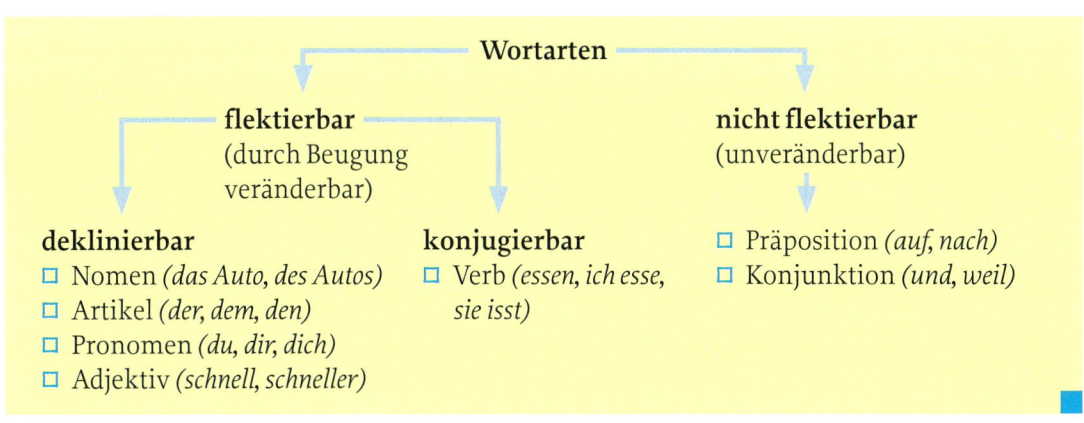

Nomen

▷ S. 170 ff.

Die meisten Wörter in unserer Sprache sind Nomen (Hauptwörter).
Sie bezeichnen
- Personen und Eigennamen: *Schüler, Lehrerin, Jan, Lena*
- andere Lebewesen: *Delfin, Baum*
- Gegenstände: *Schreibtisch, Kassettenrekorder*
- Gedanken, Gefühle: *Traum, Freundschaft, Mut, Freude*

Nomen werden immer **großgeschrieben.**

☐ **Genus** ▷ S. 172
Jedes Nomen hat ein grammatisches Geschlecht, das Genus. Man erkennt
es an seinem Begleiter, dem ▷ Artikel: ▷ S. 172
- **Maskulinum** (männlich): *der Löffel*, *der Mann*
- **Femininum** (weiblich): *die Gabel*, *die Frau*
- **Neutrum** (sächlich): *das Messer*, *das Kind*

Das grammatische Geschlecht muss mit dem natürlichen Geschlecht nicht übereinstimmen: *Das Mädchen* ist grammatisch ein Neutrum, natürlich aber weiblich.

☐ **Numerus**
Nomen haben einen Numerus (Anzahl):
- **Singular** (Einzahl): *das Kind*
- **Plural** (Mehrzahl): *die Kinder*

☐ **Kasus** ▷ S. 173
Im Satz nimmt das Nomen unterschiedliche Formen an, es steht in einem
bestimmten Fall (Kasus). Dieser Kasus ist meist an der Endung und dem Begleiter des
Nomens zu erkennen. Er kann mit bestimmten Fragen ermittelt werden:

Das Kind liest.	– *Wer/Was* liest?	– **Nominativ** (1. Fall)
Die Eltern *des Kindes* sind verreist.	– *Wessen* Eltern…?	– **Genitiv** (2. Fall)
Ich bringe *dem Kind* ein Buch.	– *Wem* bringe…?	– **Dativ** (3. Fall)
Ich besuche *das Kind*.	– *Wen/Was* besuche…?	– **Akkusativ** (4. Fall)

Wenn man ein Nomen in einem Satz im richtigen Kasus verwendet, nennt man das
deklinieren (beugen).

Artikel ▷ S. 172

Der Artikel ist der wichtigste Begleiter des Nomens, mit dem er der Form nach überein-
stimmt. Man unterscheidet den **bestimmten** *(der, die, das)* und den **unbestimmten** *(ein,
eine, ein)* Artikel:

		Maskulinum	Femininum	Neutrum
Singular	Nominativ	der/ein Tisch	die/eine Mütze	das/ein Brett
	Genitiv	des/eines Tischs	der/einer Mütze	des/eines Bretts
	Dativ	dem/einem Tisch	der/einer Mütze	dem/einem Brett
	Akkusativ	den/einen Tisch	die/eine Mütze	das/ein Brett
Plural	Nominativ	die Tische, Mützen, Bretter		
	Genitiv	der Tische, Mützen, Bretter		
	Dativ	den Tischen, Mützen, Brettern		
	Akkusativ	die Tische, Mützen, Bretter		

Adjektive

▷ S. 175 ff.

Adjektive (Eigenschaftswörter) beschreiben Personen, Tiere, Gegenstände genauer und nennen ihre Eigenschaften: *ein **neues** Bett, das **schwarze** Halsband, mit **grünen** Augen*

Adjektive lassen sich – bis auf Ausnahmen wie z. B. *einzig* oder *tot* – steigern:
- Normalerweise benutzt man die Grundform des Adjektivs, den **Positiv**: *Mein Opa ist **alt**.*
- Will man zwei Dinge oder Personen miteinander vergleichen, gebraucht man häufig den **Komparativ**: *Melanie ist **älter** als (nicht ~~wie~~) Anne.*
- Bei Vergleichen zwischen mehreren Dingen oder Personen kann man mit dem **Superlativ** noch weiter steigern: *Von den drei Schwestern ist Maria **am ältesten**.*

Pronomen

▷ S. 174 f.

Pronomen (Fürwörter, Stellvertreter) vertreten oder begleiten Nomen; z. B.:
- **Personalpronomen** (persönliches Fürwort):
  ich, du, er/sie/es
  wir, ihr, sie
  Gestern spielten die Kinder/sie auf dem Schulhof.
- **Possessivpronomen** (besitzanzeigende Fürwörter):
  mein, dein, sein/ihr
  unser, euer, ihr

Verben

▷ S. 179 ff.

Verben (Zeitwörter, Tätigkeitswörter) geben an, was jemand **tut** *(gehen)* oder was **geschieht** *(regnen)*.
Wenn wir Verben in Sätzen verwenden, bilden wir aus dem **Infinitiv** (Grundform) die **Personalform**: *gehen → Er geht. Wir gehen.*
Dies nennt man **konjugieren** (beugen).

Weitere Formen des Verbs sind das **Partizip I** *(geh**end**, sing**end**, lach**end**)* und das Partizip II *(**ge**gangen, **ge**lacht)*.

Die Aufforderungsform des Verbs ist der **Imperativ**. Er kann an einzelne oder an mehrere Personen gerichtet sein: *Geh(e)! – Geht!*
Achte auf die richtige Form: *geben → Gib! sehen → Sieh! essen → Iss!*

Tempus
Verben bilden verschiedene *Zeitformen*:

- Verben im **Präsens** sagen,
  - was gerade geschieht: *Marion **sieht** aus dem Fenster.*
  - was immer geschieht: *Jeden Mittag **füttert** sie die Vögel.*
  - was in der Zukunft geschieht (mit Zeitangabe!): *Nächste Woche **komme** ich.*

Orientierungswissen

- Verben im **Präteritum** sagen, was bereits geschehen ist:
  Ich sah ...   Wir gingen ...   Sie sagte ...
  Das Präteritum verwendet man bei schriftlichem Erzählen, Berichten.

- Verben im **Plusquamperfekt** beziehen sich auf Ereignisse *vor* einem vergangenen Geschehen:
  Zuletzt tötete (= Präteritum) *Siegfried den Drachen. Vorher hatte er stundenlang mit ihm gekämpft* (= Plusquamperfekt).

- Auch Verben im **Perfekt** sagen, was bereits geschehen ist – besonders beim mündlichen Erzählen:
  Ich habe gesehen ...   Wir sind gegangen ...   Sie hat gesagt ...

- Verben im **Futur** sagen, was in der Zukunft geschieht:
  Nächstes Jahr werden wir an die See fahren.

Präpositionen   ▷ S. 187 f.

Präpositionen (Verhältniswörter) wie *in, auf, bei, wegen* geben die Verhältnisse an zwischen Gegenständen und Personen. Sie bestimmen das Nomen/Pronomen, bei dem sie stehen:

Bei <u>dem Regen</u> bleibe ich.
　　　Dativ

Wegen <u>des Regens</u> bleibe ich.
　　　　Genitiv

Konjunktionen (Bindewörter)   ▷ S. 197 ff.

2.2 Wortbildung, Wortbedeutung

Ableitungen

Mit Vorsilben **(Präfixen)** und Nachsilben **(Suffixen)** kann man aus vorhandenen Wörtern neue ableiten:

- neue **Verben** mit den Suffixen *-(e)n, -eln, -ieren*:
  mail**en**, skat**en**, witz**eln**, programm**ieren**
- neue **Adjektive** mit den Suffixen *-ig, -bar, -lich, -sam, -isch*:
  sahn**ig**, ess**bar**, kind**lich**, wunder**sam**, türk**isch**
- neue **Nomen** mit den Suffixen *-in, -nis, -chen, -heit, -keit, -ung, -schaft, -tum*:
  Astronaut**in**, Finster**nis**, Kätz**chen**, Dumm**heit**, Wirklich**keit**, Dröh**nung**, Wander**schaft**, Alter**tum**
- neue Wörter mit den Präfixen *ur-, un-, ver-, ent-, be-*:
  uralt, **ur**komisch, **un**cool, **un**klar, **ver**froren, **ent**decken, **be**quatschen

Zusammensetzungen

Verschiedene Wörter kann man so zusammensetzen, dass das letzte Wort – das Grundwort – vom vorangehenden Wort – dem Bestimmungswort – näher bestimmt wird:

Bestimmungswort		Grundwort	Zusammensetzung
Apfel	+	*der Baum*	*der Apfelbaum*
flach	+	*die Zange*	*die Flachzange*
Butter	+	*weich*	*butterweich*
quietschen	+	*grün*	*quietschgrün*

Das Grundwort bestimmt die Wortart und die Groß- oder Kleinschreibung der ganzen Zusammensetzung.

Wortfamilie

Inhaltlich miteinander verwandte Wörter werden in ihrem Kern, dem **Wortstamm**, meist gleich oder ganz ähnlich geschrieben:
Raub, Räuber, räuberisch, rauben, Raubtier
lehren, Lehrling, Lehrer, gelehrt
Maus, mausen, Mäuschen, mausgrau, mäuschenstill,
fahren, Gefährt, Fahrrad, Fähre

Kannst du ein Wort nicht schreiben, suche ein verwandtes Wort!

Wortfeld

Wörter mit ähnlicher Bedeutung bilden ein **Wortfeld**:
klein: *winzig, zwergenhaft, gering ...*
schön: *prächtig, bezaubernd, schick ...*
frech: *dreist, flegelhaft, patzig ...*

Mit Wörtern aus einem Wortfeld kann man seine Sätze abwechslungsreich und treffend formulieren.

Vergleich, Metapher, Personifikation ▷ S. 127 ff.

- Bei einem **Vergleich** wird Verschiedenes durch *wie* miteinander verknüpft:
  So rot und gold wie Feuerschein / steht nun der Wald am Hügel.
- Bei einer **Metapher**, einem sprachlichen Bild, wird Verschiedenes ohne vergleichendes *wie* miteinander verknüpft: *In dem Meer der goldenen Stoppeln ...*
- Bei der **Personifikation** wird ein Gegenstand, ein Begriff vermenschlicht, wird zur Person: *Der Himmel weint. Die Angst riss ihm die Augen weit auf und presste ihn zu Boden.*

Orientierungswissen

2.3 Sätze und Satzglieder

Satzarten

Es gibt verschiedene Arten von Sätzen. Wir unterscheiden den
- **Aussagesatz:** *Alle Pfadfinder freuen sich auf die Wanderung.*
  Er schließt mit einem **Punkt**.
- **Fragesatz:** *Kommt Maria auch mit?*
  Er schließt mit einem **Fragezeichen**.
- **Aufforderungs-, Befehls-** und **Ausrufesatz:** *Bring eine warme Jacke mit!*
  Er schließt meist mit einem **Ausrufezeichen**.
- Eine **Satzreihe** besteht aus mehreren Sätzen, verbunden nur durch Kommas ▷ S. 197
  oder durch Konjunktionen; nur vor **und** bzw. **oder** darf das Komma fehlen:
  Endlich war es so weit, wir stiegen ein, wir machten es uns bequem_ und der Zug setzte sich in Bewegung.
  Setz dich, sei still_ oder verlass den Raum!
- Ein **Satzgefüge** besteht aus einem selbstständigen Hauptsatz ▷ S. 200
  und einem abhängigen Nebensatz:

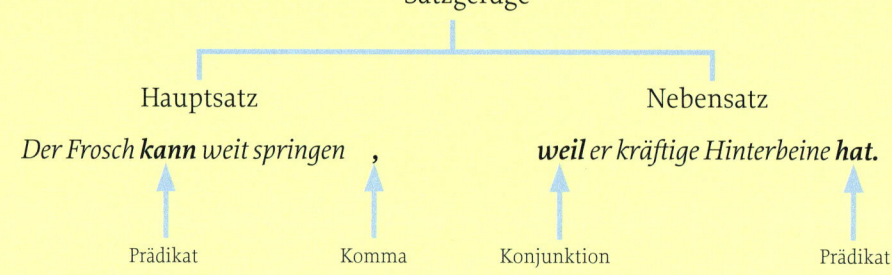

Der Nebensatz beginnt immer mit Komma und Konjunktion *(weil, als, nachdem, wenn, dass, sodass, damit ...)* und endet mit einer gebeugten Verbform.

Satzglieder im Überblick ▷ S. 189 ff.

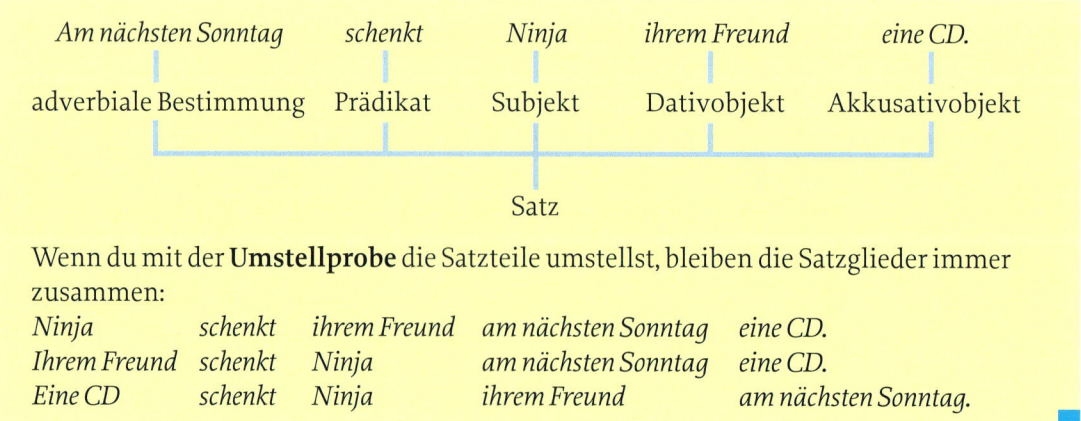

Wenn du mit der **Umstellprobe** die Satzteile umstellst, bleiben die Satzglieder immer zusammen:

Ninja	*schenkt*	*ihrem Freund*	*am nächsten Sonntag*	*eine CD.*
Ihrem Freund	*schenkt*	*Ninja*	*am nächsten Sonntag*	*eine CD.*
Eine CD	*schenkt*	*Ninja*	*ihrem Freund*	*am nächsten Sonntag.*

Subjekt, Prädikat und Objekte

▷ S. 189 ff.

- Das **Prädikat** wird mit einem gebeugten Verb (Personalform) gebildet. Die Personalform steht im Aussagesatz an zweiter Stelle und kann mit „*Was* **geschieht***?*" – „*Was* **tut/tun** *…?*" erfragt werden: *Der Drachen* **steigt** *schnell hoch. Der Drachen* **ist** *schnell hoch***gestiegen.***   Was **tut** …?

- Das Satzglied, nach dem man mit *Wer? + Prädikat* fragt, heißt **Subjekt**: ***Der Drachen*** *steigt hoch.*   Wer steigt hoch?

- Das Satzglied, nach dem man mit *Wen?* oder *Was? + Prädikat* fragt, heißt **Akkusativobjekt**: *Ich lasse heute meinen* ***Drachen*** *steigen.*   Wen/Was lasse ich …?

- Das Satzglied, nach dem man mit *Wem? + Prädikat* fragt, heißt **Dativobjekt**: *Alle schauen meinem schönen* ***Drachen*** *nach.*   Wem schauen …?

- Das Satzglied, nach dem man mit *Wessen? + Prädikat* fragt, heißt **Genitivobjekt**: *Eine heftige Windbö bemächtigt sich meines* ***Drachens****.*   Wessen bemächtigt …?

Adverbiale Bestimmungen

▷ S. 192 ff.

Adverbiale Bestimmungen geben die Umstände eines Geschehens an:

Am nächsten Sonntag *schenkt Ninja ihrem Freund eine CD.*   Wann …? Adverbiale Bestimmung der Zeit (auch: Wie lange …?)

Zum Geburtstag *schenkt Ninja ihrem Freund eine CD.*   Warum …? Adverbiale Bestimmung des Grundes

Ganz im Geheimen *schenkt Ninja ihrem Freund eine CD.*   Wie …? Adverbiale Bestimmung der Art und Weise

An der Haustür *steckt sie ihm das Geschenk zu.*   Wo …? Adverbiale Bestimmung des Ortes

Attribute

▷ S. 194 f.

Nomen werden durch Attribute näher bestimmt. Sie antworten auf *Was für ein/e …?*, haben verschiedene Form und stehen vor oder nach ihrem Bezugswort:

ein **spannendes** *Buch*

ein Buch **mit Gespenstergeschichten**

ein Roman **der Jugendbuchautorin**

3 Rechtschreiben

3.1 Tipps zum Rechtschreiben

Lesbar schreiben
Schreibe deine Buchstaben **deutlich** und **gleichmäßig**. Andere müssen deine Schrift problemlos lesen können.

Pilotsprechen ▷ S. 202
Deutliches Mitsprechen der Wörter beim Aufschreiben hilft Fehler vermeiden!

Artikelprobe ▷ S. 217, 219 f., 261
Pluralprobe
Wörter, vor die du einen Artikel und die du in den Plural setzen kannst, schreibe groß; es sind Nomen:
s/Stück → **das S**tück, **S**tücke
e/Erste → **die E**rste, die **E**rsten

Nachsilbenprobe
- Wörter mit den Nachsilben (Suffixen) **-ig, -bar, -sam, -lich, -isch** ▷ S. 261
  sind Adjektive und werden kleingeschrieben.
- Wörter mit den Nachsilben (Suffixen) **-heit, -keit, -nis, -schaft, -ung, -tum, -in** ▷ S. 171, 261
  sind Nomen und werden großgeschrieben.

Verlängerungsprobe (gleich klingende Konsonanten) ▷ S. 205, 214
Am Wortende klingen **b** und **p** gleich: gel◉
Ebenso ist es mit **g** und **k** (Sie◉) und **d** und **t** (Hel◉).
Erst wenn du die Wörter um eine Endung **verlängerst** und deutlich sprichst, hörst du, welchen Buchstaben du schreiben musst:
gel◉ – gelbe   Sie◉ – Siege   Hel◉ – Helden

Ableitungsprobe ▷ S. 204
Wenn du nicht sicher bist, ob ein Wort mit **ä** oder mit **e** geschrieben wird, suche ein verwandtes Wort mit **a**. Findest du eins, schreibe mit **ä**:
St◉ngel → Stange → Stängel
Dasselbe gilt für äu: r◉umen → Raum → räumen

Mit einem Fehlerbogen arbeiten ▷ S. 206
Der Fehlerbogen besteht aus einer Liste mit den häufigsten Fehlerarten.
Damit kannst du feststellen,
- wo du die meisten Fehler machst und
- wo du besonders üben musst.

Mit einer Wörterkartei üben
Auf die Vorderseite einer Karteikarte schreibst du
- eine bestimmte Fehlerart,
- eine Regel, einen Tipp zur Fehlervermeidung.

Auf der Rückseite trägst du Beispielwörter ein.

Mit einer Wörterliste üben ▷ S. 208 f.

Im Wörterbuch nachschlagen ▷ S. 241 f.
Du kannst Fehler vermeiden, wenn du bei Zweifeln über die richtige Schreibweise im Rechtschreibwörterbuch nachsiehst. Beachte dabei:
- Verben sind im Wörterbuch unter der **Grundform** (Infinitiv) verzeichnet:
   schiebst → *schieben*
- Bei zusammengesetzten Nomen muss man manchmal mehrmals nachschlagen, z. B. *Vanillepudding* unter *Vanille* und *Pudding*.
- Voraussetzung für das Nachschlagen: Du musst das **Alphabet** beherrschen!

Partnerdiktat ▷ S. 209
1. Lest zuerst gemeinsam den Diktattext durch und achtet auf schwierige Wörter.
2. Diktiert abwechselnd Abschnitt für Abschnitt.
3. Helft euch gegenseitig:
   Wer schreibt, fragt bei schwierigen Stellen nach.
   Wer diktiert, macht den Schreiber/die Schreiberin auf Fehler aufmerksam.
4. Am Ende kontrolliert jeder seinen Text und anschließend den anderen.

Die Silbentrennung ▷ S. 204
Mehrsilbige Wörter trennt man nach **Sprechsilben,** die man bei langsamem, betontem Sprechen hören kann, z. B. *Abend-spa-zier-gang, Kas-ten, Lap-pen, au-ßen*
Wenn du unsicher bist: Schlag im Wörterbuch nach!

3.2 Regeln

Laute und Buchstaben

Wir schreiben die Laute unserer Sprache mit einem Buchstaben *(a, r, t)* oder mit mehreren *(au, sch, ie)*.
- **Vokale** (Selbstlaute): *a, e, i, o, u*
- **Konsonanten** (Mitlaute): *b, d, f, k, l, m, p, s* usw.
- **Umlaute:** *ä, ö, ü*
- **Diphthonge** (Zwielaute, Doppellaute): *ei, ai, eu, au, äu*

Doppelkonsonanten bei kurzen Vokalen

▷ S. 210 f., 224 f.

Nach **betontem kurzem Vokal** folgen fast immer zwei Konsonanten.
- In den meisten Fällen kann man sie beim Hören gut unterscheiden:
  Ende, Topf, Karte, denken, Hunger, Samt, fremd, halten, kalt ...
- Hört man nur einen Konsonanten, wird der beim Schreiben meist **verdoppelt**:
  knabbern, Pudding, Koffer, Bagger, Ball, schwimmen, Brunnen, Suppe, irren, vergessen
- Auch der s-Laut wird nach kurzem Vokal meist verdoppelt:
  Wasser, blass, Nässe

Es gibt zwei Ausnahmen:
- **k** wird nach kurzem Vokal nicht verdoppelt, sondern zu **ck**:
  backen, Stück
- **z** wird nach kurzem Vokal nicht verdoppelt, sondern zu **tz**:
  blitzen, Spitze

Dehnungszeichen bei langen Vokalen

▷ S. 211 ff., 225 f.

Für **langes a, e, o, u** gilt:
- Manchmal folgt ein **h**: *Mehl, Bahn, Ruhm, hohl*
- In einigen Wörtern wird der lange Vokal verdoppelt:
  Haare, Paar, Saal, Beere, Fee, Beet, Tee, Kaffee, Meer, Boot, Zoo, doof
- Meistens sind die langen Vokale **a, e, o, u** aber gar nicht besonders gekennzeichnet:
  Haken, lesen, Regen, Hof, rufen

Ein Sonderfall ist das **lange i**:
- Die meisten Wörter mit langem *i* werden mit *ie* geschrieben:
  Kies, Wiese, kriechen, Tier, lieb, hier, viel, vielleicht, ziemlich
- Nur in den Pronomen **ihm/ihn/ihr** wird das lange *i* als *ih* geschrieben:
  *Wir schenken **ihm** ein Buch und **ihr** eine CD.*
- Sehr selten sind Wörter mit *ieh*:
  zieht, flieht, geliehen, stiehlt, befiehlt, sieht, geschieht
- In **Fremdwörtern** wird langes *i* oft mit einfachem *i* geschrieben:
  Maschine, Bleistiftmine, Apfelsine, Ski, Rosine, Klima, Motiv, Stil

Der s-Laut

▷ S. 215 f., 227

Stimmhaftes s
wird immer **s** geschrieben: *Riese, rasen, Hose, Bluse*

Stimmloses s
- wird nach **langem Vokal** und **Diphthong** *(ei, eu, au, äu)* meist **ß** geschrieben:
  ich saß, wir stoßen, genießen, Ruß – heiß, scheußlich, außen, ich weiß, äußerlich
- Nach **kurzem** Vokal steht meist **ss**:
  ich muss, Fluss, Kuss, ich schoss, wir wissen

Groß oder klein?

Artikelprobe – Pluralprobe
Ein Wort, dem man einen Artikel voranstellen kann oder zu dem es einen Plural gibt, ist
ein **Nomen** und wird **großgeschrieben**: ▷ S. 217
Dieses Jahr fahren wir ans m/Meer.   *das Meer, die Meere*
Vom m/Morgen bis zum   *der Morgen, die Morgen*
a/Abend lagen wir am Strand.   *der Abend, die Abende*

Groß schreibt man
- Satzanfänge und Nomen: *der Apfel, die Liebe, eine Stimme, die Sorgen*
- alle Wörter auf **-heit, -keit, -nis, -tum, -schaft, -ung, -in**:
  Schönheit, Süßigkeit, Ereignis, Eigentum, Gesellschaft, Endung, Freundin
- alle Verben, die durch Artikel oder andere Begleiter zum Nomen werden ▷ S. 219
  (Nominalisierung): *das Gehen, dein Zögern, beim (bei dem) Singen*
- alle Adjektive, die durch Artikel oder andere Begleiter zum Nomen werden ▷ S. 220
  (Nominalisierung): *das Gute, die Größte, viel Neues, nichts Echtes*
- alle Zusammensetzungen, die mit einem Nomen enden: *Lachpulver, Vielfraß, Kleinkind*

Klein schreibt man
- Wörter auf **-ig, -isch, -lich, -sam, -bar.** Es sind Adjektive:
  eifrig, diebisch, wirklich, wirksam, lesbar
- alle Zusammensetzungen, die mit einem Adjektiv enden:
  rostfrei, kinderfreundlich, kugelsicher

Zeichensetzung

Aufzählungen und Satzreihen ▷ S. 221 f., 230, 197 f.
- Zwischen den Teilen einer **Aufzählung** stehen **Kommas,** aber nicht, wenn sie
  durch **und** bzw. **oder** verbunden sind:
  Der Papierbumerang fliegt, ohne Teller, Tassen, Gläser oder Fensterscheiben kaputtzumachen.
- Das gilt auch für aufgezählte Sätze (Satzreihen); aber hier *kann* man vor **und** bzw. **oder**
  ein Komma setzten:
  Heute hat es geregnet, gestern schien die Sonne (,) und was wird morgen für ein Wetter sein?

Satzgefüge ▷ S. 198 ff.
Haupt- und Nebensätze werden durch Kommas getrennt:
Ich skate fast jeden Tag, weil es mir Riesenspaß macht.
Mein Skateboard, das mir meine Tante geschenkt hat, muss einiges aushalten!

Wörtliche (direkte) Rede
- Was jemand redet und denkt, steht in **Anführungszeichen;** voraus geht ein Doppelpunkt: *Ich sagte kurz: „Red schon!" – Mir ging durch den Kopf: „Was hat der gerade gesagt?"*
- Steht der Begleitsatz in der Mitte oder nach der wörtlichen Rede, wird er durch
  Komma abgetrennt. Dabei verliert ein Aussagesatz den Schlusspunkt! Fragezeichen
  und Ausrufezeichen bleiben stehen:
  „Hilal", fragte ich, „hilfst du mir?" – „Ich muss noch lernen", antwortete sie.
  „Wie lange denn noch?", war meine Frage. – „Stör mich jetzt nicht!", rief sie.

Orientierungswissen

4 Lesen – Umgang mit Texten und Medien

4.1 Sachtexte

Bestandteile von Sachtexten ▷ S. 62 ff.

Sachtexte haben häufig unterschiedliche Bestandteile:

- der geschriebene **Text;**
- **Abbildungen:** Fotos und Grafiken; ihre Aufgabe ist es, etwas anschaulich zu machen;
- **Tabellen:** Sie können Informationen knapp und übersichtlich darstellen.

Sachtexte verstehen

Unbekannte Wörter klären

- Oft kann man unbekannte Wörter aus dem Zusammenhang verstehen. ▷ S. 64
- Ist das nicht möglich, fragt jemanden oder ▷ schlagt in einem Lexikon oder Wörterbuch nach. ▷ S. 241 f.

Zum genauen Lesen von Sachtexten ▷ **Fünf-Schritt-Lesemethode.** ▷ S. 241

4.2 Erzählende Literatur

Wer erzählt?

- **Autor/in** und **Erzähler/in** einer Geschichte dürfen nicht miteinander verwechselt werden: Erzählt werden kann z. B. aus dem Blickwinkel (aus der Perspektive) eines/r Jugendlichen; verfasst hat die Geschichte aber ein/e Erwachsene/r (= Autor/in).

- In einer **Ich-Erzählung** ist der Erzähler oder die Erzählerin selbst in das Geschehen verwickelt; sie schildern die Ereignisse aus ihrer persönlichen Sichtweise („Ich-Perspektive"): ▷ S. 20
 Ich meldete mich. „Ja, Nora?" „Natürlich müssen wir eine Disco haben", sagte ich. „Wir gehen doch schon in die Sechste."
 Die Ich-Erzählerin dieser Geschichte ist Nora, die Autorin heißt Annika Thor. ▷ S. 33

- Häufiger wird aber von außen über eine oder mehrere Personen erzählt und sie werden mit ihrem Namen genannt:
 Vor langer, langer Zeit stand am Niederrhein bei Xanten die mächtige Burg, von der aus der König Siegmund mit seiner Gemahlin Sieglinde die Niederlande beherrschte.

Wie wird erzählt?

- Eine Erzählung kann sich auf die Wiedergabe der **äußeren Handlung** beschränken, auf die **Außensicht** der Figuren:
  Da laufen die Kinder aus Rot zum Mittelpunkt des Landes, wo sich die Grenzen treffen, die Kinder aus Blau gehen dahin, die Kinder aus Gelb und aus Grün.
  Sie blicken einander an und sind stumm. ▷ S. 127
- Eine Erzählung kann neben der Schilderung der äußeren Handlung auch die **Innensicht** der Figuren bieten, die **innere Handlung,** Gefühle, Ängste, Gedanken:
  Mirtani drehte den Kopf nach links und blinzelte in die Sonne. Es war so schön, einfach nur dazusitzen [...] Ob das Leben im Wald immer so war, so unabhängig und frei? ▷ S. 60

Märchen ▷ S. 194

Märchen folgen meistens einem festen Schema:
- Die Begegnung mit dem Wunderbaren und Übernatürlichen ist selbstverständlich und natürlich.
- Ort und Zeitpunkt der Handlung sind nicht festgelegt.
- Oft enthalten sie feste sprachliche Formeln, z. B. *Es war einmal ..., Und wenn sie nicht gestorben sind ...*
- Gut und Böse treffen aufeinander. Am Ende siegt das Gute und das Böse wird bestraft. Dieser Gegensatz wird manchmal auch als *fleißig – faul, arm – reich, schön – hässlich* usw. dargestellt.
- Es treten typische Personen auf, z. B. *König und Königin, Prinz und Prinzessin, Handwerker und Gesellen, die böse Stiefmutter,* aber auch fantastische Figuren wie *sprechende Tiere, Feen, Hexen, Riesen, Zwerge, Zauberer.*
- Häufig müssen Prüfungen bestanden werden.
- Alltägliche Gegenstände können Zauberkraft haben.
- Oft spielen magische Zahlen eine Rolle: *drei Wünsche, sieben Zwerge, sieben Geißlein.*

Lügen- und Schelmengeschichten ▷ S. 69 ff.

Im Gegensatz zu den Lügen im Alltag will der Erzähler einer **Lügengeschichte** seine Zuhörerschaft nicht wirklich täuschen, er will sie mit seinen fantastischen Erfindungen vielmehr unterhalten.
Oft gibt er augenzwinkernd zu verstehen, dass er das Blaue vom Himmel herunterlügt; häufig gerade dadurch, dass er in auffallender Weise die Glaubwürdigkeit seiner Geschichte betont.
Die klassische Lügengeschichte wird in der ▷ Ich-Form erzählt, um den ▷ S. 262
Zuhörenden zu versichern, alles sei wirklich in eigener Person erlebt.

Der Held einer **Schelmengeschichte** ist ein spaßiger, oft auch ein listiger, gerissener Mann. Meist stammt er aus einfachen Verhältnissen.
Mit seinen Streichen bringt er seine Mitmenschen zum Lachen. Oder er macht sich über sie lustig und überlistet sie. Damit deckt er menschliche Schwächen und Fehler auf.

Orientierungswissen

Sagen ▷ S. 87 ff.

Sagen sind ursprünglich mündlich überlieferte Erzählungen, die vom Anfang der Welt, von Göttern und Göttinnen, Helden und ihren Taten handeln.
Häufig geht es in ihnen um Kampf und Bewährung, um Sieg und Niederlage und um abenteuerliche Reisen.
Ungeheuer, Zauberinnen, Zwerge und Riesen sind in der Welt der Sagen natürliche Lebewesen. Oft haben die Sagen jedoch einen wahren Kern. Sie enthalten Erinnerungen an wirkliche geschichtliche Ereignisse und sind oftmals an auffindbare Orte gebunden.

Fabeln ▷ S. 105 ff., 111

4.3 Gedichte ▷ S. 119 ff.

- Die Zeilen eines Gedichts heißen **Verse,** die Abschnitte nennt man **Strophen.**
- Ein wichtiges Gestaltungsmittel von Gedichten ist der **Reim:**

Der Mond ist aufge*gangen,*	a ⎤ Paarreim
Die goldnen Sternlein *prangen*	a ⎦
Am Himmel hell und *klar;*	b ⎤
Der Wald steht schwarz und *schweiget,*	c ⎤ umarmender Reim
Und aus den Wiesen *steiget*	c ⎦
Der weiße Nebel wunder*bar.*	b ⎦

Ich segle stolz in blauer *Höh*	a ⎤
und lache auf euch *nieder.*	b ⎤ Kreuzreim
Wenn ich die Welt von oben *seh,*	a ⎦
freut mich das Dasein *wieder.*	b ⎦

- Das Besondere an einer Gedichtzeile ist das **Metrum,** die gleichmäßige Folge von betonten und unbetonten Silben. Weil diese Abfolge aber nicht ganz regelmäßig ist, spricht man vom besonderen **Rhythmus** eines Gedichts.
- Vergleich, Metapher, Personifikation ▷ S. 127 ff.

4.4 Theater spielen ▷ S. 137 ff.

Im Theater sprechen Darsteller/innen nicht nur ihren Text, sie gebrauchen ihren ganzen Körper, um Gefühlen und Stimmungen Ausdruck zu verleihen.

- Es gibt auch eine Form von Theater, bei der ganz auf Worte verzichtet und nur mit dem Gesichtsausdruck (mit der „Mimik"), der Körperhaltung und -bewegung (mit der „Gestik") gespielt wird: die **Pantomime.**

- **Rolle:**
  Gestalt oder Figur, die ein/e Schauspieler/in auf der Bühne verkörpert (z. B. Rolle des Bösewichts, der Kommissarin).

- **Prolog:**
  Vorspiel, Einleitung.

- **Dialog:**
  Gespräch zwischen den Personen auf der Bühne. Ein Selbstgespräch auf der Bühne nennt man **Monolog.**

- **Szene:**
  Kurzer abgeschlossener Teil eines Theaterstücks, an dessen Ende die Schauspieler/innen abtreten und die Bühnenbeleuchtung erlischt.

- **Regieanweisung:**
  Anweisung des Theaterautors oder der -leitung, wie eine bestimmte Szene gespielt werden soll. Neben dem Redetext hilft sie den Spielenden, sich die Personen und das Geschehen besser vorzustellen.

- **Requisit:**
  Besonderer Gegenstand, besonderes Kleidungsstück für eine Rolle.

- **Soufflieren**
  bedeutet, einem/r Schauspieler/in während der Aufführung den vergessenen Text vorzusagen.

- **Improvisieren**
  bedeutet, nicht einen auswendig gelernten Text spielen, sondern sich in einer bestimmten Situation einen Text spontan ausdenken.

4.5 Film

▷ S. 158 ff.

Im Unterschied zu einem Buch von einem/r einzigen Autor/in ist ein Film eine Gemeinschaftsarbeit vieler: Regisseur/in, Drehbuchautor/in, Kameraleute, Schauspieler/innen usw.
Die Handlung wird in **Bilder** und **Dialoge** umgesetzt, mit einem schnelleren oder langsameren Tempo.
Dabei spielen **Musik** und **Geräusche** eine wichtige Rolle. Mit der **Einstellung** (nah – groß ...) und **Perspektive** der Kamera werden besondere Wirkungen erzielt.

5 Arbeitstechniken und Methoden

5.1 Das Heft führen

Ein Heft ist übersichtlich und ordentlich, ...

☐ ... wenn ihr zu jedem Eintrag eine Überschrift und ein Datum schreibt.

☐ ... wenn ihr falsch geschriebene Wörter sauber durchstreicht und die Verbesserung gut leserlich daneben- oder darüberschreibt.

☐ ... wenn ihr am Beginn einer Zeile anfangt und am Ende der Zeile einen Rand lasst.

☐ ... wenn ihr gut leserlich schreibt.

5.2 Die Hausaufgaben machen

Die Hausaufgaben kann man unterschiedlich erledigen:

☐ Nach „leicht – schwierig" sortieren: Ihr könnt das Leichte zuerst erledigen und dann die schwierigen Aufgaben lösen – oder umgekehrt.

☐ Nach der Wichtigkeit vorgehen: Was muss schon morgen fertig sein, was müsst ihr erst bis übermorgen oder nächste Woche erledigen? – Beginnt mit dem Wichtigsten.

☐ Mündliche und schriftliche Aufgaben abwechseln!

☐ Die Hausaufgaben zwischen 15 und 18 Uhr erledigen, da ist man besonders leistungsfähig.

☐ Zwischendurch kleine Pausen einlegen, z. B. fünf Minuten Pause nach einer halben Stunde Arbeit.

5.3 Eine Klassenarbeit vorbereiten und schreiben
▷ S. 231 ff.

5.4 Lesetraining
▷ S. 237 ff.

5.5 Informationen sammeln und auswerten

Der Cluster

- ☐ Schreibt das Thema in die Mitte eines Blattes. Hebt es farbig hervor.
- ☐ Notiert in lockerem Abstand den ersten Gedanken, der euch dazu einfällt. Kreist ihn ein und zieht eine Verbindungslinie zum „Kernwort" in der Mitte.
- ☐ Jeden weiteren Gedanken verbindet – ebenfalls eingekreist – mit dem vorherigen.
- ☐ Bei einer ganz neuen Idee beginnt ihr eine neue „Gedankenkette" vom Mittelpunkt aus.

Das Brainstorming, die Mind-Map ▷ S. 231, 243

Das Lerntagebuch ▷ S. 168

Inhalt
- ☐ Verabredet, zu welchem Unterrichtsthema ihr Lerntagebuch führen wollt.

Zeit und Ort
- ☐ Beschließt, für welchen Zeitraum ihr Lerntagebuch führt.
- ☐ Vereinbart, wo (in der Schule?, zu Hause?) und wann ihr die Eintragungen macht.

Aussehen
- ☐ Verwendet ein Heft in DIN-A4- oder DIN-A5-Format.
- ☐ Gestaltet das Deckblatt.
- ☐ Ergänzt Fotos, Tabellen, Schaubilder, Zeichnungen.
- ☐ Arbeitet mit verschiedenen Farben.

Ratsuche
- ☐ Überlegt, mit wem und wann ihr über eure Eintragungen sprechen wollt (Lernpartner/in, Klassenlehrer/in).

Orientierungswissen

5.6 Selbst geschriebene Texte überarbeiten

Selbst verfasste Texte sollte man vor der „Reinschrift" überarbeiten und verbessern. Das kann man allein erledigen; z. B. mit folgenden „Proben":

- ☐ Durch die **Umstellprobe** lassen sich immer gleiche Satzanfänge vermeiden. Zum Beispiel kann man die wichtigste Aussage an den Satzanfang stellen:
  Wieder einmal musste Opa Schmitz neulich mit dem Zug fahren.
  Neulich musste Opa Schmitz wieder einmal mit dem Zug fahren.

- ☐ Mit der **Weglassprobe** kann man umständliche Formulierungen, unnötige Wörter und Wiederholungen streichen. Anschließend prüft man, ob der Text noch verständlich ist:
  Aber warum sagst du mir das denn nicht? Morgen will ich ~~aber~~ auch ins Kino!
  Hier ist das zweite ***aber*** überflüssig.

- ☐ Wörter, die sich häufig wiederholen, lassen sich mit der **Ersatzprobe** ersetzen:
  Ich kenne ein kniffliges Spiel. Das Spiel kommt aus Indien.
  *   Es ⬅*

  Eure Texte werden dadurch besser und verständlicher.

- ☐ Wer etwas erzählt oder berichtet, vergisst manchmal, dass die Zuhörenden ja nicht dabei waren, und lässt Wichtiges weg.
  Mit der **Erweiterungsprobe** kann man prüfen, ob eine Aussage genau genug ist:

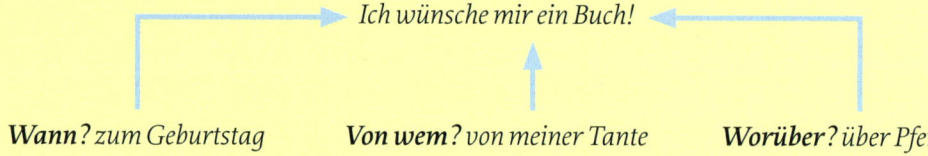

  Wann? zum Geburtstag   **Von wem?** von meiner Tante   **Worüber?** über Pferde

Um einen selbst geschriebenen Text zu überarbeiten, könnt ihr auch fremde Hilfe in Anspruch nehmen:

Die Schreibkonferenz
- ☐ Bildet Kleingruppen von drei bis vier Schüler/innen und setzt euch an einem Gruppentisch zusammen.
- ☐ Einigt euch darauf, wer bei der Überarbeitung auf welche der folgenden „Prüfpunkte" achtet (höchstens drei).

  Inhalt
  - ▪ Verstehe ich, worum es geht?
  - ▪ Was ist mir unverständlich?
  - ▪ Passt die Überschrift gut zum Text?

  Aufbau
  - ▪ Bereitet die Einleitung das Folgende gut vor: Wer? – Was? – Wo? – Wann?
  - ▪ Steht alles in der richtigen Reihenfolge?
  - ▪ Gibt es einen passenden Schluss?

Sprache
- Werden die Sätze abwechslungsreich eingeleitet?
- Wo können Wiederholungen ersetzt oder weggelassen werden?
- Sind die Verben und Adjektive lebendig und anschaulich?
- Wird beim Erzählen die direkte Rede verwendet?

Nun beginnt die eigentliche Schreibkonferenz:
- Jemand liest seinen Text – auf einem Blatt mit breitem Korrekturrand – einmal vollständig vor. Die anderen hören aufmerksam zu.
- Die Zuhörer/innen sagen, was ihnen gefallen hat. Wem etwas unklar ist, der fragt nach.
- Anschließend wird der Text Satz für Satz vorgelesen. Die Zuhörenden beraten und machen Vorschläge. Die Autorin/der Autor macht sich Notizen.
- Mit Hilfe der Notizen wird der Text überarbeitet und ins Reine geschrieben.
- Überprüft anschließend noch einmal die Rechtschreibung mit dem ▷ Wörterbuch. ▷ S. 242
- Tauscht die Rollen, damit jede/jeder einmal beraten wird.

Der Ton macht die Musik:
- Achtet darauf, dass eure Vorschläge **unterstützend, anregend** und **hilfreich** sind.
- Vereinbart ▷ **Gesprächsregeln** und achtet auf ihre Einhaltung. ▷ S. 246
- Bringt eure Vorschläge in der **Ich-Form** oder in der **Frage-Form** vor: *„Ich würde die Überschrift ...", „Was meint ihr dazu?"*
- Wenn ihr keinen Vorschlag habt, fragt nach, ob dem Autor/der Autorin selbst eine Verbesserung einfällt.
- Der Autor/die Autorin darf nachfragen.
- Sie/Er muss sich nicht verteidigen.
Nur was ihr/ihm **von den Vorschlägen nützlich** erscheint, wird eingearbeitet.

5.7 Arbeitsergebnisse darstellen

Das Plakat

- Ein Plakat ist nicht nur zum **Lesen,** sondern auch zum **Anschauen** von schönen Schriften, interessanten Fotos, übersichtlichen Tabellen, gut gegliederten Texten.
- Ihr könnt es mit Buntstiften, farbigen Papieren, Schere und Klebstoff gestalten.
- Weniger ist mehr: Zu viele Farben und Schriftarten verwirren!
- Hebt besonders die Überschrift und die Unterüberschriften durch die **Schriftgröße** hervor.
- Achtet auf ein ausgewogenes Verhältnis zwischen Text und Bildern.
- Beachtet die unterschiedliche Wirkung von **Farben** (Rot = Signalfarbe) und ihre Lesbarkeit aus der Ferne (blasse Farben = geringe Fernwirkung).
- Ergänzt bei Abbildungen und Schaubildern erklärende Beschriftungen.
- Für Computerfans: Der PC und sein Textverarbeitungsprogramm, viele Schriften und Farben sind sehr nützlich beim Anfertigen eines Plakats!

Orientierungswissen

5.8 Die Arbeitstechniken auf einen Blick

Argumente-Karten	▷ S. 32
Brainstorming	▷ S. 231
Cluster	▷ S. 267
Fehlerbogen	▷ S. 206
Filmkritik schreiben	▷ S. 161
Fünf-Schritt-Lesemethode	▷ S. 241
Handlung und Figuren untersuchen	▷ S. 156
Jugendroman vorstellen	▷ S. 157
Karussellgespräch	▷ S. 235
Klassengespräch	▷ S. 53
Lesestuhl	▷ S. 68
Lerntagebuch	▷ S. 168
Mind-Map	▷ S. 243
Nachschlagewerke benutzen	▷ S. 241
Placemat	▷ S. 29
Proben	▷ S. 268
Schreibkonferenz	▷ S. 268
Schwierige Wörter erklären	▷ S. 64
Spickzettel	▷ S. 235
Textüberarbeitung	▷ S. 268
Vortragen	▷ S. 12, 79
Vortragstext markieren	▷ S. 79
Wörterlisten	▷ S. 202
Zuhören	▷ S. 12, 245

Anne Maar

Der Sprung ins Wasser (vgl. S. 36)

[...] Jetzt sterbe ich, denkt Eva und geht den letzten Schritt ins Leere. Einen kurzen Moment fällt sie, dann taucht sie hart ins lauwarme Wasser, das über ihr zusammenschlägt. Wasser dringt in ihre Nase, sie verliert völlig die Orientierung. Sie öffnet die Augen und sieht nichts, nur Wasser und helle Flecken. Eva strampelt mit den Beinen und rudert mit den Armen, bis sie endlich Luft an ihren Händen spürt. Prustend taucht sie auf und hustet. Ihre Augen brennen vom Chlorwasser. Aber sie hat es geschafft. Wasser spuckend schwimmt sie an den Beckenrand. Niemand hilft ihr hinaus. Stefanie grinst. „Hätt ja keiner geglaubt, dass du das noch bringst", sagt sie.

„Siehst du", sagt Frau Vogt. „Das war doch gar nicht so schlimm. Das nächste Mal klappt's dann besser, ja?!"

Eva geht einfach an allen vorbei zum Duschraum. Die Stunde ist jetzt sowieso zu Ende, die anderen Mädchen kommen nach.

„Was ist denn los?", will Jessica wissen. Eva antwortet nicht. „Sei doch nicht gleich so eingeschnappt", sagt Jessica. „Du stellst dich doch so komisch an."

Eva sagt immer noch nichts, deshalb dreht sich Jessica um und geht hinüber zu Stefanie. Eva lässt sich Zeit mit dem Umziehen. Sie will allein sein. Doch als sie aus dem Umkleideraum kommt, wartet Kathrin auf sie.

„Das war schrecklich, was?", fragt sie. Eva nickt. Obwohl sie es heute geschafft hat, weiß sie genau, dass sie das nächste Mal wieder solche Angst haben wird.

Stumm gehen die beiden in Richtung Schule. Alle anderen sind schon vorausgelaufen, Eva kann das fröhliche Lachen von Jana und Stefanie hören.

„Du", sagt Kathrin zögernd.

„Mhm", erwidert Eva.

„Hast du vielleicht Lust, heute mit mir ein Eis essen zu gehen?"

„O. K.", sagt Eva. Sie guckt Kathrin von der Seite an. „Es tut mir leid, dass ich in Sport manchmal so eklig zu dir war."

„Ist schon in Ordnung", sagt Kathrin.

„Ich kann dich auch mit zum Reitverein nehmen und dir das Reiten beibringen", schlägt Eva vor.

„Ich hab Angst vor Pferden", sagt Kathrin. „Die sind so groß."

„Du kannst ja auch auf einem Pony anfangen", schlägt Eva vor.

„Na gut", sagt Kathrin. Sie grinst Eva an. „Dann bring ich dir bei, in große Pfützen zu hüpfen." Die beiden lachen und gehen zusammen ins Schulhaus.

Helden, Zwerge, Zauberinnen (vgl. S. 87)

Ikarus
Mime/Siegfried-Sage
Schimmelreiter
Odysseus
Rübezahl
Siegfried
Loreley

Der Rattenfänger von Hameln (vgl. S. 103)

Der wirkliche Kern der Rattenfängersage konnte bis heute nicht festgestellt werden. Eine Erklärung mit der mittelalterlichen Ostbesiedlung ist denkbar:
5 Die „Kinder von Hameln" sollen Bürger gewesen sein, die zur Siedlung in Mähren, Ostpreußen, Pommern oder im Deutschordensland angeworben wurden.

Die „Rattenvertreibungs-Sage" bezieht sich mit Sicherheit auf die in der Mühlenstadt Hameln im Mittelalter besonders bedrohliche Rattenplage und ihre mehr oder minder erfolgreiche Bekämpfung durch wirkliche „Rattenfänger".

Matthias Claudius
Abendlied (vgl. S. 121)

[...]
Seht ihr den Mond dort stehen? –
Er ist nur halb zu sehen
    Und ist doch rund und schön!
So sind wohl manche Sachen,
5 Die wir getrost belachen,
    Weil unsre Augen sie nicht sehn.

Wir stolze Menschenkinder
Sind eitel arme Sünder
    Und wissen gar nicht viel;
10 Wir spinnen Luftgespinste
Und suchen viele Künste
    Und kommen weiter von dem Ziel.

Gott, lass uns *dein* Heil schauen,
Auf nichts Vergänglichs trauen,
15   Nicht Eitelkeit uns freun!
Lass uns einfältig werden
Und vor dir hier auf Erden
    Wie Kinder fromm und fröhlich sein!

Wollst endlich sonder Grämen
20 Aus dieser Welt uns nehmen
    Durch einen sanften Tod!
Und wenn du uns genommen,
Lass uns in Himmel kommen,
    Du unser Herr und unser Gott!

25 So legt euch denn, ihr Brüder,
In Gottes Namen nieder;
    Kalt ist der Abendhauch.
Verschon uns, Gott! mit Strafen,
Und lass uns ruhig schlafen!
30   Und unsern kranken Nachbarn auch!

Heinrich Seidel
November (vgl. S. 135)

[...]
Und die Scheiben, wie sie rinnen!
Und die Wolken, wie sie spinnen
ihren feuchten Himmelstau
Ur und ewig, trüb und grau!
5 Auf dem Dach die Regentropfen:
Wie sie pochen, wie sie klopfen!
Schimmernd hängts an jedem Zweig,
Einer dicken Träne gleich.

Oh, wie ist der Mann zu loben,
10 Der solch unvernünftges Toben
Schon im Voraus hat bedacht
Und die Häuser hohl gemacht;
So dass wir im Trocknen hausen
Und mit stillvergnügtem Grausen
15 Und in wohlgeborgner Ruh
Solchem Gräuel schauen zu.

TEXTARTENVERZEICHNIS

Berichte
Polizeiruf per Handy 12
Fahrradunfall 42
Kunze: Klassenfahrt 46
Die schnellste Schnecke 47
Erfahrungsberichte 50
Moora – das Mädchen aus dem Moor 62
Biberfamilie baute Damm 180
Eichhörnchen-Bande 181
Kuh fraß Handy 181
„Robin Hood" gefasst 183
Krokodile halten Feuerwehr in Atem 184
Das Nilkrokodil 198
Der Krokodilsgott Sobek 199
Anch-en-Amun 200
Buntes Europa 202
Ein Tag mit Lupita 203
Karneval 210
Huhn oder Hase 211
Viel Fantasie 212
Am Lucia-Tag 214
Chinesen lassen es krachen 215
Die Hochzeit der Eltern 217 ff.
Zehn mühsame Kilometer 225
Der Uhuru Peak 226
Süße, gelbe Babys 227
Kleine Chinesin 228
Jugendorchester aus dem Regenwald 230
Mülldeponien 239
Ich war eine PET-Flasche 240

Bildergeschichten
Auf dem Eis 11
Fahrradunfall 40
Busch: Das Rabennest 114

Film, Fernsehen, Internet
Kunze: Klassenfahrt 46
Mäuseturm 104
Wigand: Fliegendes Klassenzimmer 158

Erzählungen, Jugendbücher
Jacobsson/Olsson: Berts Katastrophen 13
Mai: Neue Freundin 16
Richter: Im Gruselhaus 18
Thor: Wie feiert man ein Klassenfest? 33
Maar: Sprung ins Wasser 35
Beyerlein/Lorenz: Die Sonne bleibt nicht stehen 60
Käpt'n Blaubär 69
Münchhausen: Pferd auf dem Kirchturm 71
Fleischman: McBroom 73
Gohas Besuch 75
Wie Eulenspiegel einem Esel ... 76
Eine unerfahrene Nachtigall 78
Jünger: Farmer und Löwe 117
Ruck-Pauquèt: Im Viertelland 138
Kästner: Fliegendes Klassenzimmer 151
Mai: Der Müll muss weg! 237

Buchbesprechungen
Vier verrückte Schwestern 21
Die wilden Hühner 21

Briefe, E-Mails, SMS
Projektwoche Jugendliteratur 22
Liebe Friederike 23
Hallo, Lotta 24
Hallo, Saskia 26
An den Fremdenverkehrsverein 207

Diskussionen
Schwimmen find ich gut 27

Diagramme, Tabellen, Statistiken, Grafiken, Formulare, Plakate
Unfallformular 45
Schülerunfälle 45
Qali-Profi 49
Beobachtungsbogen „Radweg" 51
Unfallplakat 52
Indianerzelt 65
Traumfänger 66
Vorlesewettbewerb 79
Kinderleid 230
Lerntest 232

Beschreibungen, Bastelanleitungen, Rezepte
Personenbeschreibung 54
Vorgangsbeschreibungen 55 ff.
Hausordnung für ein Indianerzelt 64
Traumfänger 66
Steinzeitkuchen 67
Wegbeschreibung 68
Eierraupe 169
Frühlingsgarten 188
Chirriadas 224

Nachschlagewerke
Lügen 81
Deponie 242

Sagen
Homer: Kirke 88
Homer: Die Sirenen 91
Siegfried und das Schmiedehandwerk 95
Siegfried und der Drache 97
Tolkien: Der kleine Hobbit 99
Rattenfänger von Hameln 102
Der Binger Mäuseturm 193
Die Springwurzel 196

Fabeln
Äsop: Fuchs und Hahn 106
Luther: Rabe und Fuchs 107
Thurber: Fuchs und Rabe 108
Schildkröte und Leopard 110
Chamäleon und Elefant 111
Löwe und Katze 112
Löwe und Mäuschen 113
Busch: Das Rabennest 114
La Fontaine: Frosch und Ochse 115

Märchen
Die Schlangenkönigin 194

Gedichte, Lieder, Songs
La Fontaine : Frosch und Ochse 115
Kaléko: Mann im Mond 120
Kruse: Mond 120
Claudius: Abendlied 121
Storm: Mondlicht 123
Goethe: Über allen Gipfeln 123
Ferra-Mikura: Papierdrachen 124
Brecht: Drachenlied 124
Güll: Nebel 125
Busta: Frühlingssonne 127
Britting: Feuerwoge 129
Hesse: September 130
Kästner: Januar 132
Liliencron: Märztag 132
Nöstlinger: Frühling 132
Mörike: Er ist's 132
Bull: Sommerbild 133
Kleberger: Sommer 133
Dehmel: Juli 133
Krüss: Das Jahr erwachsen? 133
Kaléko: Herbst 134
Wölfel: Oktober 134
Hebbel: Herbstbild 134
Britting: Goldene Welt 134
Mörike: Septembermorgen 134
Seidel: November 135
Eichendorff: Weihnachten 135
Guggenmos: Winter 135
Droste-Hülshoff: Winter 135
Litten: Wintergedicht 135
Wer ist schon gern allein? 165
Poesiealbum 170, 174

Jugendtheater, Hörspiel
Unruhe im Viertelland 141
Das fliegende Klassenzimmer 166

AUTOREN- UND QUELLENVERZEICHNIS

Barbosa, Rogério Andrade und Fittipaldi, Ciça
110 Die Schildkröte und der Leopard
aus: Großvater Ussumane erzählt ... Tiergeschichten aus Afrika, Legenden und Fabeln. Hammer, Wuppertal 1990

Beyerlein, Gabriele und Lorenz, Herbert
60 Die Sonne bleibt nicht stehen
aus: Die Sonne bleibt nicht stehen. Arena Verlag, Würzburg 1988, S. 100 f.

Brecht, Bertolt (1898–1965)
124 Drachenlied
aus: Gesammelte Werke. Suhrkamp, Frankfurt/Main 1967

Britting, Georg (1891–1964)
129 Feuerwoge jeder Hügel
aus: Gesamtausgabe Bd. I. Nymphenburger Verlagshandlung, München 1957
134 Goldene Welt
aus: Sämtliche Werke. List, München/Leipzig 1996, Bd. 4, S. 303

Bull, Bruno Horst (*1933)
133 Sommerbild
aus: Aus dem Kinderwunderland. Herder, Freiburg 1968

Busch, Wilhelm (1832–1908)
114 Das Rabennest
aus: Gesammelte Werke in sechs Bänden. Hrsg. von H. Werner. Fackel Verlag, Herrsching o. J., Band II, S. 77–80

Busta, Christine (1915–1987)
127 Die Frühlingssonne
aus: Die Scheune der Vögel. Otto Müller Verlag, Salzburg 1958

Claudius, Matthias (1740–1815)
121 Abendlied
aus: Werke. Hrsg. von U. Roedl. Cotta Verlag, Stuttgart 1965

Dehmel, Paula (1862–1918)
133 Ich bin der Juli
aus: Das Jahreszeiten-Reimebuch. Hrsg. von Ilse Walter. Verlag Herder & Co., Wien 1992

Droste-Hülshoff, Annette von (1797–1848)
135 Winter
aus: Sämtliche Werke. Carl Hanser Verlag, München 1952, S. 63 f.

Eichendorff, Joseph von (1788–1857)
135 Weihnachten
aus: Werke in einem Band. Carl Hanser Verlag, München 1951, S. 171

Ferra-Mikura, Vera (1923–1997)
124 Der Papierdrache
aus: Vera Ferra-Mikura, Romulus Candea: Lustig singt die Regentonne. Jungbrunnen, Wien 1989

Fleischmann, Sid (*1920)
73 McBroom und die Stechmücken
aus: Hier kommt McBroom. Übersetzt von Sybil Gräfin Schönfeldt. Bitter Verlag, Recklinghausen 1981

Fontaine, Jean de la (1621–1695)
115 Der Frosch und der Ochse
aus: Der Ochse und das Harfenspiel. Verlag Neues Leben, Berlin 1974, S. 104 f.

Goethe, Johann Wolfgang (1749–1832)
123 Über allen Gipfeln
225 Mignon
aus: Sämtliche Werke Band 2. Hrsg. von Karl Eibl. Deutscher Klassiker Verlag, Frankfurt/ Main, S. 64 (1); S. 103 (2)

Güll, Friedrich (1812–1879)
125 Nebel
aus: Die schönsten Kindergedichte. Ausgewählt von Max Kruse. Mit Illustrationen von Katja Wehner. Aufbau-Verlag 2003

Guggenmos, Josef (1922–2003)
135 Der Winter macht Musik
aus: Was macht die Maus am Donnerstag? Dtv, München 2001, S. 92

Hebbel, Friedrich (1813–1863)
134 Herbstbild
aus: Werke. Bd. 3. Hrsg. von G. Fricke, W. Keller und Karl Pörnbacher. Carl Hanser Verlag, München 1965

Hesse, Hermann (1877–1962)
130 September
aus: Gesammelte Werke. Erster Band. Suhrkamp Verlag, Frankfurt 1970, S. 95

Hoffmann, Brigitte und Moers, Walter
69 Mondflecken
aus: Käpt'n Blaubär. Das Nordlicht. Carlsen, Hamburg 2001

Homer
88 Auf Kirkes Insel
aus: Gustav Schwab: Griechische Sagen. Bearbeitet und ergänzt von R. Carstensen. Ensslin und Laiblin, Reutlingen 1954
91 Die Sirenen
aus: Die Abenteuer des Odysseus. Neu erzählt von Bernard Evslin. Dtv Reihe Hanser, München und Wien 2004

Jacobsson, Anders und Olsson, Sören
13 Berts intime Katastrophen,
Oetinger Verlag, Hamburg 1992

Jünger, Ernst (1895–1998)
117 Der Farmer und der Löwe
aus: Sämtliche Werke. Bd. 9. Essays III: Das abenteuerliche Herz. Klett-Cotta, Stuttgart 1979, S. 468-470

Kaléko, Mascha (1907–1975)
120 Der Mann im Mond
134 Der Herbst
aus: Wie's auf dem Mond zugeht. Jan Thorbecke Verlag, Sigmaringen 1982

Kästner, Erich (1899–1974)
71 Das Pferd auf dem Kirchturm
aus: Münchhausen. © Atrium Verlag, Zürich 2001
76 Wie Eulenspiegel einem Esel das Lesen beibrachte
aus: Erich Kästner erzählt Till Eulenspiegel. Cecilie Dressler Verlag, Hamburg 1991, © Atrium, S. 77–82
132 Der Januar
aus: Die dreizehn Monate. Atrium Verlag, Zürich 1955
152 Das fliegende Klassenzimmer.
© Atrium Verlag, Zürich 1935

Kleberger, Ilse (*1921)
133 Sommer
aus: Die Stadt der Kinder. Hrsg. von H.-J. Gelberg. Bitter, Recklinghausen 1969

Kruse, Max (*1921)
120 Mond
aus: Ute Andersen/ Dieter Wiesmüller: Im Mondlicht wächst das Gras. Gedichte für Kinder und alle im Haus. Ravensburger Buchverlag Otto Maier, Ravensburg 1991, S. 9

Krüss, James (1926–1997)
133 Wann ist das Jahr erwachsen?
aus: Der wohltemperierte Leierkasten. Bertelsmann Verlag, München 2001

Kunze, Reinhold
46 Klassenfahrt
aus: www.museumnaumburg.de/Erinnerungen/Erinnerungen.htm

Liliencron, Detlef von (1844–1909)
132 Märztag
aus: Gesammelte Werke. Schuster & Löffler, Berlin 1921

Litten, Margot
135 Wintergedicht
aus: Leselöwen Betthupferlbuch. Loewes Verlag, Bayreuth o. J.

Luther, Martin (1483–1546)
107 Rabe und Fuchs
aus: Fabeln aus drei Jahrtausenden. Hrsg. von R. Dithmar. Manesse, Zürich 1992

Maar, Anne (*1965)
35 Der Sprung ins Wasser
aus: Anne Maar: Der Sprung ins Wasser. Bajazzo Verlag, Zürich 2000

Maass, Harald (*1970)
215 Chinesen lassen es krachen
aus: Kölner Stadt-Anzeiger vom 19.01.2006

275

Autoren- und Quellenverzeichnis

MAI, MANFRED (*1949)
16 Eine neue Freundin
aus: Die Erde ist mein Haus. Jahrbuch der Kinderliteratur. Beltz & Gelberg, Weinheim/ Basel 1988, S. 111-112
237 Der Müll muss weg!
aus: Die 100 besten 1, 2, 3 Minutengeschichten. Ravensburger Buchverlag, Ravensburg 2004

MÖRIKE, EDUARD (1804–1875)
132 Er ist's
134 Septembermorgen
aus: Sämtliche Werke. Hrsg. von H. G. Göpfert. Carl Hanser Verlag, München 1964

NÖSTLINGER, CHRISTINE (*1936)
132 Frühling
aus: Der Frühling kommt. Schroedel Verlag, Hannover 1972

RICHTER, JUTTA (*1955)
18 Im Gruselhaus
aus: Der Tag, als ich lernte die Spinnen zu zähmen. Carl Hanser Verlag, München 2000

RUCK-PAUQUÈT, GINA (*1931)
138 Im Viertelland
aus: Eine Badewanne voll Geschichten. Carl Ueberreuter Verlag, Wien 1993

SEIDEL, HEINRICH (1842–1906)
135 November
aus: So viele Tage wie das Jahr hat. 365 Gedichte für Kinder und Kenner. Hrsg. von James Krüss. Bertelsmann Verlag, Gütersloh 1959

SHEHADA, GISELA und Hazem
75 Gohas Besuch beim König
aus: Sonderbare, humorvolle Erlebnisse im arabischen Orient. Orient-Verlag, Trier 2002, S. 61-65

STORM, THEODOR (1817–1888)
123 Mondlicht
aus: Gedichte. Hrsg. von Gottfried Honnefelder. Insel, Frankfurt/ Main 1983

THOR, ANNIKA (*1950)
33 Wie feiert man ein Klassenfest?
aus: Ich hätte nein sagen können. Aus dem Schwedischen von Angelika Kutsch. Verlag Beltz & Gelberg, Weinheim und Basel 2000, S. 58-60

THURBER, JAMES
108 Der Fuchs und der Rabe
aus: 75 Fabeln für Zeitgenossen. Rowohlt Verlag, Reinbek bei Hamburg

TOLKIEN, JOHN RONALD R. (1892–1973)
99 Der kleine Hobbit und der Drache
aus: Der kleine Hobbit. Übersetzt von Walter Scherf. Deutscher Taschenbuch Verlag, München 1997, S. 351-359

WÖLFEL, URSULA (*1922)
134 Oktober
aus: Wunderwelt. 3. Schuljahr. Schwann Verlag, Düsseldorf 1968

Unbekannte/ungenannte Autorinnen und Autoren

159 Acht Mal ist Jonathan schon ...
aus: WDR-Schulfernsehen: www.wdr.de/tv/wdr-schulfernsehen/dyn/106786.phtml
229 Akilile ist zehn Jahre alt ...
nach: GEOlino Nr. 1/2006, Verlag Gruner und Jahr
214 Am Lucia-Tag
aus: Ruth Dirx und Rena Sack: Weihnachten in aller Welt. Kaufmann Verlag, Lahr 1993
239 Aus Umwelt und Technik
aus: Natur und Technik 5/6. Cornelsen, Berlin 1998, S. 204
224 Chirriadas
aus: MISEREOR aktuell Nr. 3/2005, S. 23
242 Deponie
aus: Von Wort zu Wort. Cornelsen Verlag, Berlin 2005
193 Der Binger Mäuseturm
aus: http://gutenberg.spiegel.de/grimm/sagen/g242.htm
102 Der Rattenfänger von Hameln
aus: Götter und Helden. Sagen. Edition Lempertz 2003, S. 201-202
226 Der Uhuru Peak
nach: GEOlino Nr. 1/2006, Verlag Gruner und Jahr
217 Die Hochzeit der Eltern
aus: Elfriede Becker und Annegert Fuchshuber: Kinder sehen dich an. E. Kaufmann Verlag, Lahr 1995
194 Die Schlangenkönigin
aus: Brüder Grimm: Deutsche Sagen. Wissenschaftliche Buchgesellschaft, Darmstadt 1981, S. 231
196 Die Springwurzel auf dem Köterberg bei Holzminden
aus: http://gutenberg.spiegel.de/sagen/nieders/spring.htm
64 Eine Hausordnung für das Indianerzelt
nach: Kulturen der nordamerikanischen Indianer. Hrsg. von Christian F. Feest. Könemann, Köln 2000, S. 102
78 Eine unerfahrene Nachtigall
aus: 202 Witze von Nasreddin Hodscha. Minyatür Yayinlari No. Id. Verlag und Buchversand Yvonne Landeck, Kassel o. J.
203 Ein Tag mit Lupita
aus: PLAN 6/2005
229 Eltern in Äthiopien haben ...
nach: GEOlino Nr. 1/2006, Verlag Gruner und Jahr

230 Es geschieht an jedem Tag ...
aus: GEOlino Nr. 4/2005, Verlag Gruner und Jahr
242 Homer
aus: Der große Brockhaus. Kompaktausgabe. F.A. Brockhaus, Wiesbaden 1983, Bd. 10, S. 44
211 Huhn oder Hase
aus: Remscheider General-Anzeiger vom 30.03.2002
228 Ich heiße Nasima
aus: MISEREOR aktuell Nr. 3/2005, S. 22
240 Ich war eine PET-Flasche
aus: www.quarks.de/dyn/20519.phtml
230 In keinem anderen Ort ...
aus: GEOlino Nr. 2/2006, Verlag Gruner und Jahr
210 Karneval
aus: GEOlino Nr. 2/2006, Verlag Gruner und Jahr
212 Keine Frage, Schokolade hat den ...
aus: GEOlino Nr. 1/2006, Verlag Gruner und Jahr
228 Kleine Chinesin, große Leistung
aus: Frankfurter Rundschau vom 15.11.2005
224 Maismehl-Chirriadas aus Bolivien
aus: MISEREOR aktuell Nr. 3/2005, S. 23
62 Moora – das Mädchen aus dem Moor
nach: http://www.br-online.de/wissen bildung/thema/mumien/moorleichen.xml
42 Polizei Mönchengladbach
aus: http://www.presseportal.de/polizeipresse/p_story.htx?nr=774168&firmaid=30127&keygroup
221 Ramadan und Zuckerfest
nach: Katrin Çappar: Şeker Bayramı. In: www.Blindekuh.de/weihnachten
227 Süße, gelbe Babys
aus: Franz Schallner und Karl Schermann: Der Junge, der die Zeit vergaß. Vgs, Köln 2003
95 Wie Siegfried das Schmiedehandwerk erlernte
aus: Johannes Gerlach: Die Siegfriedsage. Schöningh Verlag, Paderborn o. J. In: Wort und Sinn I, S. 189 ff.
97 Wie Siegfried den Drachen tötete
aus: Johannes Gerlach: Die Siegfriedsage. Schöningh Verlag, Paderborn o. J. In: Wort und Sinn I, S. 189 ff.
226 Windig, ziemlich windig!
aus: GEOlino Nr. 1/2006, Verlag Gruner und Jahr
225 Zehn mühsame Kilometer
aus: GEOlino Nr. 4/2005, Verlag Gruner und Jahr

BILDQUELLENVERZEICHNIS

S. 9, 10, 27, 78, 79, 103, 168, 231: Thomas Schulz, Hohen Neuendorf
S. 13: Anders Jacobsson, Sören Olsson „Berts intime Katastrophen" © Verlag Friedrich Oetinger , Hamburg
S. 18: Jutta Richter, Der Tag, als ich lernte, die Spinnen zu zähmen © 2000 Carl Hanser Verlag, München - Wien
S. 21 links: Jenny Nimmo „Charlie Bone und das Geheimnis der sprechenden Bilder" © Verlag Friedrich Oetinger , Hamburg; **Mitte links:** Cornelia Funke „Die wilden Hühner" © Oetinger Verlagsgruppe, Cecilie Dressler Verlag, Hamburg; **Mitte rechts:** Sergio Bambaren „Samantha. Eine Geschichte über Freundschaft" © Piper Verlag GmbH, München; **rechts:** Hillary McKay „Vier verrückte Schwestern und ein Freund in Afrika" © Verlag Friedrich Oetinger , Hamburg
S. 23: ullstein bild
S. 39 Mitte: Zürich Versicherungs-Aktiengesellschaft, Wien; **oben:** Karl Grüner, Schmiechen; **unten:** Deutscher Verkehrssicherheitsrat e. V., Bonn
S. 42, 211: picture allaince/ZB
S. 44, 102, 192, 226 unten: picture alliance/dpa
S. 45: Globus Infografik, Hamburg
S. 46: Schapowalow/Huber
S. 48: VISUM/Wolfgang Steche
S. 51: vario-images/Stefan Kiefer
S. 52: Deutsche Verkehrswacht e. V., Bonn
S. 53, 62: aus Gudrun Sulzenbacher „Die Gletschermumie", Folio Verlag, Wien, © Fotoarchiv Südtiroler Archäologiemuseum – www.iceman.it
S. 60: Gabriele Beyerlein, Herbert Lorenz „Die Sonne bleibt nicht stehen," © Arena Verlag, Würzburg
S. 63: picture alliance/OKAPIA KG, Germany
S. 64: Travel Ink/ VISUM
S. 66: Plaintpicture/Alain Dumas
S. 68: © CartoTravel Verlag GmbH & Co. KG, 65812 Bad Soden/Ts.
S. 69, 70: © ARD/WDR BLAUBÄR & BLÖD, © WDR/Fehlauer
S. 71, 72, 83, 151, 156, 166: Atrium Verlag AG Zürich und Thomas Kästner
S. 75, 86: Orient Verlag OV GmbH, Trier
S. 77: Buchcover Erich Kästner, Walter Trier „Till Eulenspiegel" © Oetinger Verlagsgruppe, Cecilie Dressler Verlag, Hamburg
S. 90: Volkhardt Binder, Berlin
S. 99: Buchcover Der kleine Hobbit © dtv, Hamburg
S. 104: Ministerium für Wissenschaft, Weiterbildung, Forschung und Kultur Rheinland-Pfalz
S. 107, 116: aus Luthers Fabeln und Sprichwörter. Wissenschaftliche Buchgesellschaft, Darmstadt 1995
S. 108, 109, 123: akg-images
S. 114 : Wilhelm Busch aus Gesammelte Werke in sechs Bänden. Fackel Verlag, Herrschingen o.J.
S. 117, 132-136, 172, 185: Corel Library
S. 119 oben, unten, 121: Artothek;
S. 119 Mitte; akg-images; © VG Bild-Kunst, Bonn 2006/2015
S. 122: „Liedertreff" Cornelsen Verlag, Berlin, S. 226
S. 137-150: Sabine Matthäus, Rahden-Varl
S. 151, 156, 166: Walter Trier aus: „Das fliegende Klassenzimmer" © Atrium Verlag, Zürich
S. 152, 158, 161, 162, 163, 164, 165, 167: Szenenfotos aus: „Das fliegende Klassenzimmer" © Bavaria Filmverleih- und Produktions-GmbH, Geiselgasteig
S. 169: aus „100 tolle Ideen für Ostern" von Marlies Busch © 2002 by Ravensburger Buchverlag Otto Maier GmbH, Ravensburg
S. 179: Bernhard Kreutzer
S. 188: Susanne Gasse, Soest
S. 193: © Arco/ R.Kiedrowski
S. 196: Heimatverein Sandebeck e. V., Steinheim
S. 197: ullstein – Granger Collection
S. 198: OKAPIA KG, Germany
S. 201 oben links: © Avenue Images GmbH, Hamburg; **unten links:** Avenue Images/Index Stock/Stanley, Larry; **oben Mitte:** © Manuel Bauer/Agentur Focus; **Mitte:** Gebhard Krewitt/VISUM; **unten Mitte:** Christian Ditsch/version-foto.de; **oben rechts:** Mikkel Ostergaard/VISUM; **unten rechts:** © Friedrich Stark.
S. 202: ullstein – Eye Visto
S. 203: Anvenue Images/Index Stock/ Kellington , Alyx
S. 210: Caro/Oberhaeuser
S. 212: © AP/Sergio Dionisio
S. 214: Avenue Images/Index Stock/Ehlers, Chad
S. 215, 225: picture alliance/dpa/dpa-web
S. 217–220: Rainer Heubeck/Das Fotoarchiv
S. 221: ullstein – Reuters
S. 224: Schapowalow/Atlantide
S. 226 oben: picture-alliance/OKAPIA KG, Germany
S. 227: Günter Standl/VISUM
S. 228: © Bob Sacha/Agentur Focus
S. 229: © panos pictures/Chris de Bode
S. 237: Peter Wirtz, Dormagen
S. 242: Bildarchiv Preußischer Kulturbesitz, Berlin

SACHREGISTER

A
Ableitung 171, 254
Ableitungsprobe 258
Adjektiv 54, 94, 98, 106 f., 110, 116, 128, 175 ff., 220, 229, 242, 249 ff., 253, 261
adverbiale Bestimmung 192, 256 f.
Akkusativ 173, 252
Akkusativobjekt 189, 256 f.
Alphabet 259
Anführungszeichen 223, 261
Anredepronomen 247 f.
appellieren 246
Arbeitstechnik 231 ff., 266, 270
Argument 31, 246
argumentieren 27, 246
Artikel 172, 251 f., 258, 261
Artikelprobe 206, 217 ff., 228, 258, 261
Attribut 194, 257
Aufforderungssatz 256
Aufzählung 206, 221, 230, 261
Ausrufesatz 256
Ausrufezeichen 223, 256
Aussagesatz 256

B
Bastelanleitung 56 f., 66 f.
Bedeutung 61, 64, 81, 93, 107, 109, 122, 128 f., 240, 254, 262
Befehlssatz 256
Begleiter vgl. Artikel
begründen 31
Bericht 61, 238
berichten 10, 25, 36, 39 ff., 48, 52, 104, 250
beschreiben 11, 17, 34, 36, 53 ff., 61 f., 77, 93, 106, 120, 249
Beschreibung 61
bestimmter Artikel 252
Bestimmungswort 255
Bild 129 ff., 255
Bildergeschichte 11, 40, 114, 249
Bindewort vgl. Konjunktion
Brainstorming 64, 231
Brief 12, 23, 59, 104, 157, 247
Buchempfehlung 21
Buchstabe 259
Buchvorstellung 157
Bühnenbild 148

C
Cluster 119, 125, 131, 201, 267
Collage 10
Comic 11, 85, 104, 113
Computer 25, 116, 136, 207, 269, vgl. PC, Textverarbeitung

D
Dativ 173, 252
Dativobjekt 189, 256 f.
Dehnungszeichen 260
Deklination 251 f.
Diagramm 45, 52

Dialog 108, 143, 164, 265
Diktat 203, 209, 259
Diphthong 259
direkte Rede vgl. wörtliche Rede
Diskussion 161, 246
Diskussionsregeln 30, 34, 246
diskutieren 27 f., 34, 36 f.
Doppelkonsonant 206, 210, 224, 260
Doppelpunkt 261
Drehbuch 167

E
Eigendiktat 203
Einzahl 252
E-Mail 26, 36, 59, 157
Endung vgl. Suffix
Ersatzprobe 84, 268
Erweiterungsprobe 268
erzählen 9 f., 17, 20, 34, 36, 61, 64, 69, 74, 82, 84 ff., 106, 111, 115, 119 ff., 124, 248
Erzählkern 85
Erzählung 61, 240

F
Fabel 105 ff., 238
Fachbegriff 59, 67, 250
Fall vgl. Kasus
Fehlerarten 258
Fehlerbogen 206, 258
Femininum 172, 252
Film 151, 158 ff., 265
Filmkritik 161
Fishbowl 30, 36
Flexion 251
Formular 44 f., 49
Fragesatz 256
Fragezeichen 223, 256
Fremdwort 29, 63, 240, 260
Froschperspektive 163
Fünf-Schritt-Lesemethode 241
Futur 185, 254

G
Gedicht 93, 119 ff., 264
Gegenstandsbeschreibung 250
Genitiv 173, 252
Genitivobjekt 191, 257
Genus 172, 252
Geschlecht 172, 252
Gespräch 17, 65, 161, 246
Gesprächsregeln 34, 53, 246, 269
Gesprächsverhalten 28
Gestik 79, 112, 144, 147
gleich klingende Konsonanten 206, 214, 226, 258
Gliedsatz vgl. Nebensatz
Grafik 45, 52, 65, 262
Groß- und Kleinschreibung 22, 74, 111, 118, 140, 171, 206, 209, 217 ff., 223, 228, 238, 251, 258, 261
Grundwort 255

H
Haiku 126
Hauptsatz 197, 256, 261
Höhepunkt 99, 157, 248 f.
Hörspiel 86, 103, 166

I
Ich-Erzählung 74, 262 f.
Imperativ 253
improvisieren 265
Infinitiv 169, 179, 186, 214, 219, 253, 259
Informationen beschaffen 53, 104, 107, 109, 111, 118, 157
Informationen sammeln 267
informieren 53
Inhalte zusammenfassen 87 ff., 94, 103, 107, 153, 161, 241, 251
Internet 25, 47, 49 f., 53, 81, 86, 91, 94, 104, 107, 109, 118, 126, 136, 157, 199, vgl. PC

J
Jugendbuch 13, 18, 60, 69 ff., 151
Jugendsprache 15, vgl. Sprachvarianten

K
Kameraeinstellung 162, 265
Kameraperspektive 163, 265
Kasus 173, 188, 252
kausal 194
Klassenarbeit 231 ff.
Komma 32, 197 ff., 206, 221, 230, 256, 261
Komparativ 176, 253
Konjugation 251, 253
Konjunktion 32, 184, 197 ff., 206, 256, 261
Konsonant 210, 224, 259 f.
Kreuzreim 264
Kulisse 148, 164
Kurzvortrag 81, 107, 157, 239 f., 244

L
langer Vokal 206, 211, 225
langes *i* 212, 226, 260
Laut 259
Lernstrategie 231 ff.
Lerntagebuch 168, 267
Lesemethode 241
Lesestrategie 237 ff.
Lexikon 91, 111, 153, 159, 199, 242, 262
lokal 194
Lügengeschichte 69 ff., 263

M
männlich 172
Märchen 195, 263
Maskulinum 172, 252
Mehrzahl 252
Metapher 129 ff., 255

Sachregister

Metrum 122, 125, 264
Mimik 79, 112, 144, 147
Mind-Map 59, 80, 142, 201, 243
modal 194
Monolog 143, 265
mündlich 55, 74, 91, 98, 101, 181 f.

N
nacherzählen 95, 98, 104, 156 f., 249
nachschlagen 47, 64, 91, 118, 153, 159, 199, 202 f., 215 f., 240 f., 259, 262
Nachsilbenprobe 258
Nebensatz 200, 206, 256, 261
Neutrum 172, 252
Nomen 170 ff., 242, 251 ff., 258
Nominalisierung 218, 220, 229, 261
Nominativ 173, 252
Notizzettel 54
Numerus 252

O
Objekt 189 ff., 193
oder 197, 222, 230, 256, 261
Overlay-Technik 244

P
Paarreim 264
Pantomime 264
Partizip 181, 253
Partnerdiktat 209, 259
PC 25, 66, 86, 126, 148, 206 f., 237, 269, vgl. Textverarbeitung
Perfekt 181 f., 184, 254
Personalform 253
Personalpronomen 174, 253
Personenbeschreibung 54, 250
Personifikation 130 f., 255
Perspektive 12, 34, 41 f., 72, 74, 83, 89, 125, 160, 249, 262, 265
Pilotsprechen 202 f., 258
Placemat 29
Plakat 30, 51 f., 59, 67, 79, 111, 118, 143, 150, 161, 170, 246, 269
Plural 252
Pluralprobe 206, 258, 261
Plusquamperfekt 183, 254
Positiv 176, 253
Possessivpronomen 174, 253
Poster 104, 136
Prädikat 180, 186, 189, 193, 200, 256 f.
Präfix 254
Präposition 187, 219, 251, 254
Präsens 59, 90, 94, 179, 250 f., 253
präsentieren 51, 118, 157, 243, 269
Präteritum 41, 47, 49, 55, 97, 180 f., 183, 249 f., 254
Projekt 51, 78, 102, 117, 132, 150, 164
Pronomen 20, 25, 127, 174, 251, 253
Prospekt 21

R
Rap 165
Rechtschreibprogramm 207
Rechtschreibregeln 210 ff., 259 f.
Rechtschreibstrategien 201 ff., 258 f.
Regieanweisung 112, 144, 265
Reim 93, 115, 125, 127, 131, 209, 264
Requisit 78, 112, 144, 164
Rhythmus 122, 131, 264
Rolle 104, 164
Rollenspiel 41, 57, 90, 112

S
sächlich 172
Sachtext 42, 45, 62 ff., 262
Sage 87 ff., 189, 193, 238, 264
Satzart 52, 58 f., 256
Satzgefüge 184, 197, 200, 256, 261
Satzglied 189 ff., 196, 256
Satzreihe 197, 256, 261
Satzschlusszeichen 223, 256, 261
Satzverbindung 199
Schelmengeschichte 75 ff., 263
Schlusspunkt 223
Schreibkonferenz 12, 38, 66 f., 116, 268
schriftlich 55, 91, 98, 101, 181 f.
Silbe 122, 126
Silbentrennung 204, 208, 259
Singular 252
s-Laut 76, 98, 115, 206, 215, 227, 260
SMS 23
soufflieren 150, 265
Spannungskurve 248
Sprachvarianten 15, 24, 26, 28, 50, 55, 103, 106, 108, 192
Stamm 171, 255
Standbild 147
Steigerung 176, 253
Stichpunkte 11, 41, 43
Stichwortzettel 28, 36, 90, 96, 109, 118, 142 f., 153, 161, 240
Stil 15, 24, 26, 28, 47, 50, 55, 58 f., 93, 98, 103, 106, 108, 129, 144, 191, 268
Stimmbildung 146
Strophe 120, 122, 127, 131, 264
Subjekt 180, 189, 193, 256 f.
Suffix 170 f., 254, 258, 261
Superlativ 176, 253
Szene 265

T
Tabelle 52, 61, 65, 79, 81, 196, 262
Tagebuch 13, 15, 17
temporal 194
Tempus 99, 179 ff., 249 f., 253, vgl. Zeitform
Textüberarbeitung 32, 41, 43, 45, 49 f., 54, 64, 68, 84 ff., 99, 116, 131, 268
Textverarbeitung 136, 148, 206, 237, 269, vgl. PC, Computer
Theater 108, 164, 264
Theater spielen 137 ff.

U
überarbeiten vgl. Textüberarbeitung
umarmender Reim 264
Umgangssprache 15, vgl. Sprachvarianten
Umlaut 259
Umstandsbestimmung 192, 256 f.
Umstellprobe 192, 256, 268
unbestimmter Artikel 252
und 197, 222, 230, 256, 261

V
Verb 54 f., 59, 67, 106, 116, 128, 131, 218, 229, 242, 249, 251, 253, 261
Vergleich 54, 84, 131, 178, 249 f., 255
Verlängerungsprobe 205 f., 258
Vers 127, 131, 264
verwandte Wörter 204, 258
Vogelperspektive 163
Vokal 206, 211, 224, 259 f.
Vorgangsbeschreibung 59, 250
Vorlesewettbewerb 78
Vorsilbe vgl. Präfix
vortragen 11 f., 79, 110, 115, 123, 131, 156, 166

W
Wandzeitung 51, 104, 161
Wegbeschreibung 68
Weglassprobe 180, 268
weiblich 172
Werbesprache 178
Werbung 246
W-Frage 40 ff., 47, 49 f., 90, 180, 192, 237 ff., 250, 268
Wortart 169 ff., 209, 242, 251 ff.
Wortbedeutung vgl. Bedeutung
Wortbildung 56, 254
Wörterbuch 81, 153, 202, 203, 215 f., 240, 242, 259, 262, 269
Wörterkartei 259
Worterklärung 64, vgl. Bedeutung
Wörterliste 208
Wortfamilie 206, 209, 255
Wortfeld 84, 177, 255
wörtliche Rede 41, 84, 94, 97, 99, 101 f., 114, 222, 230, 249 ff., 261
Wortstamm 171, 255

Z
Zeichensetzung 261
Zeitform 36, 55, 67, 99, 114, 179 ff., 186, vgl. Tempus
zuhören 12, 29, 156, 245
Zusammenfassung 87 ff., 94, 103, 107, 153, 161, 241, 250
Zusammensetzung 56, 128, 130, 209, 250, 255, 259, 261

Teile einiger Kapitel dieses Bandes wurden erarbeitet von Christa Becker-Binder, Gert Brenner, Annette Brosi, Wolfgang Butz, Ulrich Campe, Carmen Collini, Günther Einecke, Dietrich Erlach, Ute Fenske, Karlheinz und Margret Fingerhut, Dorothea Fogt, Heinz Gierlich, Cordula Grunow, Angelika von Hochmeister, Mireille Hoppen, Simone Hörburger, Rolf Kauffeld, Markus Langner, Monika Lenkaitis, Angela Mielke, Kerstin Muth und Norbert Pabelick.

Redaktion: Otmar Käge
Bildrecherche: Eireen Junge
Illustrationen: Klaus Ensikat, Amelie Glienke, Konrad Golz, Isabel Große Holtforth, Gerhard Lahr, Ursula Lautenschläger, Sabine Lochmann, Klaus Müller, Nina Pagalies, Margit Pawle, Friederike Rave, Bianca Schaalburg, Barbara Schumann, Juliane Steinbach
Layoutkonzept und Umschlaggestaltung: Katharina Wolff (Foto: Thomas Schulz; Illustration: Klaus Müller)
Layout und technische Umsetzung: werkstatt für gebrauchsgrafik, Berlin

www.cornelsen.de

Die Links zu externen Webseiten Dritter, die in diesem Lehrwerk angegeben sind,
wurden vor Drucklegung sorgfältig auf ihre Aktualität geprüft. Der Verlag übernimmt keine Gewähr
für die Aktualität und den Inhalt dieser Seiten oder solcher, die mit ihnen verlinkt sind.

Zu diesem *Deutschbuch* gehören
– Arbeitsheft (978-3-06-060803-4)
– Trainingsheft Klassenarbeiten NRW (978-3-06-060840-9)
– Orientierungswissen (978-3-464-60319-2)
– Hörbuch (978-3-464-60377-2)
– Förderheft (978-3-06-060968-0)

1. Auflage, 10. Druck 2019

Alle Drucke dieser Auflage sind inhaltlich unverändert
und können im Unterricht nebeneinander verwendet werden.

© 2007 Cornelsen Verlag, Berlin
© 2019 Cornelsen Verlag GmbH, Berlin

Das Werk und seine Teile sind urheberrechtlich geschützt.
Jede Nutzung in anderen als den gesetzlich zugelassenen Fällen bedarf
der vorherigen schriftlichen Einwilligung des Verlages.
Hinweis zu §§ 60 a, 60 b UrhG: Weder das Werk noch seine Teile dürfen ohne eine solche Einwilligung
an Schulen oder in Unterrichts- und Lehrmedien (§ 60 b Abs. 3 UrhG) vervielfältigt, insbesondere kopiert
oder eingescannt, verbreitet oder in ein Netzwerk eingestellt oder sonst öffentlich zugänglich gemacht
oder wiedergegeben werden.
Dies gilt auch für Intranets von Schulen.

Druck und Bindung: Livonia Print, Riga

ISBN 978-3-06-060797-6

PEFC zertifiziert
Dieses Produkt stammt aus nachhaltig
bewirtschafteten Wäldern und kontrollierten
Quellen.
www.pefc.de